Grundriß des Bayerischen Verwaltungsrechts

unter Berücksichtigung des Reichsrechts

von

Dr. Karl Helmreich

rechtsk. Stadtrat

1928

München, Berlin, Leipzig

J. Schweitzer Verlag (Arthur Sellier)

„Printed in Germany“.

Junge & Sohn, Universitäts-Buchdruckerei, Erlangen.

Vorwort.

Der Grundriß soll in erster Linie den Studierenden der Rechtswisenschaft als Hilfsmittel für die Vorbereitung zur Referendarprifung dienen. Aber auch dem Referendar und dem Praktiker wid das Werk dazu dienlich sein, um über einen Stoff des Verwatungsrechts rasch Aufschluß zu erhalten.

Jedem Benützer des Grundrisses wird empfohlen, bei der Benützung stets auch eine der bekannten Gesetzessammlungen (z. B. von Zigler, Sartorius oder Bleyer) zur Hand zu nehmen.

Für Verbesserungs- oder Berichtigungsvorschläge bin ich jederzeit dankbar.

München, im April 1928.

Der Verfasser.

Inhaltsübersicht.

Verzeichnis der Abkürzungen.

Abs.	=	Absatz.
AG.	=	Ausführungsgesetz.
ArbGG.	=	Arbeitsgerichtsgesetz.
Art.	=	Artikel.
BayVU.	=	Bayerische Verfassungsurkunde vom 14. August 1919.
Bek.	=	Bekanntmachung.
BGB.	=	Bürgerliches Gesetzbuch.
EG.	=	Einführungsgesetz.
FGG.	=	Gesetz über die Angelegenheiten der freiwilligen Gerichtsbarkeit.
GewO.	=	Gewerbeordnung.
GO.	=	Gemeindeordnung.
GVBl.	=	Gesetz- und Verordnungsblatt.
GVG.	=	Gerichtsverfassungsgesetz.
JAG.	=	Jugendamtsgesetz.
MABl.	=	Ministerialamtsblatt der inneren Verwaltung.
Min.Bek.	=	Ministerialbekanntmachung.
PolStGB.	=	Polizeistrafgesetzbuch.
RFV.	=	Reichsverordnung über die Fürsorgepflicht vom 13. Februar 1924.
RGBl.	=	Reichsgesetzblatt.
RJWG.	=	Reichsjugendwohlfahrtsgesetz.
RKBek.	=	Reichskanzlerbekanntmachung.
RV.	=	Reichsverfassung vom 11. August 1919.
RVO.	=	Reichsversicherungsordnung.
S.	=	Seite.
Staatsanz.	=	Bayer. Staatsanzeiger.
StGB.	=	Strafgesetzbuch für das Deutsche Reich.
StPO.	=	Strafprozeßordnung für das Deutsche Reich.
V.	=	Verordnung.
VG.	=	Vollzugsgesetz.
VGG.	=	Gesetz über den Verwaltungsgerichtshof vom 8. August 1878 (Verwaltungsgerichtsgesetz).
VV.	=	Vollzugsvorschriften.
Ziff.	=	Ziffer.
ZPO.	=	Zivilprozeßordnung für das Deutsche Reich.

Einleitung.

Begriff des Verwaltungsrechts; Reichs- und Landesrecht; Rechtsquellen; Literatur des Verwaltungsrechts.

Verwalten heißt die Geschäfte eines Betriebs so führen, daß durch diese Tätigkeit der erstrebte Erfolg erreicht wird.

Wir haben es hier nur mit der öffentlichen Verwaltung zu tun, d. h. mit der Verwaltung, die vom Reich, vom Staat und von den mit Hoheitsrechten ausgestatteten Körperschaften des öffentlichen Rechts geführt wird. Ihr Ziel ist die Wohlfahrt des Staats und seiner Bürger.

Von der Verwaltung zu unterscheiden ist die Gesetzgebung und die Rechtsprechung. Allerdings kommt unter Umständen auch Verwaltungsbehörden die Aufgabe zu, Recht zu sprechen; vgl. hiezu den letzten Abschnitt dieses Grundrisses.

Selbstverwaltung ist die den Gemeinden, Gemeindeverbänden und anderen Körperschaften des öffentlichen Rechts zustehende Befugnis, ihre eigenen Angelegenheiten nach ihrem Ermessen im Rahmen der Gesetze zu regeln. Von dieser Selbstverwaltung im Rechtssinn ist zu unterscheiden die Selbstverwaltung im politischen Sinn, d. h. die Besorgung öffentlicher Verwaltungsgeschäfte nicht durch Berufsbeamte, sondern durch unabhängige Bürger (Laien).

Verwaltungsrecht ist die Gesamtheit der Rechtsnormen, durch die die Tätigkeit der Verwaltungsbehörden und ihre Beziehungen zu den Staatsbürgern geregelt werden. Materielles Verwaltungsrecht ist der Inhalt dieser Rechtsnormen, während das formelle Verwaltungsrecht das Verfahren darstellt, in dem diese Normen angewendet werden.

Im Rahmen des Systems der Rechtswissenschaft gehört das Verwaltungsrecht zum öffentlichen Recht, d. h. dem Recht, das nicht die Beziehungen der Staatsbürger unter sich regelt (Privatrecht), sondern die Beziehungen zwischen der Staatsgewalt und dem Staatsbürger. Doch sind die Grenzen flüssig.

Vom Staatsrecht unterscheidet sich das Verwaltungsrecht dadurch, daß jenes die Einrichtungen des Staats und seiner Behörden zum Gegenstand hat, während das Verwaltungsrecht von der Tätigkeit dieser Behörden handelt. Auch hier ist eine genaue Abgrenzung nicht immer möglich.

Dieser Grundriß befaßt sich in der Hauptsache nur mit der sogen. inneren Verwaltung, d. h. dem Zweig der öffentlichen Verwaltung, der die leibliche, geistige und wirtschaftliche Wohlfahrt der Staatsbürger zum Ziel hat. Es scheiden daher aus unserer Betrachtung aus: die auswärtigen Angelegenheiten, die Justizverwaltung, die Finanzverwaltung. Auch das Kirchenrecht, d. h. die Rechtsverhältnisse der Religionsgemeinschaften und ihrer Angehörigen, muß Gegenstand einer besonderen Darstellung sein.

Die Gesetzgebung hinsichtlich des Verwaltungsrechts ist geteilt zwischen dem Reich und den Ländern.

1. Das Reich hat die ausschließliche Gesetzgebung (ausschließliche Kompetenz) u. a. über (Art. 6 RV.)
   - die Staatsangehörigkeit, die Freizügigkeit, die Ein- und Auswanderung,
   - die Wehrverfassung,
   - das Münzwesen,
   - das Post- und Telegraphenwesen einschließlich des Fernsprechwesens.

2. Das Reich hat nach Art. 7 und 8 RV. auf einer Reihe von Gebieten die Gesetzgebung; solange und soweit das Reich von seinem Gesetzgebungsrecht keinen Gebrauch macht, behalten die Länder das Recht der Gesetzgebung (Art. 12 Abs. I Satz 1 RV.). Diese geteilte Zuständigkeit (konkurrierende Kompetenz) erstreckt sich u. a. auf
   - das Paßwesen und die Fremdenpolizei,
   - das Armenwesen und die Wandererfürsorge,
   - das Presse-, Vereins- und Versammlungswesen,
   - die Bevölkerungspolitik, die Mutterschafts-, Säuglings-, Kinder- und Jugendfürsorge,
   - das Gesundheitswesen, das Veterinärwesen und den Schutz der Pflanzen gegen Krankheiten und Schädlinge,
   - das Arbeitsrecht, die Versicherung und den Schutz der Arbeiter und Angestellten sowie den Arbeitsnachweis,
   - das Enteignungsrecht,
   - den Handel, das Maß- und Gewichtswesen, die Ausgabe von Papiergeld, das Bank- und Börsenwesen,

den Verkehr mit Nahrungs- und Genußmitteln,
das Gewerbe und den Bergbau,
das Versicherungswesen,
die Eisenbahnen, den Verkehr mit Kraftfahrzeugen,
das Theater- und Lichtspielwesen.

3. Soweit ein Bedürfnis für den Erlaß einheitlicher Vorschriften vorhanden ist (Bedarfskompetenz), hat das Reich die Gesetzgebung (Art. 9 RV.) über
die Wohlfahrtspflege,
den Schutz der öffentlichen Ordnung und Sicherheit.

4. Das Reich kann im Wege der Gesetzgebung Grundsätze (Grundsatzkompetenz; Art. 10 und 11 RV.) u. a. für
die Rechte und Pflichten der Religionsgesellschaften,
das Schulwesen,
das Recht der Beamten aller öffentlichen Körperschaften,
das Bodenrecht, das Wohnungswesen,
das Bestattungswesen.

5. Soweit nicht die unter 1—4 erwähnten Kompetenzen des Reichs einschlägig sind, sind die Länder befugt, alle Angelegenheiten der öffentlichen Verwaltung selbst zu regeln.

Nicht zu verwechseln mit Reichs- und Landesgesetzgebung ist die Reichs- und Landesverwaltung. Für gewisse Verwaltungszweige hat das Reich eine eigene, bis auf die Unterbehörden sich erstreckende Verwaltung (unmittelbare Reichsverwaltung) eingeführt (z. B. auf dem Gebiet des Steuerwesens), andere Gebiete (z. B. das Schulwesen) sind ausschließlich Gegenstand der Verwaltung der Länder (selbständige Landesverwaltung). Die Reichsgesetze werden durch die Landesbehörden ausgeführt, soweit nicht die Reichsgesetze etwas anderes bestimmen (Art. 14 RV.). In den Angelegenheiten, in denen dem Reich das Recht der Gesetzgebung zusteht, steht dem Reich die Aufsicht über die Verwaltungstätigkeit der Länder zu (Art. 15 RV.).

Die Rechtsquellen des Verwaltungsrechts sind dieselben wie für andere Rechtsgebiete: Gesetze, Rechtsverordnungen (einschließlich der Polizeivorschriften), unter Umständen auch Gewohnheitsrecht (Herkommen). Eine dem Verwaltungsrecht eigentümliche Rechtsquelle ist die Autonomie, d. h. die den Gemeinden, Gemeindeverbänden und anderen Körperschaften des öffentlichen Rechts zustehende Befugnis, Rechtsnormen (Satzungen) aufzustellen. Das Recht der Autonomie besteht nur auf Grund der Ermächtigung und im Rahmen der staatlichen Gesetzgebung. Vgl. hiezu Art. 26 GO. und Abschnitt 31 II C 7 des Grundrisses.

Keine Rechtsquelle ist die Verwaltungsverordnung (Verwaltungsanordnung); diese ist keine Rechtsnorm, sondern enthält Anweisungen einer oberen Behörde an unterstellte Behörden.

Literatur des Verwaltungsrechts.

Seydel, Bayerisches Staatsrecht, 2. Auflage 1896; in 3. Auflage herausgegeben von Graßmann und Piloty 1913.

Fleiner, Institutionen des deutschen Verwaltungsrechts, 6. und 7. Auflage 1922.

Piloty-Schneider, Grundriß des Verwaltungsrechts, 3. Auflage 1927.

Dyroff, Bayerisches Verwaltungsgerichtsgesetz, 6. Auflage 1925.

Fischer, Lexikon des in Bayern geltenden Verwaltungsrechts, 1910.

Henle, Handbuch der inneren Verwaltung, 1912 und folgende Jahre.

A. Allgemeiner Teil.

Die allgemeinen Bestimmungen des materiellen öffentlichen Rechts sind im Gegensatz zu denen des bürgerlichen Rechts nicht kodifiziert. In vielen Fällen ist eine analoge Anwendung der zivilrechtlichen Vorschriften möglich. Dies gilt insbesondere dann, wenn es sich bei den bürgerlichrechtlichen Bestimmungen um notwendige Rechtsgrundsätze einer jeden Rechtsordnung handelt und Sondervorschriften des öffentlichen Rechts fehlen.

I. Juristische Personen des öffentlichen Rechts.

1. Begriff.
   Juristische Personen des öffentlichen Rechts sind Rechtssubjekte, die ihre Rechtspersönlichkeit aus dem öffentlichen Rechte herleiten.
2. Arten:
   a) Staat,
   b) Gebietskörperschaften (Gemeinden, Bezirke, Kreise),
   c) Personalkörperschaften (Wassergenossenschaften),
   d) öffentliche Anstalten und Stiftungen.
3. Oeffentliche Anstalten und Stiftungen.
   Die öffentlichen Anstalten und Stiftungen sind keine Zusammenfassung von Personen, sondern Vermögensteile, die von der Rechtsordnung zur Erfüllung bestimmter öffentlicher Aufgaben verselbständigt sind.

   Die Anstalten unterscheiden sich dabei von den Stiftungen dadurch, daß bei den Anstalten die wirtschaftliche Grundlage in äußeren Einrichtungen in Erscheinung tritt, bei den Stiftungen nicht.

II. Die öffentlichen Anstalten im besonderen.

Den öffentlichen Anstalten ist zur Erfüllung fest umschriebener Teilgebiete der öffentlichen Verwaltungstätigkeit eine bestimmte Summe von Arbeitskräften, Gegenständen und Rechten zur Verfügung gestellt.

Ist der für die Besorgung der bestimmten Verwaltungsaufgaben ausgeschiedene Bestand von Mitteln nicht nur technisch, sondern auch rechtlich aus der allgemeinen Verwaltungsorganisation ausgeschieden, so ist eine Anstalt mit eigener Rechtspersönlichkeit gegeben (selbständige Anstalt); ist dies nicht der Fall, so spricht man von unselbständigen Anstalten. Diese Unterscheidung ist in der Hauptsache von zivilrechtlicher Bedeutung.

Oeffentliche Anstalten unterstehen dem öffentlichen Recht, wenn sie der öffentlichen Fürsorge oder der unmittelbaren Erfüllung anderer Staatsaufgaben dienen. Sie unterstehen dem privaten Recht, wenn sie der Staat oder der öffentlichrechtliche Verband ausschließlich oder überwiegend als Mittel der Gewinnerzielung errichtet hat (z. B. Hofbräuhaus). Sie sind dann als gewöhnliche Gewerbebetriebe anzusehen.

Ein Zwang zur Benützung einer öffentlichen Anstalt darf nur dann ausgeübt werden, wenn das Gesetz hiezu die Ermächtigung gibt.

III. **Fristen.**

Die Bestimmungen der §§ 187 bis 193 BGB. über Fristen und Termine gelten auch für das öffentliche Recht, soweit nicht Sondervorschriften bestehen.

IV. **Verjährung.**

Die Verjährung ist im öffentlichen Rechte nicht einheitlich geregelt. Soweit Sondervorschriften fehlen, gelten auch hier die Vorschriften des bürgerlichen Rechtes.

Die aus Rechtsverhältnissen des öffentlichen Rechts entstandenen Ansprüche des Staates, einer Gemeinde oder eines anderen Kommunalverbandes auf eine Geldzahlung erlöschen, soweit nicht ein anderes vorgeschrieben ist, mit dem Ablaufe von drei Jahren, wenn die Tatsachen festgestellt sind, auf welchen der Anspruch ruht (Art. 124 AG. z. BGB.).

Die aus Rechtsverhältnissen des öffentlichen Rechts entstandenen Ansprüche **gegen** den Staat, eine Gemeinde oder einen anderen Kommunalverband auf eine Geldzahlung erlöschen, soweit nicht ein anderes vorgeschrieben ist, mit dem Ablaufe von drei Jahren (Art. 125 AG. z. BGB.).

V. **Herkommen.**

Unter Herkommen versteht man örtliches Gewohnheitsrecht.

Das Herkommen ist ein Rechtstitel, der sowohl dem bürgerlichen wie dem öffentlichen Rechte angehören kann.

Auf dem Gebiet des öffentlichen Rechts kann das Herkommen als Entstehungsgrund für Rechte und Pflichten nur dann anerkannt werden, wenn es das Gesetz ausdrücklich zuläßt. Solche Fälle finden sich vor allem im Gemeinde- und im Wasserrecht.

VI. Stellvertretung.

Die Stellvertretung bei der Ausübung öffentlicher Rechte und Pflichten ist nur beschränkt möglich. Sie ist dann ausgeschlossen, wenn das Recht oder die Pflicht notwendig an die Individualität des Berechtigten oder Verpflichteten gebunden ist. Wahlrecht, Schöffen- und Geschworenendienst müssen in Person ausgeübt werden, der Streupflicht bei Glatteis kann auch durch Vertreter nachgekommen werden.

Die nachträgliche Genehmigung der Stellvertretung ohne Vertretungsmacht kann im öffentlichen Recht mit rückwirkender Kraft wirksam nur dann geschehen, wenn es sich nicht um einen Rechtsakt der Ausübung obrigkeitlicher Gewalt handelt.

VII. Oeffentlichrechtliche Verträge.

Im Privatrecht herrscht der Grundsatz der Vertragsfreiheit vor, im öffentlichen Rechte bilden dagegen zwingende Normen die Regel. Für vertragliche Vereinbarungen ist nur soweit Raum, als die Gesetze sie ausdrücklich zulassen oder Ansprüche in Frage stehen, über die die Parteien frei verfügen können, z. B. Rückforderungsansprüche zu Unrecht bezahlter Umlagen.

VIII. Verzicht.

Auch das bürgerliche Recht kennt Rechte, auf die wirksam nicht verzichtet werden kann, z. B. im Familienrechte. Im öffentlichen Rechte ist die Unwirksamkeit eines Verzichts die Regel.

Ein Verzicht ist zulässig, soweit der Anspruch der freien Verfügungsgewalt der Parteien unterliegt.

Ein Verzicht auf Steuern und öffentliche Abgaben ist nur in den im Gesetz oder in der Satzung ausdrücklich vorgesehenen Fällen zulässig, da dieser Anspruch der öffentlichen Verwaltung auf Grund ihrer obrigkeitlichen Stellung zusteht und ein Verzicht in einzelnen Fällen zu einer ungleichmäßigen Behandlung der Staatsbürger führen könnte.

IX. Aufrechnung.

Die Aufrechnung ist ausgeschlossen, wenn sich öffentlichrechtliche und privatrechtliche Forderungen gegenüberstehen.

Sie ist nur dann zulässig, wenn beide Forderungen dem öffentlichen Rechte angehören und einander gleichartig sind. Umlagenrückforderung und Pflasterzoll können z. B. nicht gegeneinander aufgerechnet werden, da sie ungleichartig sind.

X. Ungerechtfertigte Bereicherung.

Im Falle einer ungerechtfertigten Bereicherung finden die Vorschriften der §§ 812 ff. BGB. entsprechende Anwendung, sofern nicht positive Normen des öffentlichen Rechts eine andere Regelung bestimmen. Es ist ein jeder Rechtsordnung angehörender Rechtsgrundsatz, daß sich niemand ohne Rechtsgrund auf Kosten eines anderen bereichern darf.

XI. Oeffentliche Sachen.

Oeffentliche Sachen sind:

a) Sachen im Gemeingebrauche, d. h. Gegenstände, die von jedermann oder zum mindesten von einer begrenzten Allgemeinheit, sei es
   α) auf Grund ihrer natürlichen Beschaffenheit (Flüsse) oder
   β) auf Grund ihrer rechtlichen Zweckbestimmung (öffentliche Wege)
   benützt werden können;

b) Gegenstände, derer die Verwaltung zur Erfüllung ihrer Verwaltungsaufgaben bedarf (Verwaltungsvermögen), z. B. Schulhäuser, Friedhöfe;
   im weiteren Sinne auch:

c) Sachen, die durch ihre Erträgnisse oder ihren Kapitalwert dem Staat oder der Gemeinde Mittel zur Führung der öffentlichen Verwaltung liefern (Finanzvermögen).

Oeffentliche Sachen im weiteren Sinne sind demnach alle Gegenstände, deren sich der Staat oder ein anderer öffentlichrechtlicher Verband zur Erfüllung seiner Aufgaben bedient.

Die Sachen im Gemeingebrauch und das Verwaltungsvermögen sind der Herrschaft des Privatrechts größtenteils entzogen.

An Sachen im Gemeingebrauch können Sondernutzungsrechte bestellt werden (Einbau von Schienen und Kabeln in öffentlichen Straßen, Errichtung von Anlagen an Flußläufen zur Ausnützung der Wasserkraft).

XII. Oeffentlichrechtliche Dienstbarkeiten.

Oeffentlichrechtliche Dienstbarkeiten sind Belastungen gewisser Grundstücke im öffentlichen Interesse kraft gesetzlicher Vorschrift (z. B. Beschränkungen zugunsten neu anzulegender Ortsstraßen, Verpflichtung zur Duldung des Leinpferdes nach Art. 20 des Wassergeſ.).

B. Besonderer Teil.

Nach Vorgang von Seydel, Bayer. Staatsrecht, kann man die einzelnen Zweige des Verwaltungsrechts einteilen in

I. die Verwaltungstätigkeit in bezug auf das physische Leben,
II. die Verwaltungstätigkeit in bezug auf das wirtschaftliche Leben,
III. die Verwaltungstätigkeit in bezug auf das geistige Leben,
IV. das Recht der Gemeinden und öffentlichen Stiftungen.

I. Die Verwaltungstätigkeit in bezug auf das physische Leben.

1. Die Polizei im allgemeinen.

I. **Begriff.**

Polizei ist die fürsorgende, pflegliche Tätigkeit öffentlicher Behörden, die bestimmt ist, für die Sicherheit des Staates und für die Wohlfahrt der Staatsbürger zu sorgen.

II. **Geschichte.**

Während man ursprünglich unter Polizei die staatlichen Angelegenheiten (Politeia = Staat, Staatsverwaltung) im Gegensatz zu den kirchlichen verstand, bedeutete sie später die allgemeine Verwaltung überhaupt. Ihre wichtigste Aufgabe war die Herstellung der öffentlichen Sicherheit, später trat die Sorge für die Wohlfahrt der Staatsbürger hinzu. Der „Polizeistaat“ des 18. Jahrhunderts übte eine mehr oder weniger unbeschränkte Gewalt über die Untertanen aus und diese waren Objekte der Verwaltung; heute ist das Tätigkeitsfeld der Polizei sowie die Voraussetzung und Form ihrer Tätigkeit gesetzlich umschrieben und der Staatsbürger ist Subjekt der Verwaltung (sozialer Rechtsstaat).

III. **Hauptsächlichste Rechtsquellen:**

Bayer. PolStGB. vom 26. Dezember 1871 (mit zahlreichen Aenderungen);

V. vom 4. Januar 1872, die Zuständigkeit der Verwaltungsbehörden in Sachen des Strafgesetzbuchs für das Deutsche

Reich und das Polizeistrafgesetzbuch betr. (Zuständigkeitsverordnung);
§§ 360—370 StGB.;
Art. 102 des bayer. AG. zur StPO.

IV. **Polizeibehörden.**

1. Oberste Polizeibehörde ist das Staatsministerium des Innern (§ 74 der Formationsverordnung vom 9. Dezember 1825), soweit nicht die Zuständigkeit eines anderen Ministeriums begründet ist. Unter ihm stehen
2. die Kreisregierungen, Kammern des Innern (§ 57 der Formationsverordnung vom 17. Dezember 1825); unter ihnen stehen
3. die Bezirkspolizeibehörden. Als solche fungieren
   a) die Bezirksämter (§ 2 der V. vom 21. Dezember 1908);
   b) die Stadträte der kreisunmittelbaren Städte (Art. 54 Abs. II und IV GO.), hinsichtlich der Sicherheitspolizei der 1. Bürgermeister kreisunmittelbarer Städte (Art. 54 Abs. IV GO.);
   c) die staatlichen Polizeidirektionen (vgl. Art. 55 GO.); zurzeit bestehen solche in München und Nürnberg-Fürth, deren Zuständigkeit durch die V. vom 2. Oktober 1869 und vom 24. August 1923 sowie durch die Min.-Bek. vom 29. Oktober 1923 abgegrenzt wurde;
   d) die Lokalbaukommission München (vgl. Art. 55 Abs. V GO.) für baupolizeiliche Angelegenheiten, deren Zuständigkeit durch die eben erwähnte V. vom 2. Oktober 1869 abgegrenzt wurde.
4. Die Ortspolizeibehörden. Diese sind
   a) in kreisunmittelbaren Gemeinden der Stadtrat, hinsichtlich der Sicherheitspolizei der 1. Bürgermeister (Art. 54 Abs. IV GO.),
   b) in den übrigen Gemeinden der 1. Bürgermeister (Art. 51 Abs. III GO.).

Die vorstehend unter 1—4 aufgeführten Polizeibehörden stehen zueinander im Verhältnis der Ueber- und Unterordnung.

5. Außerordentliche Polizeibehörden.
   a) Erlassung dringender Anordnungen bei Gefahr im Verzug durch die Staatsbehörden an Stelle der zuständigen Gemeindebehörden (Art. 51 Abs. III Satz 3—5, Art. 54 Abs. II Satz 2 GO.);
   b) Vorübergehende Ausübung der Polizeigewalt in Gemeinden durch Staatsbeamte aus Rücksicht auf die öffentliche Sicherheit (Art. 52 GO.).

V. Polizeiorgane.

1. Die Gendarmerie als Polizeiorgan auf dem flachen Land (vgl. Abschnitt 13 VI 5 des Grundrisses);
2. die gemeindlichen Polizeibeamten (vgl. Abschnitt 13 VI 6 und 2 des Grundrisses);
3. die staatlichen Polizeibeamten der Polizeidirektionen (vgl. Abschnitt 13 VI 6 des Grundrisses);
4. die staatliche Landespolizei (vgl. Abschnitt 13 VI 7 des Grundrisses).

VI. Die Polizeiverordnung.

1. Begriff.

Polizeiverordnungen (im weiteren Sinne) sind allgemein gültige, mit Gesetzeskraft ausgestattete Rechtsnormen; sie unterscheiden sich von den Gesetzen (im formellen Sinn) dadurch, daß letztere durch einen Akt der formalen Gesetzgebung (Art. 68 ff. RV., § 74 ff. BayVU.) zustande kommen, während zur Erlassung der Polizeiverordnungen die Polizeibehörden befugt sind. Diese Befugnis besteht jedoch nicht ohne weiteres, sondern setzt eine Ermächtigung (Delegation) des Gesetzgebers voraus. Eine solche findet sich in zahlreichen Gesetzen, insbesondere im PolStGB. Das bayer. Recht kennt nur eine Spezialdelegation, d. h. die zur Erlassung der Polizeiverordnungen zuständige Behörde ist von Fall zu Fall bestimmt (s. unten 3).

Von der Polizeiverordnung zu unterscheiden ist der Polizeibefehl, der eine polizeiliche Anordnung in einem bestimmten Fall darstellt (s. unten VII), und die Verwaltungsanordnung, die sich nicht wie die Polizeiordnung an die Allgemeinheit richtet, sondern eine Dienstanweisung einer vorgesetzten Behörde an eine unterstellte Behörde ist.

2. Arten.

Man unterscheidet (Art. 1 PolStGB.)

a) die Verordnungen (im engeren Sinne), die entweder vom Gesamtministerium oder von dem zuständigen Fachministerium, je nach deren verfassungsmäßiger Zuständigkeit (§ 61 Ziff. 2 und 6 BayVU.), erlassen werden;
b) oberpolizeiliche Vorschriften, die von dem zuständigen Staatsministerium für das ganze Land oder für einzelne Regierungsbezirke, oder die von der Kreisregierung für ihren Regierungsbezirk erlassen werden (Art. 7 PolStGB.);

c) bezirkspolizeiliche Vorschriften, die von den Bezirkspolizeibehörden (s. oben IV 3) erlassen werden (Art. 4 PolStGB.), und zwar in kreisunmittelbaren Gemeinden vom Stadtrat oder einem beschließenden Ausschuß (Art. 54 Abs. III GO.);

d) ortspolizeiliche Vorschriften, die von den Ortspolizeibehörden (s. oben IV 4) erlassen werden (Art. 3 PolStGB.), und zwar vom Stadt- oder Gemeinderat oder einem beschließenden Ausschuß (Art. 51 Abs. II, Art. 54 Abs. III GO.).

Eine Verpflichtung zur Erlassung ortspolizeilicher Vorschriften besteht für den Gemeinderat nicht; jedoch kann unter Umständen an seiner Stelle die Bezirkspolizeibehörde für den Gemeindebezirk bezirkspolizeiliche Anordnungen treffen (Art. 5 PolStBG.).

3. Zuständigkeit.

Welche der unter 2a—d aufgeführten Arten von Polizeivorschriften für einen bestimmten Gegenstand erlassen werden kann, ist im Gesetz (meist im PolStGB., z. B. in Art. 2 PolStGB.) bestimmt.

4. Voraussetzung für die Gültigkeit einer Polizeiverordnung.

a) Formelle:

α) Vorliegen der gesetzlichen Ermächtigung (s. oben 1),

β) Erlaß durch die zuständige Behörde (s. oben 3),

γ) Vollziehbarkeitserklärung durch die Kreisregierung bei orts- oder bezirkspolizeilichen Vorschriften, die eine fortdauernd geltende Anordnung enthalten (Art. 6 PolStGB.),

δ) ordnungsgemäße Verkündigung. Hierüber bestimmt näheres die V. vom 26. Juli 1922.

b) Materielle:

α) Der Inhalt der Polizeiverordnung muß in Einklang stehen mit dem Aufgabenkreis der Polizei, die öffentliche Sicherheit und Wohlfahrt zu fördern,

β) die Polizeiverordnung darf nicht an eine bestimmte Person ergehen, sondern muß einen unbeschränkten Kreis von Personen treffen,

γ) die Polizeiverordnung darf nicht privatrechtliche Verhältnisse regeln,

δ) eine Polizeiverordnung (im engeren Sinne) darf nicht mit Gesetzen, eine orts-, bezirks- oder oberpolizeiliche Vorschrift nicht mit Gesetzen oder mit Verordnungen oder mit Vorschriften einer höheren Behörde in Widerspruch stehen (Art. 10 PolStGB.).

5. Die Notverordnung.

Nach § 61 Ziff. 7 BayVU. steht das Notverordnungsrecht dem Gesamtministerium zu. Das Nähere regelt Art. 9 PolStGB. Hienach darf eine solche Notverordnung nur erlassen werden, wenn der Landtag nicht versammelt ist, eine dringende Gefahr für die Sicherheit des Staats oder für Leben, Gesundheit oder Vermögen der Bürger vorliegt und eine sonstige anwendbare Vorschrift nicht vorgesehen ist. Die Notverordnung ist dem Landtag zur Zustimmung vorzulegen und auf dessen Verlangen außer Kraft zu setzen. Eine erhebliche Bedeutung kommt dieser Vorschrift angesichts des Notverordnungsrechts des Reichs (und der Länder) nach Art. 48 RV. nicht zu.

Wegen des Notverordnungsrechts des Reichs und des Ausnahmezustandes vgl. Abschnitt 3 C des Grundrisses.

6. Nachprüfung der Polizeiverordnungen.

a) Durch die Verwaltungsbehörden.

α) Die Kreisregierungen können orts- und bezirkspolizeiliche Vorschriften wegen Mangels der gesetzlichen Bedingungen ihrer Erlassung oder wegen Nachteils für das öffentliche Wohl oder wegen Verletzung der Rechte Dritter außer Kraft setzen (Art. 12 PolStGB.).

β) Dasselbe Recht steht aus denselben Gründen den Staatsministerien hinsichtlich der von den Orts-, Bezirkspolizeibehörden und den Kreisregierungen erlassenen Polizeivorschriften zu (Art. 13 PolStGB.).

γ) Jeder, der sich durch Erlassung einer Polizeivorschrift für beschwert erachtet, kann innerhalb des für Verwaltungssachen bestehenden Instanzenzugs hiergegen Abhilfe nachsuchen (Art. 14 PolStGB.). Die Beschwerde ist an eine Frist nicht gebunden.

b) Durch die Strafgerichte.

Wird wegen Uebertretung einer Polizeivorschrift gegen eine Person Anzeige erstattet, so hat der Strafrichter bei Erlassung des Urteils inzidenter die (formelle und materielle) Gültigkeit der Polizeivorschrift nachzuprüfen; die Notwendigkeit oder Zweckmäßigkeit der

Vorschrift darf der Richter nicht prüfen (Art. 15 Pol.-StGB.).

c) Durch die Verwaltungsgerichte.
Eine unmittelbare Zuständigkeit der Verwaltungsgerichte zur Nachprüfung der Gültigkeit von Polizeivorschriften besteht nicht. Vgl. hiezu Art. 13 Abs. I Ziff. 1 VGG., wonach die Zuständigkeit des Verwaltungsgerichtshofs sich nicht auf Rechtssachen erstreckt, die vor die Strafgerichte gehören. Auch aus dem den bayerischen Verwaltungsprozeß beherrschenden Enumerationsprinzip (s. Abschn. Behördenorganisation und Verwaltungsverfahren C VI des Grundrisses) folgt die Unzuständigkeit der Verwaltungsgerichte zur Nachprüfung der Gültigkeit von Polizeivorschriften. Doch kann unter Umständen ein Verwaltungsgericht in einer seiner Zuständigkeit unterliegenden Sache inzidenter (d. h. als Zwischenpunkt) über die Gültigkeit von Polizeivorschriften entscheiden.

d) Durch den Staatsgerichtshof.
Nach § 93 BayVU. hat jeder Staatsangehörige und jede juristische Person, die in Bayern ihren Sitz hat, das Recht der Beschwerde an den Staatsgerichtshof, wenn sie glauben, durch die Tätigkeit einer Behörde in ihrem Recht unter Verletzung der bayerischen Verfassung geschädigt zu sein. Die Beschwerde ist nur zulässig, wenn vorher ohne Erfolg beim Ministerium um Abhilfe nachgesucht worden oder der Rechtsweg erschöpft ist.

Zusammensetzung und Verfahren des Staatsgerichtshofs ist geregelt durch das Gesetz über den Staatsgerichtshof vom 11. Juni 1920 (mit mehrfachen Aenderungen).

VII. Der Polizeibefehl.

1. Begriff.
Der Polizeibefehl (auch Polizeiverfügung genannt) ist eine in einem bestimmten Einzelfall an bestimmte Personen gerichtete polizeiliche Anordnung. Hieher gehören beispielsweise die von Polizeiorganen an Fahrzeuglenker gegebenen Befehle oder die von der Polizei veranlaßte Unterbringung eines gemeingefährlichen Geisteskranken in eine Irrenanstalt. Auch bei Polizeibefehlen ist es notwendig, daß eine gesetzliche Ermächtigung zu ihrer Erlassung vorhanden ist. Allgemein liegt diese Ermächtigung darin, daß die Polizei be-

fugt ist, den Vollzug von Gesetzen und Polizeiverordnungen sicherzustellen.

2. Arten der Polizeibefehle.
   a) Allgemeine oder Einzelbefehle, je nachdem sich der Befehl an einen größeren Personenkreis oder an eine Einzelperson richtet;
   b) verpflichtende und vollziehende Polizeibefehle, je nachdem durch den Polizeibefehl eine Verpflichtung etwas zu tun oder zu unterlassen begründet wird, oder der Vollzug einer bereits erlassenen Anordnung sichergestellt wird (s. unten XII).
   c) bewehrte und unbewehrte Polizeibefehle, je nachdem ihre Nichtbeachtung mit Strafe bedroht ist oder nicht.

3. Zuständigkeit.
   Die Zuständigkeit zur Erlassung von Polizeibefehlen richtet sich nach den jeweils ergangenen gesetzlichen Bestimmungen. Hervorzuheben ist insbesondere die bayerische Zuständigkeitsverordnung vom 4. Januar 1872, in der für eine große Anzahl von Fällen, in denen nach dem StGB. oder nach dem PolStGB. Polizeibefehle erlassen werden können, die hiefür zuständige Behörde bezeichnet ist.
   Ein Polizeibefehl kann von einer Polizeibehörde (s. oben IV) oder von einem Polizeiorgan (s. oben V) ausgehen.

4. Voraussetzungen für die Gültigkeit von Polizeibefehlen.
   a) Formelle:
      α) Vorliegen der gesetzlichen Ermächtigung (s. oben 1),
      β) Erlaß durch die zuständige Behörde oder das zuständige Organ (s. oben 3),
      γ) Bekanntgabe an die davon betroffene Person; eine besondere Form ist nicht vorgeschrieben, ein Polizeibefehl kann schriftlich, mündlich oder auch durch Zeichen (z. B. Haltsignal für einen Fahrzeuglenker) ergehen.
   b) Materielle:
      α) Der Inhalt des Polizeibefehls muß in Einklang stehen mit dem Aufgabenkreis der Polizei,
      β) der Inhalt des Polizeibefehls muß sich stützen auf ein Gesetz oder eine Polizeiverordnung,
      γ) der Polizeibefehl muß an eine bestimmte Person ergehen.

5. Nachprüfung der Polizeibefehle.

a) Durch die Polizeibehörden.

Gegen einen Polizeibefehl kann der hievon Betroffene im Verwaltungsverfahren Beschwerde einlegen (Art. 14 PolStGB.).

b) Durch die Strafgerichte.

Vgl. die auch hier geltenden Ausführungen oben VI 6 b.

c) Durch die Verwaltungsgerichte.

Vgl. die auch hier geltenden Ausführungen oben VI 6 c. Ausnahmsweise kann der Verwaltungsgerichtshof auch unmittelbar über die Gültigkeit eines Polizeibefehls Entscheidung treffen, wenn das VGG. oder ein anderes Gesetz eine solche Zuständigkeit begründet, z. B. bei Streitigkeiten über die Freizügigkeit und über Aufenthalt (Art. 8 Ziff. 3 VGG.); s. Abschnitt 5 A IV des Grundrisses.

d) Durch den Staatsgerichtshof.

Vgl. die auch hier geltenden Ausführungen oben VI 6 d.

VIII. Die Polizeierlaubnis.

In bestimmten Fällen, die meist auf dem Gebiet der gewerblichen Betätigung liegen, wird eine polizeiliche Erlaubnis für die Ausübung einer im allgemeinen verbotenen Tätigkeit erteilt.

Man unterscheidet

1. die einfache Erlaubnis, auf deren Erteilung kein Rechtsanspruch besteht und deren Erteilung völlig in das Ermessen der Polizeibehörde gestellt ist; eine Beschwerde wegen Versagung der Erlaubnis oder wegen ihres Widerrufs kann nur im reinen Verwaltungsverfahren verfolgt werden. Beispiel: Die gewerbsmäßige Darbietung von Musikaufführungen und dergl., ohne daß dabei ein höheres Interesse der Kunst oder Wissenschaft obwaltet, von Haus zu Haus oder auf öffentlichen Straßen (§ 33 b GewO.).
2. Ein Rechtsanspruch auf Erteilung der Erlaubnis ist in manchen Fällen vom Gesetz gegeben, wenn gewisse Voraussetzungen erfüllt sind. Beispiele: Die Erlaubnis zum Betrieb einer Gast- oder Schankwirtschaft muß, vorausgesetzt daß ein Bedürfnis nachgewiesen ist, erteilt werden, es sei denn, daß einer der gesetzlich normierten Versagungsgründe (z. B. ungeeignetes Lokal, unzuverlässiger Unternehmer) vorliegt (§ 33 GewO. in der Fassung des Art. I § 1 des Notgesetzes vom 24. Februar 1923); die Ausstellung einer Jagdkarte darf nur unter

bestimmten Voraussetzungen (Art. 18, 19 des Jagdgesetzes) verweigert werden.

In manchen Fällen wird die Erlaubnis nicht für einen Unternehmer, sondern für eine Anlage erteilt. Beispiel: § 16 GewO. bei bestimmten namentlich aufgezählten lästigen Betrieben. Hieher gehört auch die baupolizeiliche Genehmigung (§ 6 der Bauordnung).

Das Verfahren hinsichtlich der Erteilung, Versagung oder des Widerrufs der Erlaubnis ist in einer Reihe von Fällen verwaltungsrechtlich geregelt; vgl. §§ 20, 21, 40 Abs. II GewO., Art. 8 Ziff. 8, 9a Abs. II Ziff. 5—9 VGG. (sog. Rekursverfahren).

Die Erlaubnis kann in sämtlichen Fällen unter Auflagen erteilt werden. Wo die Erteilung der Erlaubnis in das Ermessen der Polizeibehörde gestellt ist (s. oben 1), kann die Behörde alle Auflagen machen, die sie für nötig hält. Wo aber ein Rechtsanspruch auf Erteilung der Erlaubnis besteht (s. oben 2), dürfen nur solche Auflagen gemacht werden, deren Auferlegung nicht eine Einschränkung des vom Gesetz zugestandenen Rechtsanspruchs auf Erteilung der Erlaubnis bedeutet.

Ob die sog. Generalklausel, d. h. der Vorbehalt weiterer Auflagen, zulässig ist, ist bestritten.

Wo eine Erlaubnis für eine Anlage notwendig ist, bedarf auch jede Aenderung der Anlage der Erlaubnis. Wo eine Erlaubnis für eine bestimmte Person erteilt ist, ist bei jedem Wechsel in der Person eine neue Erlaubnis notwendig. Ist eine Erlaubnis einer bestimmten Person für eine bestimmte Anlage erteilt (z. B. bei dem Betrieb einer Gast- oder Schankwirtschaft nach § 33 GewO.), so ist bei jedem Wechsel in der Person und bei jeder Aenderung der Anlage eine neue Erlaubnis nötig. Der Tod des Inhabers einer Erlaubnis bringt diese nicht immer zum Erlöschen; häufig kann der Betrieb durch einen geeigneten Stellvertreter für Rechnung der Witwe weitergeführt werden (§ 46 GewO.).

IX. Die polizeiliche Duldung.

In einzelnen Fällen ist zwar zur Ausübung einer Tätigkeit keine Erlaubnis notwendig, jedoch kann die Tätigkeit beim Auftreten von Mißständen in der Person des Unternehmers untersagt werden. Beispiel: Die Erteilung von Tanz-, Turn- und Schwimmunterricht, der Betrieb des Baugewerbes (§ 35 Abs. I, V GewO.). Auch hier ist gegen die Untersagung des Betriebs das Rekursverfahren nach § 40 Abs. II mit §§ 20, 21 GewO., Art. 8 Ziff. 8 VGG. eingerichtet.

X. Polizeiliche Strafgewalt.

Eine Strafgewalt, die nach §§ 413 ff. StPO. der Polizeibehörde landesrechtlich eingeräumt werden kann, steht in Bayern der Polizei nicht zu.

XI. Präventivpolizei.

Aufgabe der Polizei ist es auch, der Uebertretung von Strafgesetzen zuvorzukommen (vorbeugende oder Präventivpolizei). Eine allgemeine Ermächtigung zu dieser Tätigkeit enthält Art. 102 AG. zur StPO. vom 18. August 1879. Hienach sind die Polizeibehörden und Beamten verpflichtet, „durch Aufsicht und Anstalten den Uebertretungen der Strafgesetze möglichst zuvorzukommen und dieselben in ihrem Laufe zu unterdrücken". Zu diesem Zweck steht ihnen auch das Recht der vorläufigen Festnahme eines Täters zu, wenn die Festnahme notwendig ist, um die Fortsetzung der strafbaren Handlung zu verhindern. Aehnlich bestimmt Art. 20 Abs. I PolStGB., daß in Fällen, die mit Strafen gesetzlich bedroht sind, die zuständige Polizeibehörde, vorbehaltlich der späteren Strafverfolgung, zur vorläufigen Einschreitung befugt ist.

Sonderfälle der Präventivpolizei sind u. a.

1. die polizeiliche Tötung gefährlicher Tiere (Art. 19 PolStGB.),
2. die vorläufige Beschlagnahme von Sachen, deren Einziehung gesetzlich zulässig ist (Art. 20 Abs. II PolStGB.),
3. die vorläufige Schließung einer Anstalt, deren Schließung in einem Strafurteil ausgesprochen werden kann (Art. 20 Abs. III PolStGB.),
4. die vorläufige Ersatzvornahme von Handlungen, wenn jemand etwas zu tun unterläßt, was ihm unter Strafe gesetzlich zu tun geboten ist. Der hiedurch verursachte Kostenaufwand kann jedoch nur auf Grund eines richterlichen Urteils beigetrieben werden (Art. 20 Abs. IV PolStGB.),
5. die Verhinderung eines Gewerbebetriebs, zu dessen Ausübung eine besondere Genehmigung notwendig ist (§ 15 Abs. II GewO.),
6. die Beschlagnahme von Druckschriften nach § 23 des Preßgesetzes,
7. die vorläufige Beseitigung bauordnungswidriger Zustände (Art. 105 Abs. II PolStGB.).

Ist die vorläufige Maßnahme nicht gerechtfertigt, so steht dem Betroffenen das Recht zu, nach den allgemeinen Grundsätzen Schadensersatzanspruch zu erheben (Art. 20 Abs. V PolStGB.).

Gegen präventive Maßnahmen der Polizei ist eine Verwaltungsbeschwerde zulässig. Vgl. aber §§ 24, 25 des Preßgesetzes.

XII. Der polizeiliche Zwangsvollzug.

1. Begriff.
Der polizeiliche Zwangsvollzug bezweckt die Beseitigung eines vom Strafrichter festgestellten ordnungswidrigen Zustands.

2. Arten.
   a) Die Ersatzvornahme. Ihr muß eine Aufforderung an den Verurteilten vorangehen. Die Kosten werden im Verwaltungsweg beigetrieben (Art. 16 PolStGB.). Beispiel: Beseitigung eines bauordnungswidrigen Zustands (Art. 105 Abs. I PolStGB.);
   b) die Einziehung von Sachen und die Schließung von Anstalten (Art. 17 PolStGB.);
   c) objektives Verfahren. Wenn ein Strafurteil auf Einziehung, Schließung von Anstalten, Beseitigung bauordnungswidriger Zustände usw. nicht ergehen kann, z. B. weil der Täter unzurechnungsfähig ist oder weil die Straftat verjährt ist, können gleichwohl die in a und b genannten polizeilichen Vollzugsmaßnahmen getroffen werden (Art. 18 PolStGB.).

3. Sonderfall.
Ausnahmsweise kann bei sog. unbewehrten Polizeibefehlen (s. oben VII 2 c) ein polizeilicher Zwangsvollzug auf Grund eines gerichtlichen Urteils nicht erfolgen, weil eine Strafandrohung fehlt und daher auch keine gerichtliche Entscheidung herbeigeführt werden kann. In diesem (in der Praxis sehr seltenen) Fall kann die Polizeibehörde Ungehorsamsstrafen androhen und für verwirkt erklären, ferner, wenn die Vornahme einer Handlung in Frage kommt, diese an Stelle und auf Kosten des Ungehorsamen vornehmen lassen (Ersatzvornahme). Hiegegen ist die reine Verwaltungsbeschwerde zulässig (Art. 21, 22 PolStGB., Art. 53 GO., Art. 174 des Wassergesetzes). Beispiel: Falls Erziehungsberechtigte ihre Kinder nicht zum Besuch der Schule anhalten oder falls Fortbildungsschulpflichtige aus eigenem Verschulden den Besuch der Fortbildungsschule versäumen, kann gegen sie Strafantrag gestellt werden. Dem Strafantrag hat jedoch ein Verwaltungsstrafverfahren vor der Schulpflegschaft voranzugehen. Zu der Sitzung der Schulpflegschaft ist der Beschuldigte zu laden. Erscheint er nicht,

so kann gegen ihn nach Art. 21 PolStGB. mit Ungehorsamsstrafen vorgegangen werden (Art. 58 Abs. II—IV Pol.-StGB. in der Fassung des § 33 des Schulaufsichtsgesetzes vom 1. August 1922; Ziff. 14 der Bekm. des Staatsministeriums für Unterricht und Kultus vom 23. Juni 1923 über die Behandlung der Schulversäumnisse).

2. Sicherheitspolizei, Sittenpolizei, Vergnügungspolizei, Lotteriewesen.

A. Sicherheitspolizei.

I. Begriff.

Die Sicherheitspolizei hat die Aufgabe, den Staat sowie Leben und Eigentum des Staatsbürgers vor den Eingriffen asozialer Elemente zu schützen. Man unterscheidet zwischen höherer Sicherheitspolizei (Vereins-, Versammlungspolizei, Ausnahmezustand, Preß-, Theater- und Lichtspielpolizei) und niederer Sicherheitspolizei oder Einzelsicherheitspolizei (Aufenthalts-, Fremden-, Paß- und Auswanderungspolizei). Die höhere Sicherheitspolizei wendet sich gegen Störungen, die von einer Mehrzahl von Personen ausgehen, die niedere Sicherheitspolizei gegen Störungen, die von Einzelnen ausgehen. Nicht hieher gehört die Kriminalpolizei, deren Aufgabe in der Verfolgung strafbarer Handlungen besteht; sie ist ein Bestandteil der Strafrechtspflege.

II. Bettler und Landstreicher.

Nach § 361 Ziff. 3 und 4 StGB. wird mit Haft bestraft,
wer als Landstreicher umherzieht,
wer bettelt oder Kinder zum Betteln anleitet oder ausschickt.

Nach § 362 Abs. II—IV StGB. kann mit der Verurteilung zur Haft gleichzeitig die Ueberweisung an die Landespolizeibehörde ausgesprochen werden. Diese erhält hiedurch die Befugnis (die in Bayern von den Bezirkspolizeibehörden ausgeübt wird), den Verurteilten bis zu 2 Jahren in ein Arbeitshaus unterzubringen oder zu gemeinnützigen Arbeiten zu verwenden. Ausländer können ausgewiesen werden.

III. Zigeuner, Landfahrer und Arbeitsscheue.

Das bayerische Gesetz zur Bekämpfung von Zigeunern, Landfahrern und Arbeitsscheuen vom 16. Juli 1926 unterwirft

1. Zigeuner und die nach Zigeunerart umherziehenden Personen (Landfahrer) einer Reihe polizeilicher Beschrän-

kungen. Sie benötigen zum Umherziehen und zum Mitführen schulpflichtiger Kinder einen Erlaubnisschein, zum Mitführen von Pferden, Hunden usw. einen Ausweis; sie dürfen keine Schußwaffen besitzen, nicht in Horden reisen oder rasten usw.; auch kann ihnen eine bestimmte Reiserichtung vorgeschrieben werden (Zwangspaß);

2. Arbeitsscheue, die den Nachweis einer geregelten Arbeit oder ernstlicher Bemühung um Arbeit nicht zu erbringen vermögen, ebenfalls verschiedenen polizeilichen Maßnahmen, wenn sie zu Zuchthaus oder wegen bestimmter Straftaten zu einer anderen Freiheitsstrafe verurteilt sind.

Zu erwähnen ist hier auch § 361 Ziff. 7 StGB., wonach derjenige mit Haft bestraft wird, der, wenn er aus öffentlichen Armenmitteln eine Unterstützung empfängt, sich aus Arbeitsscheu weigert, die ihm von der Behörde angewiesene Arbeit zu verrichten.

IV. Irre.

Art. 80 Abs. I PolStGB. bedroht mit Strafe denjenigen, der mit Gefahr für Personen oder Eigentum oder für die öffentliche Sittlichkeit Blödsinnige oder Geisteskranke, deren Aufsicht ihm obliegt, frei auf Straßen oder an öffentlichen Orten herumgehen läßt.

Gemeingefährliche Geisteskranke können von der Bezirkspolizeibehörde auf Grund bezirksärztlichen Gutachtens in eine Irrenanstalt oder eine sonstige genügende Verwahrung eingewiesen werden (Art. 80 Abs. II PolStGB.).

V. Waffen.

Die Führung von Schußwaffen und von bestimmten Schlagwaffen ist verboten. Ausnahmen können die Bezirkspolizeibehörden bewilligen durch Ausstellung eines Waffenscheines. Beamte und Angehörige der Wehrmacht bedürfen keines Waffenscheines für ihre Dienstwaffen; bei Jägern ersetzt die Jagdkarte den Waffenschein (V. vom 7. Dezember 1921, 23. November 1922, und [für die Pfalz] vom 20. Mai 1925).

Darüber hinaus verbietet die V. vom 19. November 1887 gewissen Personen, z. B. Bettlern und Landstreichern, Personen unter 18 Jahren, Lehrlingen usw. das Führen von Dolchen, feststehenden Messern und dgl.

Strafbestimmungen: § 367 Ziff. 9 StGB., Art. 39 PolStGB.

B. Sittenpolizei.

1. Die Kuppelei und Zuhälterei ist durch §§ 180, 181, 181 a StGB. unter Strafe gestellt, ebenso die Unterhaltung

eines **Bordells** (§ 180 Abs. II StGB. in der Fassung des § 16 des Reichsgesetzes zur Bekämpfung der Geschlechtskrankheiten vom 18. Februar 1927).

2. Der Bekämpfung der **gewerbsmäßigen Unzucht** dienen die Strafbestimmungen in § 361 Ziff. 6 und 6a StGB. in der Fassung des § 16 des Reichsgesetzes zur Bekämpfung der Geschlechtskrankheiten. Nach § 17 dieses Gesetzes sind **Wohnungsbeschränkungen** auf bestimmte Straßen oder Häuserblocks zum Zweck der Ausübung der gewerbsmäßigen Unzucht (**Kasernierungen**) verboten.

3. Das **Konkubinat** ist durch Art. 50a PolStGB. unter Strafe gestellt.

4. Der Bekämpfung von **Animierkneipen** dienen §§ 6 bis 12 der auf Grund des Reichsgesetzes vom 15. Januar 1920 über weibliche Angestellte in Gast- und Schankwirtschaften erlassenen V. vom 15. Dezember 1921. Hienach kann die **Beschäftigung** weiblicher Personen in Gast- und Schankwirtschaften **verboten** oder **eingeschränkt** werden.

5. Wegen **Gaukelei** wird bestraft, wer sich gegen Lohn mit angeblichen Zaubereien, Geisterbeschwören, Kartenschlagen, Traumdeuten usw. abgibt (Art. 54 PolStGB.).

6. Die **Feier des „blauen Montags“** durch Handwerksgesellen, Gewerbsgehilfen, Lehrlinge und Fabrikarbeiter ist durch Art. 155 Abs. I PolStGB. unter Strafe gestellt.

C. Vergnügungspolizei.

I. Polizeistunde.

Die **Polizeistunde**, d. i. die Stunde, über die hinaus **Gäste in Schankstuben und an öffentlichen Vergnügungsorten** nicht verweilen dürfen, ist zurzeit auf Grund des § 365 StGB. und des Art. 2 Ziff. 4 PolStGB. durch Verordnung vom 29. August 1921 geregelt. Eine **anderweitige Regelung** ist durch ortspolizeiliche Vorschrift zulässig.

II. Tanzlustbarkeiten.

1. **Oeffentliche** Tanzlustbarkeiten bedürfen der polizeilichen **Erlaubnis** (§§ 1—3 der V. vom 31. Okt. 1921 [mit mehrfachen Aenderungen]). Zuständig zur Erteilung sind die **Bezirkspolizeibehörden**. Die Bewilligung unterliegt einer **Gebühr** (Art. 158 Abs. I des bayerischen Kostengesetzes vom 16. Februar 1921). Außerdem ist eine **besondere Abgabe** zugunsten der gemeind-

lichen Armenkasse zu entrichten (Art. 158 Abs. III, IV des Kostengesetzes). Die Polizeistunde muß eingehalten werden.

2. Geschlossene Tanzlustbarkeiten sind anmeldepflichtig (§ 4 der gleichen V.). Ueber die Anmeldung wird eine gebührenpflichtige Bescheinigung ausgestellt (Art. 158 Abs. II des Kostengesetzes). Von der Anmeldepflicht ausgenommen sind Veranstaltungen in Privatwohnungen und der Tanzunterricht von Tanzlehrern.

Zu gewissen Zeiten ist die Veranstaltung öffentlicher Tanzlustbarkeiten und die Veranstaltung von Tanzlustbarkeiten geselliger Vereine und geschlossener Gesellschaften verboten (§§ 6, 7 der V.).

III. **Sonstige Lustbarkeiten.**

Zu erwähnen sind die oberpolizeilichen Vorschriften über das Verbot von Maskenumzügen und Maskentreiben auf öffentlichen Straßen und Plätzen vom 17. Dezember 1921 bezw. 12. Dezember 1927. Strafbestimmung: Art. 36 Ziff. 2 und 44 PolStGB.

D. Lotteriewesen.

I. **Lotteriespiel.**

Nach § 286 StGB. und Art. 1 ff. des bayerischen Gesetzes über das Lotteriespiel vom 11. Oktober 1912 macht sich strafbar,

wer ohne obrigkeitliche Erlaubnis öffentliche Lotterien veranstaltet,

wer in einer Lotterie spielt, die in Bayern nicht zugelassen ist usw.

Zuständig zur Erteilung der Erlaubnis zu öffentlichen Lotterien ist die Kreisregierung, Kammer des Innern, wenn der Absatz der Lose sich nur auf den Regierungsbezirk erstreckt, im übrigen das Staatsministerium des Innern.

Der Handel mit Lotterielosen kann bei Unzuverlässigkeit des Unternehmers untersagt werden (§ 35 Abs. II GewO.); der Handel und das Aufsuchen von Bestellungen auf dem Wege des Gewerbebetriebs im Umherziehen ist verboten (§ 56 Abs. II Ziff. 5, § 56a Ziff. 2 GewO.).

II. **Rennwetten.**

Genehmigungspflichtig ist nach §§ 1, 2 des Rennwett- und Lotteriegesetzes vom 8. April 1922 (mit mehrfachen Aenderungen)

1. das Unternehmen eines Totalisators aus Anlaß öffentlicher Pferderennen,

2. der gewerbsmäßige Abschluß oder die gewerbsmäßige Vermittlung von Wetten aus diesem Anlaß (Buchmacher).

Zuständig zur Erteilung der Genehmigung ist für Totalisatoren das Staatsministerium für Landwirtschaft, für Buchmacher die Bezirksverwaltungsbehörde (Ziff. 1, 2 der Min.-Bek. vom 4. April 1927).

III. **Besteuerung.**

Nach §§ 10 ff., 17 ff. des Rennwett- und Lotteriegesetzes unterliegen inländische Lotterien, ausländische Lose, Unternehmer von Totalisatoren und Buchmacher einer Steuer an das Reich.

IV. **Glücksspiel.**

Nach §§ 284, 284a, 284b, 285, 285a StGB. in der Fassung des Reichsgesetzes vom 23. Dezember 1919 (Gesetz gegen das Glücksspiel) ist die Veranstaltung von Glücksspielen ohne behördliche Erlaubnis und die Beteiligung an solchen unter Strafe gestellt.

Zuständig zur Erteilung der Erlaubnis ist die Kreisregierung, Kammer des Innern (Min.Bek. vom 11. August 1920, Staatsanz. Nr. 193).

3. Vereinsrecht, Versammlungsrecht, Ausnahmezustand.

A. Vereinsrecht.

I. **Rechtsquelle.**

Art. 7 Ziff. 6 und Art. 124 RV.;

Reichsvereinsgesetz vom 19. April 1908 (mit mehrfachen Aenderungen); bayerisches Vollzugsgesetz hiezu vom 6. Juli 1908;

Reichsgesetz zur Durchführung der Art. 177, 178 des Friedensvertrags vom 22. März 1921;

§§ 1—5, 17, 18 des Reichsgesetzes zum Schutz der Republik vom 21. Juli 1922;

§§ 128, 129 StGB.;

§§ 43, 44, 61, 62 BGB.;

Art. 4 AG. zum BGB.

II. **Oeffentliches und privates Recht.**

Das Vereinsrecht gehört teils dem öffentlichen, teils dem privaten Recht an. Dem öffentlichen Recht, das im folgenden ausschließlich zu behandeln ist, gehören an u. a. die Bestimmungen darüber, wer berechtigt ist, Vereine zu bilden, welchen Beschränkungen die Bildung von Vereinen unterliegt, ferner Bestimmungen über die Ueberwachung der Vereine aus Gründen der öffentlichen Sicherheit und dergl.

III. Grundsatz der Vereinsfreiheit.

Alle Deutschen haben das Recht, zu Zwecken, die den Strafgesetzen nicht zuwider laufen, Vereine oder Gesellschaften zu bilden (Art. 124 Abs. I Satz 1 RV., § 1 Abs. I des Vereinsgesetzes). Dies gilt auch für religiöse Vereine und Gesellschaften (Art. 124 Abs. I Satz 3 RV.).

IV. Einschränkungen der Vereinsfreiheit.

1. Ausländern steht das Recht der Vereinsfreiheit nicht zur Seite.
2. Gewissen Personen, z. B. Beamten, kann aus disziplinären Gründen die Teilnahme an einem Verein, dessen Zwecke und Bestrebungen den staatlichen oder dienstlichen Interessen zuwiderlaufen, untersagt werden (vgl. Art. 16 des bayerischen Beamtengesetzes vom 16. August 1908, Art. 120 des bayerischen Volksschullehrergesetzes vom 14. August 1919).

   Nicht zulässig ist dagegen die Beschränkung der Vereinsfreiheit durch Vorbeugungsmaßnahmen (Art. 124 Abs. I Satz 2 RV.).

V. Eingetragene Vereine.

Ein Verein, dessen Zweck nicht auf einen wirtschaftlichen Geschäftsbetrieb gerichtet ist, erlangt Rechtsfähigkeit durch Eintragung in das Vereinsregister (§ 21 BGB.). Nach § 61 Abs. II BGB. (mit Art. 124 Abs. II RV.) kann die Verwaltungsbehörde gegen die Eintragung Einspruch erheben, wenn der Verein nach dem öffentlichen Vereinsrecht unerlaubt ist oder verboten werden kann. Nach § 62 BGB. und Art. 4 AG. zum BGB. ist zur Erhebung des Einspruchs die Bezirkspolizeibehörde zuständig. Gegen den Einspruch findet Beschwerde an die Regierung und weitere Beschwerde an den Verwaltungsgerichtshof statt. Nach § 63 BGB. darf die Eintragung des Vereins in das Vereinsregister erst erfolgen, wenn seit der Mitteilung der Anmeldung des Vereins 6 Wochen verstrichen sind und Einspruch nicht erhoben wurde oder wenn der erhobene Einspruch endgültig aufgehoben wurde.

VI. Auflösung des Vereins.

1. Auflösungsgründe.
   a) Ein Verein kann aufgelöst werden, wenn sein Zweck den Strafgesetzen zuwiderläuft (§ 2 Abs. I des Vereinsgesetzes).
   b) Vereine, in denen Erörterungen stattfinden, die den Tatbestand einer der in §§ 1—8 des Republikschutzgesetzes bezeichneten strafbaren Handlungen bilden,

oder die Bestrebungen dieser Art verfolgen oder die die Erhebung einer bestimmten Person auf den Thron betreiben, können verboten oder aufgelöst werden (§ 14 Abs. II des Republikschutzgesetzes vom 21. Juli 1922).

c) Vereinigungen, aus deren Satzung oder Verhalten hervorgeht, daß ihr Zweck im Widerspruch zu den Bestimmungen der Art. 177, 178 des Versailler Vertrags (militärische Ausbildung der Mitglieder, Mobilmachungsmaßnahmen) steht, sind aufzulösen (Reichsgesetz vom 22. März 1921).

2. Zuständigkeit und Verfahren.

Zuständig sind im Fall der Ziff. 1a die Bezirksverwaltungsbehörden (Ziff. 2 der Min.Bek. vom 12. Mai 1908 und Art. 2 des bayerischen Gesetzes vom 6. Juli 1908) in erster Instanz, in zweiter Instanz die Kreisregierung, im dritten Rechtszug der Verwaltungsgerichtshof (Ziff. 2 der Min.Bek. vom 12. Mai 1908 und Art. 1 des bayerischen Gesetzes vom 6. Juli 1908).

Im Fall der Ziff. 1b (Republikschutzgesetz) ist zur Entscheidung zuständig die Landeszentralbehörde (Staatsministerium des Innern), hiegegen kann das Reichsverwaltungsgericht, bis zu dessen Errichtung der hiefür bestimmte Senat des Reichsgerichts (§§ 17, 18 des Republikschutzgesetzes und § 1 des Reichsgesetzes vom 2. Juni 1927) angerufen werden.

Im Fall der Ziff. 1c ist zur Auflösung die oberste Landesbehörde oder die Reichsregierung zuständig (§ 1 des Reichsgesetzes vom 22. März 1921).

VII. Entziehung der Rechtsfähigkeit.

Nach §§ 43, 44 BGB. kann einem Verein die Rechtsfähigkeit entzogen werden, wenn er durch gesetzwidriges Verhalten des Vorstands das Gemeinwohl gefährdet. Zuständig für die Entziehung der Rechtsfähigkeit ist die Bezirkspolizeibehörde (Art. 4 AG. zum BGB.). Beschwerde zur Kreisregierung und weitere Beschwerde zum Verwaltungsgerichtshof ist zulässig.

VIII. Politische Vereine.

Für politische Vereine, d. s. Vereine, die eine Einwirkung auf politische Angelegenheiten bezwecken, gelten einige Sonderbestimmungen (§ 3 des Vereinsgesetzes). Der politische Verein muß einen Vorstand und eine Satzung haben. Die Satzung und das Verzeichnis der Vorstandsmitglieder muß der Bezirkspolizeibehörde eingereicht werden. „Wahlvereine" zur Vorbereitung von Wahlen gelten nicht als politische Vereine (§ 4 des Vereinsgesetzes), ebensowenig Vereine von Arbeitgebern und Arbeitnehmern zur Erlangung günstiger Lohn- und Arbeitsbedingungen (§ 17a des Vereinsgesetzes).

B. Versammlungsrecht.

I. Rechtsquelle.

Art. 7 Ziff. 6, Art. 123 RV.;
Vereinsgesetz vom 19. April 1908 (mit mehrfachen Aenderungen); bayerisches Vollzugsgesetz hiezu vom 6. Juli 1908;
§§ 14—17, 19 Abs. I des Reichsgesetzes zum Schutz der Republik vom 21. Juli 1922.

II. Grundsatz der Versammlungsfreiheit.

Alle Deutschen haben das Recht, sich ohne Anmeldung oder besondere Erlaubnis friedlich und unbewaffnet zu versammeln (Art. 123 Abs. I RV., § 1 Abs. I des Vereinsgesetzes). Eine Versammlung liegt vor, wenn mehrere Personen zur Erreichung eines bestimmten Zwecks zusammenkommen. Oeffentlich ist eine Versammlung, wenn an ihr eine unbestimmte Zahl von Personen teilnehmen kann.

III. Einschränkung der Versammlungsfreiheit.

1. Versammlungen unter freiem Himmel (Art. 123 Abs. II RV.), zu denen auch Umzüge auf öffentlichen Straßen und Plätzen gehören, können
   a) durch Reichsgesetz anmeldepflichtig gemacht werden. Ein solches Reichsgesetz ist bis jetzt nicht ergangen;
   b) bei unmittelbarer Gefahr für die öffentliche Sicherheit

   verboten werden.

   Zuständig zum Erlaß des Verbots sind die Bezirkspolizeibehörden. Innerhalb des Bannkreises des Reichstags oder der Landtage dürfen Versammlungen unter freiem Himmel und Umzüge nur mit besonderer Erlaubnis der Reichsregierung oder Landesregierung im Einvernehmen mit dem Präsidenten des Reichstags oder Landtags stattfinden (§§ 1 und 2 des Reichsgesetzes vom 8. Mai 1920, Min.Bek. vom 13. Juli 1920).
2. Gewissen Personen, z. B. Soldaten, kann aus disziplinären Gründen die Teilnahme am politischen Versammlungen verboten werden (§§ 36 Abs. II, 37 Abs. I bis III des Wehrgesetzes vom 23. März 1921).
3. Nach § 14 Abs. I des Republikschutzgesetzes können Versammlungen, Aufzüge und Kundgebungen verboten werden,

wenn in ihnen Erörterungen zu befürchten sind, die den Tatbestand einer in §§ 1—8 des Republikschutzgesetzes bezeichneten strafbaren Handlungen bilden. Zuständig zum Erlaß solcher Verbote sind die Landeszentralbehörden, hiegegen kann das Reichsverwaltungsgericht, bis zu dessen Errichtung der hiefür bestimmte Senat des Reichsgerichts angerufen werden (§ 17 des Republikschutzgesetzes und § 1 des Reichsgesetzes vom 2. Juni 1927).

4. Das Tragen von Waffen in öffentlichen Versammlungen oder bei öffentlichen Aufzügen ist verboten (§ 11 des Vereinsgesetzes).

Die in §§ 5—9 des Vereinsgesetzes enthaltenen Beschränkungen der Versammlungsfreiheit sind durch Ziff. 2 des Aufrufs des Rats der Volksbeauftragten vom 12. November 1918 (RGBl. S. 1303) aufgehoben; dasselbe gilt von § 17 des Vereinsgesetzes, der die Teilnahme an Versammlungen politischer Vereine oder in politischen Versammlungen durch Personen unter 18 Jahren verbot. § 12 des Vereinsgesetzes, der den Gebrauch nichtdeutscher Sprachen in Versammlungen einschränkte, wurde schon durch Reichsgesetz vom 19. April 1917 aufgehoben.

IV. Politische Versammlungen.

1. Oeffentliche politische Versammlungen müssen einen Leiter haben, der für Ruhe und Ordnung zu sorgen hat und die Versammlung für aufgelöst erklären kann (§ 10 des Vereinsgesetzes).
2. In öffentlichen politischen Versammlungen kann die Polizeibehörde bis zu zwei Beauftragte entsenden (§ 13 des Vereinsgesetzes).

V. Auflösung von Versammlungen.

Zur Auflösung befugt sind

1. der Leiter oder, solange dieser nicht bestellt ist, der Veranstalter (s. oben IV 1),
2. die Beauftragten der Polizeibehörde, wenn eine der in § 14 Ziff. 3—5 des Vereinsgesetzes (z. B. Erörterung von Vorschlägen, die eine Aufforderung zu Verbrechen oder Vergehen enthalten) oder in § 16 des Republikschutzgesetzes erwähnten Voraussetzungen gegeben ist.

Streitigkeiten über die Auflösung einer Versammlung auf Grund des Vereinsgesetzes sind Verwaltungsrechtssachen (§§ 15 und 2 Abs. II des Vereinsgesetzes, Art. 8 Ziff. 6 VGG.). Zuständig in erster Instanz ist die Bezirkspolizeibehörde (Ziff. 12 der Min.Bek. vom 12. Mai

1908), in zweiter Instanz die Kreisregierung, in dritter Instanz der Verwaltungsgerichtshof.

Erfolgt die Auflösung einer Versammlung auf Grund des Republikschutzgesetzes, so kann hiegegen die Landeszentralbehörde und gegen deren Entscheidung das Reichsverwaltungsgericht, bis zu dessen Errichtung der hiefür bestimmte Senat des Reichsgerichts angerufen werden (§ 17 Abs. II des Republikschutzgesetzes und § 1 des Reichsgesetzes vom 2. Juni 1927).

Sobald eine Versammlung für aufgelöst erklärt ist, sind alle Anwesenden verpflichtet, sich sofort zu entfernen (§ 16 des Vereinsgesetzes).

C. Ausnahmezustand.

I. **Reichsrechtlicher Ausnahmezustand** (Art. 48 Abs. II—V RV.).

Wenn im Deutschen Reich die öffentliche Sicherheit und Ordnung erheblich gestört oder gefährdet wird, kann der Reichspräsident die zur Wiederherstellung der öffentlichen Sicherheit und Ordnung nötigen Maßnahmen treffen. Er kann zu diesem Zweck

a) mit Hilfe der bewaffneten Macht einschreiten,

b) vorübergehend die in Art. 114 (Freiheit der Person), 115 (Freiheit der Wohnung), 117 (Unverletzlichkeit des Briefgeheimnisses), 118 (Recht der freien Meinungsäußerung), 123 (Versammlungsfreiheit), 124 (Vereinsfreiheit), 153 (Unverletzlichkeit des Eigentums) RV. festgesetzten Grundrechte ganz oder zum Teil außer Kraft setzen. Der Reichstag ist hievon in Kenntnis zu setzen, auf sein Verlangen sind die getroffenen Maßnahmen außer Kraft zu setzen.

Die Landesregierungen können bei Gefahr im Verzuge dieselben Maßnahmen einstweilen treffen; die Maßnahmen sind aber auf Verlangen des Reichspräsidenten oder des Reichstags außer Kraft zu setzen.

II. **Landesrechtlicher Ausnahmezustand** (§ 64 BayVU.).

Das Gesamtministerium hat die Ruhe und Ordnung zu sichern und bei drohender Gefahr die erforderlichen Maßnahmen zu treffen. Zu diesem Zweck kann es

a) vorübergehend die verfassungsmäßigen Grundrechte ganz oder teilweise außer Kraft setzen. Dieser Bestimmung kommt allerdings angesichts der erschöpfenden Regelung in Art. 48 RV. (s. oben I) keine Bedeutung zu;

b) über die bewaffnete Macht verfügen. Hierüber bestimmt (an Stelle des gegenstandslos gewordenen § 88 BayVU.) § 17 des Wehrgesetzes vom 23. März 1921 das

Nähere. Die Form des Anforderns der Wehrmacht regelt das insoweit noch geltende bayerische Gesetz vom 4. Mai 1851, das Einschreiten der bewaffneten Macht zur Erhaltung der gesetzlichen Ordnung betr.

III. **Kriegszustand, Standrecht, Volksgerichte.**

Als aufgehoben anzusehen sind, weil in Widerspruch mit Art. 48 RV. stehend, die bayerischen Gesetze

vom 5. November 1912 über den Kriegszustand,

vom 12. Juli 1919 über die Einsetzung von Volksgerichten bei inneren Unruhen,

vom 31. Juli 1919 über außerordentliche Maßnahmen zum Schutz des Freistaats.

IV. **Aufruhrschäden.**

1. Aufruhrsachschäden.

Nach dem Reichsgesetz über die durch innere Unruhen verursachten Schäden vom 12. Mai 1920 (mit mehrfachen Aenderungen) besteht wegen der im Zusammenhang mit inneren Unruhen verursachten Sachschäden ein Ersatzanspruch gegen das Land, in dem der Schaden entstanden ist, sofern ohne Gewährung einer Entschädigung das wirtschaftliche Fortkommen des Betroffenen gefährdet würde. Zuständig zur Entscheidung ist in erster Instanz ein besonderer Ausschuß, in zweiter Instanz das Reichswirtschaftsgericht. Das Verfahren ist geregelt durch die Reichsverordnung vom 15. September 1920 in der Fassung der V. vom 29. März 1924.

2. Aufruhrpersonenschäden.

Für Schäden an Leib und Leben, die durch innere Unruhen verursacht sind, können Ersatzansprüche nach Maßgabe des § 18 des Reichsgesetzes vom 15. Juli 1922 (in der Fassung der V. vom 29. März 1924) erhoben werden. Zuständigkeit und Verfahren bestimmt sich nach dem Gesetz über das Verfahren in Versorgungssachen vom 10. Januar 1922 (in der Fassung der Bek. vom 20. März 1928).

4. Preßpolizei, Theaterpolizei, Lichtspielpolizei.

A. Preßpolizei.

I. **Rechtsquelle.**

Art. 118 RV.;

Preßgesetz vom 7. Mai 1874 (mit mehrfachen Aenderungen);

§§ 20—22 des Reichsgesetzes zum Schutz der Republik vom 21. Juli 1922.

II. Grundsatz der Pressefreiheit.

Nach Art. 118 RV. hat jeder Deutsche das Recht, innerhalb der allgemeinen Gesetze seine Meinung durch Wort, Schrift, Druck, Bild oder in sonstiger Weise frei zu äußern. Eine Pressezensur findet nicht statt.

III. Einschränkungen der Pressefreiheit.

1. Bekämpfung der Schund- und Schmutzliteratur (Art. 118 Abs. II Satz 2 RV.); s. hierüber unten V.
2. Nach §§ 20, 21 des Republikschutzgesetzes können Druckschriften, deren Inhalt den Tatbestand einer der durch §§ 1—8 des Republikschutzgesetzes bezeichneten Handlungen begründet, beschlagnahmt,
   periodische Druckschriften aus den gleichen Gründen bis auf 4 Wochen (bei Tageszeitungen) oder bis auf 6 Monate (bei anderen Druckschriften) verboten werden.
3. In den Fällen des § 23 des Preßgesetzes können Druckschriften ohne richterliche Anordnung beschlagnahmt werden, jedoch vorbehaltlich der Bestätigung oder Aufhebung der vorläufigen Beschlagnahme durch das Gericht (§§ 24—29 des Preßgesetzes).
4. Eine Anzahl von Bestimmungen der GewO. beschränkt den Handel, das Hausieren, die Verteilung von Druckschriften (§§ 42b Abs. III, 43 Abs. I—V, 56 Abs. III, IV GewO.).
5. Falls der Ausnahmezustand verhängt wird, kann die Pressefreiheit ganz oder zum Teil außer Kraft gesetzt werden (Art. 48 Abs. II RV.).

IV. Ordnung der Presse.

Das Preßgesetz trifft in §§ 6—19 eine Reihe von Bestimmungen überwiegend polizeilicher Natur. Beispielsweise muß auf jeder in Deutschland erscheinenden Druckschrift Name und Wohnort des Druckers und, wenn sie für den Buchhandel oder sonst zur Verbreitung bestimmt ist, Name und Wohnort des Verlegers, Verfassers oder Herausgebers genannt sein.

V. Bewahrung der Jugend vor Schund- und Schmutzschriften.

Nach dem Reichsgesetz zur Bewahrung der Jugend vor Schund- und Schmutzschriften vom 18. Dezember 1926 können Schund- und Schmutzschriften in eine Liste aufgenommen werden; dann ist ihr Feilhalten weitgehenden Beschränkungen unterworfen. Periodische Druckschriften (ausgenommen politische Tageszeitungen) können ebenfalls auf die Liste gesetzt werden. Die Entscheidung darüber, ob eine Schrift auf die Liste gesetzt werden soll, erfolgt durch Prüfstellen, die aus einem beamteten Vorsitzenden und 8 Sachverständigen zusammengesetzt sind. Ueber diesen Prüfstellen besteht noch eine Oberprüfstelle in Leipzig.

VI. Plakate, Flugblätter, Flugschriften.

Nach den auf Grund des § 366 Ziff. 10 StGB. erlassenen oberpolizeilichen Vorschriften über die öffentliche Verbreitung von Plakaten, Flugblättern und Flugschriften vom 12. Dezember 1925 in der Fassung vom 27. Oktober 1926 dürfen diese nur dann angeschlagen, verbreitet usw. werden,

1. wenn sie Ankündigungen über nicht verbotene Versammlungen, wirtschaftliche oder Vergnügungsanzeigen enthalten,
2. wenn sie rein sachliche Angaben über Veranstalter, Ort und Zeit der Versammlung usw. enthalten;

sie müssen ferner mindestens 24 Stunden vor dem Anschlag oder der Verbreitung der Bezirkspolizeibehörde zur Kenntnisnahme vorgelegt werden. Ausgenommen von diesen Beschränkungen sind u. a. Wahlplakate.

Nach den oberpolizeilichen Vorschriften vom 8. September 1927 ist das Abwerfen von Flugblättern aus Flugzeugen auf öffentliche Straßen verboten.

B. Theaterpolizei.

Eine Theaterzensur findet nach Art. 118 Abs. II Satz 1 RV. nicht statt. Nach Art. 118 Abs. II Satz 2 RV. sind gesetzliche Maßnahmen zum Schutz der Jugend bei öffentlichen Schaustellungen und Darbietungen zulässig; ein derartiges Gesetz ist bis jetzt nicht ergangen.

Bestritten ist, ob Art. 102 Abs. I AG. zur StPO., wonach die Polizeibehörden Uebertretungen der Strafgesetze zuvorzukommen und sie zu unterdrücken haben, auf Theatervorstellungen anwendbar ist, wenn durch die Aufführung eines Schauspiels eine strafbare Handlung begangen wird, oder wenn aus Anlaß einer Theateraufführung eine Störung der Ordnung zu befürchten ist.

Dagegen kann die Erlaubnis zum Betrieb eines Schauspielunternehmens versagt oder eine erteilte Erlaubnis zurückgenommen werden, wenn der Unternehmer nicht die erforderliche Zuverlässigkeit in sittlicher, artistischer und finanzieller Hinsicht besitzt (§§ 32 Abs. II, 53 Abs. II GewO.).

C. Lichtspielpolizei.

I. Rechtsquelle.

Nach Art. 118 Abs. II Satz 1 RV. können für Lichtspiele durch Gesetz Bestimmungen getroffen werden, die von dem

Grundsatz der Pressefreiheit (s. oben A II) abweichen. Dies ist geschehen durch Gesetz vom 12. Mai 1920.

II. **Lichtspielgesetz vom 12. Mai 1920.**

Bildstreifen (Filme) dürfen öffentlich nur dann vorgeführt werden, wenn sie von einer amtlichen Prüfungsstelle zugelassen sind. Bildstreifen, zu deren Vorführung Jugendliche unter 18 Jahren zugelassen werden sollen, bedürfen besonderer Zulassung. Die zur Vorführung von Bildstreifen gehörende Reklame bedarf der Genehmigung der Ortspolizeibehörde. Letztere kann auch für ihren Bezirk Bildstreifen über Tagesereignisse und über Landschaften selbständig zulassen.

Die Prüfungsstellen, die nach Bedarf errichtet werden, setzen sich zusammen aus einem beamteten Vorsitzenden und aus Beisitzern aus den Kreisen des Lichtspielgewerbes, aus Sachverständigen auf dem Gebiete der Kunst und Literatur und aus Sachverständigen auf dem Gebiet der Volkswohlfahrt, der Volksbildung und der Jugendwohlfahrt. Die Mitglieder der Prüfungsstellen werden vom Reichsminister des Innern ernannt.

Beschwerden gegen die Entscheidungen der Prüfungsstellen entscheidet endgültig die Oberprüfungsstelle. Diese kann auch auf Antrag einer Landeszentralbehörde die Zulassung eines Bildstreifens widerrufen.

5. Aufenthaltsrecht, Fremdenpolizei, Paßwesen, Auswanderungswesen.

A. Aufenthaltsrecht.

I. **Rechtsquelle.**

Art. 6 Ziff. 3 und Art. 111 RV.;
Freizügigkeitsgesetz vom 1. November 1867;
Bayerisches Aufenthaltsgesetz vom 21. August 1914.

II. **Grundsatz der Freizügigkeit.**

Nach Art. 111 RV. und § 1 des Freizügigkeitsgesetzes genießt jeder Deutsche Freizügigkeit im ganzen Reich; er hat das Recht, sich an beliebigem Ort des Reichs aufzuhalten und niederzulassen.

Ausländer können

aus dem Reich wegen Stellung unter Polizeiaufsicht (§ 39 Ziff. 2 StGB.), Ueberweisung an die Landespolizeibehörde (§ 362 Abs. IV StGB.) und wegen gewisser Aburteilungen (z. B. nach § 285a Abs. II StGB., § 9 Abs. II des Republikschutzgesetzes vom 21. Juli 1922) verwiesen werden (Reichsverweisung);

aus dem Land aus gewissen sicherheits- oder armenpolizeilichen Gründen (Art. 8 mit Art. 3 des Aufenthaltsgesetzes) verwiesen werden (Landesverweisung); vgl. hiezu die bayer. V. vom 19. April 1924 über Zuzug und Aufenthalt;

aus einer Gemeinde aus denselben Gründen wie Inländer (Art. 3 des Aufenthaltsgesetzes, § 39 Ziff. 1 StGB.) verwiesen werden (Ortsverweisung); wenn Ortsverweisung zulässig ist, kann gleichzeitig Landesverweisung ausgesprochen werden (Art. 8 Abs. I des Aufenthaltsgesetzes).

Zuständig zur Verweisung ist die Bezirkspolizeibehörde in erster Instanz, die Regierung, Kammer des Innern, in zweiter Instanz und das Staatsministerium des Innern in letzter Instanz. Letzteres kann auch schon in erster Instanz aus Rücksichten der öffentlichen Wohlfahrt die Ausweisung von Ausländern verfügen (Art. 8 Abs. II des Aufenthaltsgesetzes). Ein Verwaltungsrechtsstreit liegt nicht vor.

III. **Beschränkung der Freizügigkeit.**

1. Aus sicherheitspolizeilichen Gründen.
Eine Landesverweisung ist gegen Nichtbayern nach Maßgabe des § 3 Abs. II des Freizügigkeitsgesetzes (z. B. Bestrafung wegen wiederholten Bettelns) zulässig, eine Ortsverweisung gegen Bayern und Nichtbayern auf Grund des § 39 Ziff. 1 StGB. (Stellung unter Polizeiaufsicht) und des Art. 3 Ziff. 5 und 6 des bayerischen Aufenthaltsgesetzes mit § 3 Abs. 1 des Freizügigkeitsgesetzes (Bestrafung wegen Raubs, Diebstahls usw.). Ferner kann nach § 9 Abs. II des Republikschutzgesetzes vom 21. Juli 1922 jedem wegen Hochverrats oder wegen eines Verbrechens nach §§ 1—6 des Republikschutzgesetzes Verurteilten im Urteil der Aufenthalt in bestimmten Teilen oder an bestimmten Orten des Reichs auf die Dauer bis zu 5 Jahren angewiesen werden. Endlich sind Aufenthaltsbeschränkungen nach Art. 8 und 10 des Zigeuner- und Arbeitsscheuengesetzes vom 16. Juli 1926 zulässig.
2. Aus armenpolizeilichen Gründen.
Gegenüber Bayern und Nichtbayern kann eine Ortsverweisung nach Maßgabe der §§ 4 und 5 des Freizügigkeitsgesetzes (letzter § in der Fassung des § 30 der Reichsverordnung über die Fürsorgepflicht vom 13. Februar 1924) erfolgen und zwar

nach § 4 des Freizügigkeitsgesetzes dann, wenn eine Gemeinde nachweisen kann, daß ein neu Anziehender nicht hinreichende Kräfte oder hinreichendes Vermögen zur Bestreitung seines notdürftigen Lebensunterhalts besitzt (Abweisung);

nach § 5 des Freizügigkeitsgesetzes dann, wenn einem Hilfsbedürftigen Armenfürsorge gewährt wird und die Aufenthaltsgemeinde nicht im Bezirk des endgültig verpflichteten Fürsorgeverbands liegt und wenn die Uebernahme durch letzteren gemäß § 14 der Reichsverordnung über die Fürsorgepflicht verlangt werden kann (Wegweisung).

IV. **Zuständigkeit und Verfahren in den Fällen der Ziff. III.**

1. Zur Erlassung von Aufenthaltsbeschränkungen aus sicherheitspolizeilichen Gründen ist in erster Instanz die Bezirkspolizeibehörde, in zweiter und letzter Instanz die Regierung, Kammer des Innern, zuständig und zwar im verwaltungsrechtlichen Verfahren (Art. 9 und 10 des Aufenthaltsgesetzes, Art. 8 Ziff. 3, Art. 9a Abs. II Ziff. 2 VGG.).
2. Dasselbe gilt bei Aufenthaltsbeschränkungen aus armenpolizeilichen Gründen nach §§ 4, 5 des Freizügigkeitsgesetzes, jedoch mit der Maßgabe, daß die Regierung, Kammer des Innern, in zweiter und der Verwaltungsgerichtshof in dritter Instanz entscheidet (Art. 8 Ziff. 3 VGG.).

V. **Gothaer Vertrag.**

Bei Landesverweisungen Deutscher nach § 3 Abs. II des Freizügigkeitsgesetzes (s. oben III 1), also aus sicherheitspolizeilichen Gründen, gelten noch §§ 8—12 des Gothaer Vertrags vom 15. Juli 1851, wonach die Ueberweisung ausgewiesener Personen durch Transport und Abgabe an die Polizeibehörde des Heimatstaats erfolgt, die Kosten der Ausweisung aber der ausweisende Staat innerhalb seines Gebiets trägt.

Die Uebernahme Hilfsbedürftiger aus armenpolizeilichen Gründen ist durch § 14 der Reichsfürsorgepflichtverordnung geregelt.

B. Fremdenpolizei.

Die Fremdenpolizei ist landesrechtlich geregelt; vgl. Art. 7 Ziff. 4 und Art. 12 RV., §§ 10 und 12 Abs. II des Freizügigkeitsgesetzes.

I. **Anmeldepflicht.**

Wer in einer Gemeinde Wohnsitz oder nicht nur vorübergehend Aufenthalt nimmt oder Wohnsitz oder Aufenthalt aufgibt, hat binnen einer Woche der Ortspolizeibehörde Anzeige zu erstatten (Art. 2 Abs. I, II des bayer. Aufenthaltsgesetzes vom 21. August 1914).

II. **Abzugsbescheinigung.**
Wer aus einer Gemeinde des Deutschen Reichs neu zuzieht, hat der Ortspolizeibehörde eine Bescheinigung der Polizeibehörde des letzten Aufenthaltsorts über den erfolgten Wegzug (Abzugsbescheinigung) vorzulegen (Art. 2 Abs. III des Aufenthaltsgesetzes).

III. Jeder Deutsche und Ausländer hat sich auf amtliches Erfordern über seine Person auszuweisen (§ 3 des Paßgesetzes, s. unten C I).

IV. **Besondere Fälle.**
Nach Art. 46, 49, 50, 107 PolStGB. kann für bestimmte Personenkreise (z. B. Gastwirte, Dienstherrschaften, Zimmervermieter) durch Polizeivorschrift über die unter I niedergelegten Bestimmungen hinaus eine Meldepflicht begründet werden.

C. Paßwesen.

I. **Rechtsquelle.**
Art. 7 Ziff. 4 RV., Reichsgesetz betr. das Paßwesen vom 12. Oktober 1867 (mit mehrfachen Aenderungen).

II. **Grundsatz der Paßfreiheit.**
Grundsätzlich besteht für Deutsche Paßfreiheit, d. h. sie bedürfen weder zum Verlassen, noch zum Betreten des Reichsgebiets, noch zum Aufenthalt und zu Reisen im Reichsgebiet eines Passes (§ 1 Abs. I des Paßges.).

Dasselbe gilt für Ausländer (§ 2 des Paßges.).

III. **Einschränkung der Paßfreiheit.**
Nach § 9 des Paßgesetzes kann, wenn die Sicherheit des Reichs oder eines Landes oder die öffentliche Ordnung bedroht erscheint, Paß- und Sichtvermerkszwang überhaupt oder für bestimmte Bezirke oder zu Reisen nach und aus dem Ausland durch Anordnung des Reichspräsidenten eingeführt werden. Auf Grund dieser Ermächtigung besteht heute noch zu Recht die V. des Reichspräsidenten vom 10. Juni 1919. Hienach hat jeder Deutsche und Ausländer, der das Reichsgebiet betritt oder verläßt, und jeder Ausländer, der sich im Reichsgebiet aufhält, durch einen Paß über seine Person sich auszuweisen.

IV. **Sonstiges.**
1. Jeder Deutsche hat Anspruch auf Erteilung eines Reisepasses, wenn seiner Reise nicht gesetzliche Hindernisse entgegenstehen (§ 1 Abs. II des Paßges.).

2. Pässe gelten für das ganze Deutsche Reich (§ 4 des Paßges.).

D. Auswanderungswesen.

Nach Art. 6 Ziff. 3 RV. gehört das Auswanderungswesen zu den Gebieten, auf denen das Reich die ausschließliche Gesetzgebung hat. Nach Art. 112 Abs. I RV. hat jeder Deutsche das Recht, nach außerdeutschen Ländern auszuwandern. Die Auswanderung kann nur durch Reichsgesetz beschränkt werden.

Einzelheiten des Auswanderungswesens sind geregelt durch das Reichsgesetz über das Auswanderungswesen vom 9. Juni 1897. Hienach bedürfen Unternehmer, die die Beförderung von Auswanderern nach außerdeutschen Ländern betreiben, der Erlaubnis des Reichsministeriums des Innern unter Zustimmung des Reichsrats, Agenten dieser Unternehmer der Erlaubnis der höheren Verwaltungsbehörde (Kreisregierung). Unternehmer wie Agenten haben Sicherheiten zu leisten. Ueber die Beförderung von Auswanderern müssen schriftliche Verträge abgeschlossen werden.

Die Erteilung von Auskunft und Rat über Auswanderungsangelegenheiten ist beschränkt durch die V. des Reichs gegen Mißstände im Auswanderungswesen vom 14. Februar 1924 mit bayer. V. vom 4. März 1924.

An Auswanderungsbehörden bestehen

das Reichswanderungsamt (Erlaß des Reichskanzlers vom 30. Mai 1918 und V. vom 7. Mai 1919),

Reichskommissare in den Hafenorten (§ 41 des Gesetzes über das Auswanderungswesen).

6. Gesundheitspolizei, Reinlichkeitspolizei, Aerzte, Apotheker, Zahntechniker, Bader, Hebammen, Heilanstalten, Handel mit Giften und Arzneimitteln.

A. Gesundheitspolizei.

I. Begriff.

Die Gesundheitspolizei hat die Aufgabe, Schädigungen der Gesundheit von den Menschen fernzuhalten, ausgebrochene Krankheiten zu heilen und ihre Weiterverbreitung zu verhüten. Die höhere Gesundheitspolizei bekämpft Massenerkrankungen (Seuchen), die niedere Gesundheitspolizei die vereinzelt auftretenden Schädigungen der Gesundheit.

II. Organisation der Gesundheitspolizei.

Amtsärzte bei den Bezirksverwaltungsbehörden sind die Bezirksärzte. Sie sind den Kreisregierungen unterstellt.

In den Kreisen steht die Aufsicht über das Gesundheitswesen den Kreisregierungen zu (§§ 51—56 der Formationsverordnung vom 17. Dezember 1825), denen als beratendes Organ der Kreismedizinalausschuß beigegeben ist. Die oberste Leitung des Gesundheitswesens kommt dem Staatsministerium des Innern zu, dem ebenfalls ein Sachverständigenbeirat, der Obermedizinalausschuß, zur Seite steht.

III. Bekämpfung von Krankheiten.

1. Das Reichsgesetz vom 30. Juni 1900, betreffend die Bekämpfung gemeingefährlicher Krankheiten (Epidemiengesetz), ordnet an, daß jede Erkrankung und jeder Todesfall an gewissen Krankheiten, z. B. Cholera, Fleckfieber, Pest, der zuständigen Polizeibehörde anzuzeigen ist. Der zu benachrichtigende Amtsarzt ermittelt, ob eine der erwähnten Krankheiten (gemeingefährliche Krankheiten) vorliegt. Hierauf können nach Bedarf eine Reihe von Schutzmaßnahmen getroffen werden, wie Absonderung kranker oder krankheitsverdächtiger Personen, Einschränkung des Verkehrs, Desinfektion von Räumen usw.
2. Ueber die Bestimmungen des eben genannten Reichsgesetzes hinaus ist auf Grund des Art. 67 Abs. II PolStGB. zur Bekämpfung anderer übertragbarer Krankheiten eine Min.Bek. vom 9. Mai 1911 (mit mehrfachen Aenderungen) ergangen. Auch hier ist eine Anzeigepflicht und die Anordnung von Sicherheitsmaßnahmen vorgesehen.
3. Das Impfgesetz vom 8. April 1874 unterwirft jedes Kind vor dem Ablauf des auf sein Geburtsjahr folgenden Kalenderjahres einer ersten Impfung und jeden Zögling einer öffentlichen oder privaten Schule in dem Jahre, in dem er das 12. Lebensjahr zurücklegt, einer zweiten Impfung.
4. Das Reichsgesetz zur Bekämpfung der Geschlechtskrankheiten vom 18. Februar 1927 legt den an einer Geschlechtskrankheit erkrankten Personen die Pflicht auf, sich von einem approbierten Arzt behandeln zu lassen; sie können ferner einem Heilverfahren unterworfen und in ein Krankenhaus verbracht werden.

   Die Behandlung von Geschlechtskrankheiten ist nur approbierten Aerzten gestattet. Die nach dem Gesetz zulässigen Maßnahmen können nötigenfalls auf dem Weg des Zwangs durchgeführt werden; solche ärztliche

Eingriffe, die mit einer ernsten Gefahr für Leben und Gesundheit verbunden sind, dürfen nur mit Einwilligung des Kranken vorgenommen werden (vgl. die V. der Reichsregierung vom 11. September 1927).

IV. **Fieberthermometer.**

Nach § 1 des Reichsgesetzes über die Prüfung und Beglaubigung der Fieberthermometer vom 2. Mai 1921 in der Fassung des Gesetzes vom 10. September 1924 muß jedes Fieberthermometer, das verkauft oder in den Verkehr gebracht werden soll, amtlich geprüft und mit einem amtlichen Stempel versehen sein.

B. Reinlichkeitspolizei.

Die Reinlichkeitspolizei hat die Aufgabe, alle dem Verkehr von Menschen dienenden Anlagen oder die von ihnen besuchten Orte in reinlichen, gesundheitlich einwandfreien Zustand zu versetzen und in demselben Zustand zu erhalten.

Auf Grund des § 366 Ziff. 10 StGB. können Polizeivorschriften zur Erhaltung der Reinlichkeit auf öffentlichen Wegen, Straßen und Plätzen erlassen werden. Darüber hinaus sind auf Grund des Art. 94 PolStGB. derartige Vorschriften über die öffentliche Reinlichkeit zulässig, auf Grund des Art. 73 Abs. I PolStGB. Vorschriften über Anlage, Entleerung und Instandhaltung von Aborten, auf Grund des Art. 93 Pol.-StGB. Vorschriften über das Abladen von Unrat, Bauschutt, Schnee und Eis. Art. 92 PolStGB. verbietet die Verunreinigung von Brunnen, Wasserleitungen, Flüssen und Bächen, Art. 95 PolStGB. die Besudelung von Denkmälern, öffentlichen Anlagen, Friedhöfen usw.

Die Reinhaltung der Ortsstraßen und -plätze ist zwar nach Art. 28 GO. Aufgabe der Gemeinde. Diese kann jedoch durch eine auf Grund des § 366 Ziff. 10 StGB. und Art. 94 PolStGB. erlassene ortspolizeiliche Vorschrift die Reinigung und Besprengung der Straßen (einschließlich der Bürgersteige) den anliegenden Hausbesitzern auferlegen.

C. Aerzte (einschließlich der Zahnärzte).

I. **Approbation.**

Nach § 29 Abs. I GewO. bedürfen Personen, die sich als Aerzte Wundärzte, Augenärzte, Geburtshelfer, Zahnärzte) oder mit gleichbedeutenden Titeln bezeichnen, der Approbation. Die Ausübung der Heilkunde ist freigegeben, ausgenommen die Behandlung von Geschlechtskrankheiten (§ 7 des oben A III 4 [S. 38] genannten Reichsgesetzes zur Bekämpfung der Geschlechtskrankheiten vom 18. Februar 1927). Unzulässig ist auch die Ausübung der Heilkunde auf dem Wege des Gewerbebetriebs im Umherziehen, wenn der Ausübende nicht approbiert ist (§ 56a GewO.).

Eine Zurücknahme der Approbation kann nur dann erfolgen, wenn die Unrichtigkeit der Nachweise dargetan wird, auf Grund deren die Approbation erteilt worden ist, oder wenn dem Inhaber der Approbation die bürgerlichen Ehrenrechte aberkannt sind (§ 53 GewO.).

Die Approbation gilt für das ganze Deutsche Reich (§ 29 Abs. III GewO.).

II. **Taxen.**

Die Bezahlung der approbierten Aerzte für ihre Dienstleistungen bleibt der Vereinbarung überlassen. Als Norm für strittige Fälle können jedoch Taxen festgesetzt werden (§ 80 Abs. I GewO.). Maßgebend hiefür ist die MinBek. vom 2. August 1927 (Staatsanz. Nr. 177). Darnach gilt die vom preußischen Ministerium für Volkswohlfahrt festgesetzte Gebührenordnung für Aerzte und Zahnärzte auch in Bayern.

III. **Berufsvertretung der Aerzte und Zahnärzte.**

Die Berufsvertretung der Aerzte (Zahnärzte) besteht aus den ärztlichen (zahnärztlichen) Bezirksvereinen und der Landesärztekammer (Landeskammer für Zahnärzte) nach Maßgabe des bayer. Aerztegesetzes vom 1. Juli 1927. Aufgabe der Berufsvertretung ist, die beruflichen Belange der Aerzte wahrzunehmen, die Erfüllung der ärztlichen Berufspflichten zu überwachen, die ärztliche Fortbildung zu fördern, Wohlfahrtseinrichtungen für Aerzte und deren Angehörige zu schaffen und in der öffentlichen Gesundheitspflege mitzuwirken.

Die Verletzung der Berufspflichten der Aerzte wird im berufsgerichtlichen Verfahren verfolgt. In erster Instanz entscheidet das ärztliche Berufsgericht, in zweiter Instanz das Landesberufsgericht. Beide sind zum Teil mit ärztlichen Mitgliedern, zum Teil mit rechtskundigen Mitgliedern besetzt. Wenn ein Urteil des Landesberufsgerichts auf einer Gesetzesverletzung beruht, so kann über die Rechtsfrage eine Entscheidung des Verwaltungsgerichtshofes herbeigeführt werden (Art. 27 des Aerztegesetzes). Eine Berufsgerichtsordnung erging unterm 16. Februar 1928.

IV. **Aerzteversorgung.**

Durch Gesetz vom 16. August 1923 ist die Versorgung der Aerzte und ihrer Hinterbliebenen geregelt. Sie erfolgt durch eine mit Rechtspersönlichkeit ausgestattete

Anstalt, die ihre Verhältnisse durch eine Satzung regelt. Die Verwaltung der Anstalt besorgt die staatliche Versicherungskammer.

V. Hausapotheken der Aerzte.

Aerzten darf die Führung einer Hausapotheke bewilligt werden, wenn ein unabweisbares Bedürfnis besteht und der Betrieb einer selbständigen Apotheke oder einer Zweigapotheke nicht bewilligt werden kann (§ 18 der V. vom 27. Juni 1913, Art. 9a des bayerischen Gewerbegesetzes vom 30. Januar 1868).

D. Apotheker.

I. Approbation.

Ebenso wie die Aerzte und Zahnärzte (s. oben C I) bedürfen auch die Apotheker einer Approbation (§§ 29, 53 GewO.).

II. Ausübung des Berufes.

Während jeder Arzt oder Zahnarzt sich überall niederlassen und seinen Beruf ausüben kann, unterliegt die Ausübung des Apothekerberufs der Konzession (Art. 8 Abs. I Ziff. 3, Art. 9b Ziff. 2, Art. 10—12, 30 und 31 des bayerischen Gewerbegesetzes vom 30. Januar 1868). Inhabern eines Realrechts darf die Konzession nicht verweigert werden. Nach dem Tode des Inhabers der Konzession darf das Gewerbe für Rechnung der Witwe weitergeführt werden. Der Kauf einer Apotheke gibt keinen Anspruch auf Verleihung der Konzession.

Ueber die Erteilung (und Zurücknahme) der Konzession entscheidet die Regierung, Kammer des Innern, im verwaltungsrechtlichen Senat in erster Instanz, das Staatsministerium des Innern in zweiter Instanz. Wegen des Verfahrens vgl. §§ 1—16 der V. vom 27. Juni 1913. Dasselbe gilt im wesentlichen von homöopathischen Apotheken, „Zweigapotheken", Hausapotheken von Aerzten und Anstalten und von der Verlegung von Apotheken.

III. Betrieb der Apotheken.

Für den Betrieb der Apotheken gelten die Vorschriften in §§ 26—52 der V. vom 27. Juni 1913. Die Apotheken unterliegen der Aufsicht der Bezirksverwaltungsbehörden und der Regierungen (§§ 53—56 der genannten V.). Der Preis der Apothekerwaren wird durch eine behördlich festgesetzte Arzneitaxe geregelt (§ 80 Abs. I GewO.).

IV. Berufsvertretung der Apotheker.

Das oben C III (S. 40) genannte Gesetz gilt auch für Apotheker mit der Maßgabe, daß Apothekerbezirksvereine, eine Landesapothekerkammer, Berufsgerichte für Apotheker und ein Landesberufsgericht für Apotheker bestehen.

V. **Apothekerversorgung.**

Aehnlich der Aerzteversorgung (s. oben C IV [S. 40]) ist die Versorgung der Apotheker durch eine Min.Bek. vom 26. Juni 1925 (MABl. S. 121) geregelt.

E. Zahntechniker.

Der Zahntechniker unterliegt keiner Approbation und bedarf zur Ausübung seines Berufs keiner Genehmigung. Jedoch ist auf Grund der §§ 122, 123 RVO. eine Min.Bek. vom 23. April 1923 ergangen, wonach als Zahntechniker im Sinne der RVO. anerkannt wird, wer (abgesehen von anderen Voraussetzungen) die staatliche Prüfung für Zahntechniker mit Erfolg abgelegt hat. Ueber die Prüfung sind Bestimmungen unterm gleichen Datum ergangen.

F. Bader.

Die Ausübung der niederen ärztlichen Tätigkeit ist frei. Wer sich jedoch den Titel „Bader" beilegen will, muß eine Approbation erlangt haben (Art. 127 PolStGB.).

Die Rechte und Pflichten der Bader, ihre Ausbildung und die von ihnen abzulegenden Prüfungen sind durch die V. vom 31. März 1899 (mit mehrfachen Aenderungen) geregelt. Nach § 8 dieser V. ist eine Gebührenordnung erlassen unterm 14. April 1925.

G. Hebammen.

Hebammen bedürfen zur Ausübung ihres Berufes des Prüfungszeugnisses einer bayerischen Hebammenschule und einer Niederlassungsgenehmigung. Letztere wird nur erteilt, wenn ein Bedürfnis nach Niederlassung einer Hebamme oder einer weiteren Hebamme besteht. Außerdem kann die Genehmigung aus gewissen persönlichen Gründen versagt oder zurückgenommen werden. Zuständig hiezu ist die Bezirksverwaltungsbehörde, der auch gemeinsam mit dem Bezirksarzt die Aufsicht über die Hebammen obliegt (V. vom 23. März 1926 und § 30 Abs. III GewO.).

Für die Hebammen besteht eine Gebührenordnung vom 20. April 1926 (vgl. Art. 127 Abs. III PolStGB.).

H. Heilanstalten.

Unternehmer von Privat-Kranken-, Privat-Entbindungs- und Privat-Irrenanstalten bedürfen einer Konzession (§ 30 GewO.). Diese kann wegen Unzuverlässigkeit des Unternehmers oder wegen Mängel der Einrichtung oder Lage der Anstalt versagt werden.

Zuständig zur Erteilung oder Versagung der Genehmigung ist die Bezirksverwaltungsbehörde. Wird die Genehmigung versagt, so ist Beschwerde zur Regierung, Kammer des Innern, und von da Beschwerde zum Verwaltungsgerichtshof zulässig (§ 40 Abs. II, §§ 20, 21 GewO., Art. 8 Ziff. 8 VGG.).

I. Handel mit Giften und Arzneimitteln.

I. Gifte.

Nach § 34 Abs. III GewO., Art. 8 Abs. I Ziff. 3 des bayerischen Gewerbegesetzes vom 30. Januar 1868 und § 21 der V. vom 16. Juni 1895 unterliegt die Befugnis zur Zubereitung und Abgabe von Giften einer besonderen Genehmigung, die von der Bezirkspolizeibehörde zu erteilen ist. Wird die Genehmigung versagt, so ist verwaltungsrechtliche Beschwerde an die Regierung zulässig, die in letzter Instanz entscheidet (§ 40 Abs. II GewO., Art. 8 Ziff. 8, Art. 9a Abs. II Ziff. 5 VGG.). Im Wege des Gewerbebetriebs im Umherziehen dürfen Gifte nicht feilgeboten werden (§ 56 Abs. II Ziff. 9 GewO.).

Strafbestimmung: § 367 Ziff. 3 StGB., § 147 Abs. I Ziff. 1 GewO.

II. Arzneimittel.

Nach § 6 Abs. II GewO. wird durch kaiserliche V. bestimmt, welche Apothekerwaren dem freien Verkehr zu überlassen sind. Hiezu ist ergangen die V. vom 22. Oktober 1901 mit zahlreichen Nachträgen. Diese bestimmt, daß gewisse Zubereitungen als Heilmittel und daß gewisse Stoffe und Zubereitungen schlechthin außerhalb der Apotheken nicht verkauft werden dürfen. Diese Bestimmungen gelten nicht für den Großhandel. Strafbestimmung: § 367 Ziff. 5 StGB.

Wer Arzneimittel, die dem freien Verkehr überlassen sind, verkauft, hat dies der Bezirkspolizeibehörde anzuzeigen (Art. 72a PolStGB. und § 1 der V. vom 15. März 1901).

III. Starkwirkende Arzneien.

Gewisse starkwirkende Arzneien dürfen nur auf schriftliche, mit Datum und Unterschrift versehene Anweisung (Rezept) eines Arztes als Heilmittel an das Publikum abgegeben werden (V. vom 29. Dezember 1926). Strafbestimmung: § 367 Ziff. 3 und 5 StGB.

IV. Geheimmittel.

Besonderen Beschränkungen unterliegen auf Grund des

Art. 72a PolStGB. und der V. vom 26. Juli 1907 (mit mehrfachen Aenderungen) gewisse Geheimmittel. Sie dürfen nicht öffentlich angekündigt und angepriesen werden; z. T. dürfen sie nur auf ärztliche Anweisung abgegeben werden.

V. **Drogen.**

Der Handel mit Drogen und chemischen Präparaten, welche zu Heilzwecken dienen, ist zu untersagen, wenn die Handhabung des Gewerbebetriebs Leben und Gesundheit von Menschen gefährdet (§ 35 Abs. IV GewO.). Zuständig ist die Bezirkspolizeibehörde. Wird der Betrieb untersagt, so ist gegen die Entscheidung der Bezirkspolizeibehörde Beschwerde zur Regierung und von da zum Verwaltungsgerichtshof zulässig (§ 40 Abs. II GewO., Art. 8 Ziff. 8 VGG.).

VI. **Opium.**

Das Gesetz zur Ausführung des internationalen Opiumabkommens vom 23. Januar 1912, erlassen am 30. Dezember 1920 (mit Abänderung vom 21. März 1924) unterwirft die Ein- und Ausfuhr, die Herstellung, Verarbeitung und den Handel mit Opium und ähnlichen Stoffen weitgehenden Beschränkungen.

7. Bestattungswesen.

Rechtsquelle:

§§ 168, 367 Ziff. 1 und 2 StGB., Art. 24, 43, 60, 61, 62, 152 Abs. III PolStGB., ferner die oberpolizeilichen Vorschriften über die Leichenschau und die Zeit der Beerdigung vom 20. November 1885 (mit mehrfachen Aenderungen), endlich die oberpolizeilichen Vorschriften über die Feuerbestattung vom 11. März 1920.

Nach Art. 10 Ziff. 5 RV. kann das Reich im Wege der Gesetzgebung Grundsätze über das Bestattungswesen aufstellen.

I. **Verpflichtung zur Anzeige von Sterbefällen.**

Nach § 56 des Personenstandsgesetzes vom 6. Februar 1875 ist jeder Sterbefall spätestens am nächstfolgenden Wochentag dem Standesbeamten des Bezirks, in welchem der Tod erfolgt ist, anzuzeigen. § 57 desselben Gesetzes bestimmt die zu der Anzeige verpflichteten Personen.

Wenn Totenbeschauer und solche Personen, die aus dem Reinigen und Ankleiden der Leichen ein Gewerbe machen, bei Ausübung ihres Berufes von Todesfällen, die den Verdacht eines gewaltsamen Todes erregen, Kenntnis erlangen, so müssen sie dies der Polizeibehörde anzeigen (Art. 43 PolStGB.). Eine Leichenöffnung darf nicht stattfinden, bevor die vorgeschriebene erste Leichenschau stattgefunden hat und Kennzeichen des erfolgten Todes eingetreten sind (Art. 60 PolStGB.).

II. **Leichenschau.**

Die Leichenschau hat den Zweck, jede auf Vorsatz oder Fahrlässigkeit beruhende und darum strafbare Tötung zu entdecken, ansteckende Krankheiten zu ermitteln und die Bestattung Scheintoter zu verhüten.

Sie ist geregelt durch die oberpolizeilichen Vorschriften vom 20. November 1885. Hienach sind durch die Bezirkspolizeibehörden Leichenschaubezirke zu bilden und für jeden Bezirk Leichenschauer und deren Stellvertreter aufzustellen. Dem Leichenschauer ist jeder Todesfall alsbald anzuzeigen.

III. **Leichenpaß.**

Wenn eine Leiche vom Sterbeort nach einem anderen als dem ordnungsmäßigen Ort der Beerdigung verbracht werden soll, so ist hiezu ein von der Bezirkspolizeibehörde ausgestellter Leichenpaß erforderlich (Bekanntmachung des Staatsministeriums des Innern vom 17. Februar 1888).

IV. **Ort der Beerdigung.**

Die Beerdigung von Leichen an einem anderen Ort als auf einem öffentlichen Kirchhof oder in einer besonderen gesetzlich zulässigen oder polizeilich genehmigten Gruft oder Begräbnisstätte ist verboten (Art. 61 Abs. I Ziff. 2 PolStGB.).

Die Herstellung und Unterhaltung der nötigen Begräbnisplätze und Bestattungsanstalten ist nach Art. 28 Abs. I GO. und § 19 Abs. I BayBU. Aufgabe der Gemeinden. Solange die kirchlichen Friedhöfe ausreichen, besteht für die Gemeinde keine Verpflichtung, einen gemeindlichen Friedhof anzulegen. Zu den „Bestattungsanstalten" gehört alles, was zur Beisetzung einer Leiche notwendig ist, wie Totengräber, Leichenwagen usw.

In Friedhöfen, die nur für einzelne Religionsgesellschaften bestimmt sind, dürfen mangels eines gemeinschaftlichen Begräbnisplatzes auch Andersgläubige beigesetzt werden (§ 19 Abs. III BayBU.); Simultangebrauch von Friedhöfen.

Streitigkeiten über die Benützung gemeindlicher Friedhöfe fallen unter Art. 8 Ziff. 31 VGG., Streitigkeiten über die Benützung kirchlicher Friedhöfe unter Art. 10 Ziff. 13 VGG. und Streitigkeiten über den Simultangebrauch von Friedhöfen unter Art. 10 Ziff. 11 VGG.

Durch ortspolizeiliche Vorschriften (Friedhofordnung, Leichenordnung) können die Gemeinden Anordnungen über Ort und Art der Beerdigung treffen, insbesondere auch die Verbringung der Leichen in besondere Leichenhäuser vorschreiben, ferner Bestimmungen über die Aufstellung von Grabdenkmälern, die Beschaffenheit der Särge usw. erlassen (Art. 61 Abs. I Ziff. 3 PolStGB.).

Die Aufsicht über die Friedhöfe kommt den Bezirksverwaltungsbehörden zu.

Die Unterhaltung der bestehenden kirchlichen Friedhöfe ist Sache der Kirchengemeinde (Art. 12 Abs. I Ziff. 1 der Kirchengemeindeordnung).

V. **Zeit der Beerdigung.**

Nach § 10 der obenerwähnten oberpolizeilichen Vorschriften vom 20. November 1885 dürfen Leichen nicht früher als 48 und nicht später als 72 Stunden nach Eintritt des Todes beerdigt werden. Von der ersten Einschränkung kann die Ortspolizeibehörde, von der zweiten Einschränkung die Bezirkspolizeibehörde (unter Umständen die Ortspolizeibehörde) dispensieren.

Vor Ausstellung des Leichenschauscheins darf keine Leiche beerdigt werden. Ebenso darf ohne Genehmigung der Ortspolizeibehörde keine Beerdigung vor der Eintragung des Sterbefalls in das Sterberegister stattfinden (§ 60 des Personenstandsgesetzes).

VI. **Nichtnatürliche Todesfälle und Auffindung von Leichen.**

Nach § 159 StPO. haben die Polizei- und Gemeindebehörden sofortige Anzeige an die Staatsanwaltschaft oder an den Amtsrichter zu erstatten, wenn Anhaltspunkte dafür vorhanden sind, daß jemand eines nichtnatürlichen Todes gestorben ist, oder wenn der Leichnam eines Unbekannten gefunden wurde. Die Beerdigung darf nur auf Grund einer schriftlichen Genehmigung der Staatsanwaltschaft oder des Amtsrichters erfolgen.

VII. **Feuerbestattung.**

Die oberpolizeilichen Vorschriften vom 11. März 1920 befassen sich mit der Beschaffenheit der Feuerbestattungsanlagen und mit den Voraussetzungen der Vornahme einer Feuerbestattung.

Der Betrieb von Feuerbestattungsanstalten ist nur Gemeinden, nicht aber Vereinen, gestattet. Die Anstalten müssen den bau-, feuer- und gesundheitspolizeilichen Vorschriften entsprechen.

Die Einäscherung einer Leiche ist nur dann zulässig, wenn die Ortspolizeibehörde die Feuerbestattung genehmigt hat. Die Genehmigung darf nur erteilt werden, wenn ein Nachweis vorliegt, daß der Verstorbene die Feuerbestattung seiner Leiche angeordnet hat; auch dürfen keine Gründe für die Annahme des Todes durch eine strafbare Handlung vorliegen. Die Aschenreste dürfen den Angehörigen nicht ausgehändigt, sondern müssen auf einem öffentlichen Friedhof oder in einer sonstigen Bestattungsanlage beigesetzt werden.

8. Lebensmittelpolizei.

I. Begriff.

Die Lebensmittelpolizei hat die Aufgabe, die Allgemeinheit vor den Gefahren und Nachteilen zu schützen, die mit der Nachahmung und Verfälschung von Lebensmitteln sowie mit dem Verkauf verdorbener, nachgemachter oder verfälschter Lebensmittel verbunden sind.

II. Rechtsquelle.

Lebensmittelgesetz vom 5. Juli 1927, Art. 74—77 PolStGB.

III. Geltendes Recht.

1. Gegenstand der Lebensmittelpolizei sind Lebensmittel (§ 1 des Lebensmittelgesetzes) und Bedarfsgegenstände (§ 2 des Gesetzes).

Lebensmittel sind alle Stoffe, die dazu bestimmt sind, in unverändertem oder zubereitetem oder verarbeitetem Zustand von Menschen gegessen oder getrunken zu werden, ferner Tabak.

Ausnahme: Solche Stoffe, die überwiegend zur Beseitigung, Linderung oder Verhütung von Krankheiten bestimmt sind.

Bedarfsgegenstände sind Eß-, Trink-, Kochgeschirre und andere Gegenstände, die bei der Gewinnung, Herstellung, Zubereitung oder dem Genusse von Lebensmitteln verwendet werden, kosmetische Mittel, Bekleidungsgegenstände, Spielwaren, Petroleum, Farben usw.

2. Umfang der Lebensmittelpolizei kraft Gesetzes (§§ 3 und 4 des Gesetzes).

a) Hinsichtlich der Lebensmittel: verboten ist

die Gewinnung, Herstellung, Aufbewahrung und Beförderung von Lebensmitteln in einer Weise, daß ihr Genuß die menschliche Gesundheit zu schädigen geeignet ist,

der Verkauf von Gegenständen, deren Genuß die menschliche Gesundheit zu schädigen geeignet ist, als Lebensmittel,

die Nachmachung oder Verfälschung von Lebensmitteln oder der Verkauf unter irreführender Bezeichnung.

b) Hinsichtlich der Bedarfsgegenstände: verboten ist die Herstellung oder Verpackung in einer Weise, daß sie die menschliche Gesundheit zu schädigen geeignet sind, und der Verkauf derartiger Gegenstände.

3. Umfang der Lebensmittelpolizei auf Grund einer Anordnung der Reichsregierung (§§ 5 und 6 des Gesetzes).

Die Reichsregierung kann besondere Anordnungen über die Gewinnung, Herstellung, Aufbewahrung von Lebensmitteln und Bedarfsgegenständen treffen. Auf Grund dieser Ermächtigung hat die Reichsregierung mit V. vom 29. September 1927 gewisse Lebensmittel der „Kennzeichnungspflicht“ unterworfen, d. h. auf den Packungen oder Behältern müssen Hersteller und Inhalt nach Maß und Gewicht angegeben sein.

4. Handhabung der Lebensmittelpolizei (§ 7 des Gesetzes).

Die Polizeibeamten dürfen bei den Herstellern und Verkäufern von Lebensmitteln während der Arbeits- oder Geschäftszeit Besichtigungen vornehmen und Proben zum Zweck der Untersuchung entnehmen.

5. Strafbestimmungen.
Bei Verurteilungen gegen das Lebensmittelgesetz kann das Gericht dem Täter die Führung des Betriebs untersagen, soweit er sich auf die Herstellung und den Vertrieb von Lebensmitteln erstreckt. Auch kann der Strafrichter anordnen, daß die Verurteilung öffentlich bekanntzumachen ist.

IV. Besondere Bestimmungen für einzelne Lebensmittel.

1. Fleisch.
Rechtsquelle: Reichsgesetz betr. die Schlachtvieh- und Fleischbeschau vom 3. Juni 1900.

a) Das Gesetz schreibt vor die Vornahme einer amtlichen Untersuchung vor und nach der Schlachtung von Rindvieh, Schweinen, Schafen, Ziegen usw. (Fleischbeschau), ausgenommen den Fall der Notschlachtung und der Verwendung des Fleisches im eigenen Haushalt des Besitzers. Die Untersuchung ist durch Fleischbeschauer vorzunehmen, deren Aufstellung Sache der Ortspolizeibehörden ist.

b) Die Verwendung des untauglichen Fleisches für den menschlichen Genuß ist verboten.

c) Das als bedingt tauglich befundene Fleisch darf nur unter Kenntlichmachung dieser Beschaffenheit verkauft werden. Der Verkauf geschieht durch sogen. „Freibänke".

d) Auch das aus dem Ausland eingeführte Fleisch unterliegt der amtlichen Untersuchung. Die Einfuhr von zollfreiem Gefrierfleisch ist geregelt durch § 5 des Gesetzes vom 17. August 1925 und durch V. vom 19. September 1925 (mit mehrfachen Aenderungen).

e) Nach § 20 Abs. II des Reichsgesetzes, § 23 Abs. II GewO. und Art. 145 Ziff. 3 PolStGB. kann durch ortspolizeiliche Vorschrift das Schlachten von Vieh außerhalb der öffentlichen Schlachthäuser (Schlachthauszwang) und der Verkauf von Fleisch außerhalb der öffentlichen Fleischbänke verboten werden. Dasselbe kann durch eine nach Art. 44 Abs. VI GO. erlassene Satzung geschehen.

f) Nach § 24 des Reichsgesetzes und Art. 74 Ziff. 1 Pol.-StGB. kann durch ober- oder ortspolizeiliche Vorschrift die Vornahme einer Trichinenschau vorgeschrieben werden.

2. Bier.
Das Biersteuergesetz vom 9. Juli 1923 bestimmt in § 10, daß zur Bereitung von Bier nur gewisse Stoffe, insbesondere Gerstenmalz, Hopfen, Hefe und Wasser verwendet werden dürfen, und in § 11, daß unter der Bezeichnung „Bier" nur solche Getränke in Verkehr gebracht werden dürfen, die gegoren sind und den Vorschriften des § 10 entsprechen. Außer dem Bier regelt die Novelle zu dem genannten Gesetz vom 11. August 1923 den Verkehr „bierähnlicher Getränke".

3. Wein.
Das Weingesetz vom 7. April 1909 trifft Bestimmungen über die Behandlung des Weins und seine Bezeichnung im Handel, das Nachmachen von Wein, die Herstellung weinähnlicher und weinhaltiger Getränke.

4. Kunstspeisefett.
Das Reichsgesetz, betr. den Verkehr mit Butter, Käse, Schmalz und deren Ersatzmitteln vom 15. Juni 1897 (Margarinegesetz), trifft Anordnungen über die Kennzeichnung der Margarine und anderer Kunstspeisefette und verbietet ihre Vermischung mit Butter sowie die Herstellung und den Verkauf derselben in den gleichen Räumen, in denen Butter feilgehalten wird.

5. Süßstoff.
Das Süßstoffgesetz vom 14. Juli 1926 hat im wesentlichen steuerrechtlichen Charakter.

6. Absinth.

Das Reichsgesetz vom 27. April 1923 verbietet die Einfuhr, Herstellung und den Verkauf von Absinth.

V. **Lebensmittelpreise.**

Bäcker, Brot- und Mehlhändler, Gastwirte und Metzger können durch ortspolizeiliche Vorschrift angehalten werden, die Preise ihrer Waren in ihren Geschäftsräumen anzuschlagen (§§ 73—75 GewO., Art. 143 Ziff. 1 PolStGB.). Die Ueberschreitung der angezeigten Preise ist strafbar (§ 148 Abs. I Ziff. 8 GewO., Art. 143 Ziff. 2 PolStGB.).

9. Veterinärpolizei, Gefährdung durch Tiere, Beseitigung von Tierleichen, Tierärzte.

A. Veterinärpolizei.

I. **Begriff.**

Die Veterinärpolizei verfolgt den Zweck, die Gefahr von Seuchen von den Haustieren fernzuhalten und ausgebrochene Seuchen zu bekämpfen.

II. **Rechtsquelle.**

Rinderpestgesetz vom 7. April 1869, in Bayern eingeführt durch Reichsgesetz vom 2. November 1871;

Viehseuchengesetz vom 26. Januar 1909 mit bayerischem Ausführungsgesetz vom 13. August 1910.

III. **Geltendes Recht.**

1. Das Rinderpestgesetz vom 7. April 1869 verpflichtet und ermächtigt die Verwaltungsbehörden, alle Maßnahmen zu ergreifen, die die Einschleppung und Weiterverbreitung der Rinderpest verhüten und die ausgebrochene Seuche unterdrücken. Für die auf Anordnung der Behörde getöteten Tiere wird der Wert aus der „Bundeskasse" vergütet. Das Gesetz ist von geringer praktischer Bedeutung, da die Rinderpest seit langer Zeit in Deutschland erloschen ist.
2. Dagegen ist von großer Wichtigkeit das Reichsviehseuchengesetz vom 26. Juni 1909 und das bayer. AG. hiezu vom 13. August 1910; zu beiden Gesetzen sind zahlreiche Ausführungsbestimmungen ergangen.
   a) Geltungsbereich des Gesetzes: Alle nutzbaren Haustiere einschl. der Hunde, Katzen und des Geflügels (§ 1 Abs. II des Reichsgesetzes).
   b) Abwehr der Einschleppung von Seuchen aus dem Ausland. Die Einfuhr von Tieren, die an einer übertragbaren Seuche leiden, und von verdächtigen

Tieren ist verboten. Die Einfuhr lebender und toter Tiere kann durch die Landesregierung verboten oder beschränkt werden.

c) Bekämpfung von Tierseuchen im Inland.

α) Es besteht Anzeigepflicht des Viehbesitzers beim Ausbruch gewisser Seuchen.

β) Viehmärkte, Viehhöfe und Schlachthöfe sind durch beamtete Tierärzte zu beaufsichtigen; nach Ausbruch einer Seuche kann der Abtrieb der Tiere verboten und die Schlachtung erkrankter oder verdächtiger Tiere angeordnet werden (§§ 16, 62—65 des Reichsgesetzes).

γ) Eine Reihe von Maßnahmen kann zum Schutze gegen die ständige Gefährdung der Viehbestände getroffen werden, z. B. die tierärztliche Untersuchung im Eisenbahn- und Schiffsverkehr (§ 17 des Reichsgesetzes).

δ) Andere Maßnahmen, z. B. Absonderung, Bewachung und Beobachtung der erkrankten und verdächtigen Tiere, können zum Schutze gegen eine besondere Seuchengefahr getroffen werden (§§ 18 bis 30 des Reichsgesetzes).

ε) Für einzelne Seuchen, z. B. Tollwut, Maul- und Klauenseuche, gelten besondere Bestimmungen (§§ 31—60 des Reichsgesetzes).

d) Für Viehverluste, die auf gewisse behördliche Maßnahmen zurückzuführen sind, z. B. Tötung von Tieren auf polizeiliche Anordnung, ist dem Besitzer eine Entschädigung zu gewähren. Die Entschädigungspflicht trifft den Staat (§§ 66—73 des Reichsgesetzes, Art. 1—5 des bayer. AG.). Ueber den Entschädigungsanspruch entscheidet im ersten Rechtszug die Kreisregierung, Kammer des Innern, in zweiter Instanz der Verwaltungsgerichtshof. Bei Viehverlusten, bei denen kein Entschädigungsanspruch besteht, kann eine teilweise Vergütung aus der Staatskasse gewährt werden (Art. 11 des bayer. AG.).

IV **Hundepolizei.**

Als Mittel zur Bekämpfung der Hundetollwut (s. oben III 2 c ε [S. 51]) dienen auch Vorschriften zur Ueberwachung der Hundehaltung. In Betracht kommt vor allem das Hundeabgabengesetz vom 23. August 1922 in der Fassung des Gesetzes vom 6. Juli 1926.

Art. 83 Abs. I Ziff. 2 und 3, Abs. II, III PolStGB. verbietet das Mitnehmen von Hunden in Kirchen schlechthin, ferner das Mitnehmen von Hunden in öffentliche Wirtschaften, Theater, auf Märkte usw., wenn eine entsprechende Polizeivorschrift erlassen worden ist. Die Polizei kann außerdem die ohne vorgeschriebene Zeichen oder gegen Verbot frei herumlaufenden Hunde einfangen und töten lassen.

V. **Schutz der Tiere.**

Nach § 360 Ziff. 13 StGB. wird derjenige bestraft, der öffentlich oder in Aergernis erregender Weise Tiere boshaft quält oder roh mißhandelt.

B. Gefährdung durch Tiere.

Durch § 366 Ziff. 5 und 6, § 367 Ziff. 11 StGB., Art. 84, 85 PolStGB. ist verboten

die Vernachlässigung der erforderlichen Sicherheitsmaßnahmen bei Tieren, die Schäden anrichten können,

das Hetzen von Hunden auf Menschen,

das Halten gefährlicher wilder Tiere ohne polizeiliche Erlaubnis oder das Freiherumlaufenlassen wilder oder bösartiger Tiere u. dgl.

Die Polizeibehörde kann Tiere, von denen eine Gefährdung von Menschen zu befürchten ist, töten lassen, wenn der Gefahr auf andere Weise nicht begegnet werden kann (Art. 19 PolStGB.).

C. Beseitigung von Tierleichen.

Rechtsquelle:

§ 16 GewO., Reichsgesetz vom 17. Juni 1911, betr. die Beseitigung von Tierkadavern, bayer. AG. hiezu vom 31. März 1917, V. und oberpolizeiliche Vorschriften vom 1. April 1919 über die Beseitigung von Tierkadavern, Art. 28 GO.

Nach den angeführten Bestimmungen sind die Kadaver aller gefallenen oder getöteten Pferde, Esel, Rinder, Schweine usw. unschädlich zu beseitigen, und zwar durch Vergraben, Verbrennen oder auf chemischem Weg. Wenn Gemeinden Anlagen zur Beseitigung von Tierkadavern schaffen, kann die Benützung dieser Anlagen vorgeschrieben werden. Die Gemeinden sind nach Art. 28 GO. zur Herstellung und Unterhaltung der nötigen Viehverscharrungsplätze verpflichtet. Die Errichtung von Abdeckereien unterliegt der Genehmigungspflicht nach § 16 GewO.

Die Kreisregierung, Kammer des Innern, kann Abdeckereibezirke bilden und anordnen, daß alle in diesen Bezirken anfallenden Tierkadaver an die Abdeckereianlage des Bezirks abzuliefern sind.

Die Abdeckereianlagen dürfen nur von Personen betrieben werden, die von der Bezirkspolizeibehörde ausdrücklich zugelassen sind.

D. Tierärzte.

Tierärzte bedürfen der Approbation (§ 29 GewO.).

Die Verhältnisse der Tierärzte sind geregelt in der bayer. V. vom 21. Dezember 1908 (GVBl. S. 1141).

I. Bezirkstierärzte.

Bezirkstierärzte werden für jeden Bezirk einer Bezirksverwaltungsbehörde aufgestellt. Sie unterstehen der Regierung, Kammer des Innern. Ihre Aufgabe ist die Wahrnehmung der amtstierärztlichen Verwaltungsgeschäfte und die Beratung der Bezirksverwaltungsbehörde.

II. Städtische Bezirkstierärzte.

Von kreisunmittelbaren Städten angestellte Tierärzte können durch das Staatsministerium des Innern mit der Wahrnehmung des bezirkstierärztlichen Dienstes für den Stadtbezirk betraut werden; sie sind in dieser Eigenschaft der Regierung unmittelbar unterstellt.

III. Städtische Amtstierärzte.

Neben den städtischen Bezirkstierärzten können zur Besorgung seuchenpolizeilicher Geschäfte auch andere städtische Tierärzte verwendet werden, die den Bezirkstierärzten unterstellt sind.

IV. Pflichten der Tierärzte.

Die Tierärzte und die beamteten Tierärzte sind zur Mitwirkung bei der Bekämpfung der Tierseuchen, insbesondere nach Maßgabe der Bestimmungen des Reichsviehseuchengesetzes vom 26. Juni 1909 (s. oben A II [S. 50]), berufen.

V. Berufsvertretung der Tierärzte.

Die Berufsvertretung der Tierärzte ist durch Art. 36—40 des bayer. Gesetzes über die Berufsvertretung der Aerzte, Zahnärzte, Tierärzte und Apotheker vom 1. Juli 1927 geregelt. Sie besteht aus den tierärztlichen Bezirksvereinen und der Landeskammer für Tierärzte. Kraft Gesetzes sind Mitglieder der tierärztlichen Bezirksvereine alle im Deutschen Reich approbierten Tierärzte, die im Vereinsbezirk ihren Wohnsitz haben.

Ueber Verletzungen der tierärztlichen Berufspflichten urteilen tierärztliche Berufsgerichte und das tierärztliche Landesberufsgericht.

10. Fürsorgerecht.

Geschichtliches.

Nach dem bayer. Heimatgesetz vom 16. April 1868 und dem bayer. Armengesetz vom 29. April 1869 oblag die Unterstützung Hilfsbedürftiger der **Heimat**gemeinde. Die Heimat wurde hauptsächlich durch Abstammung erworben.

Am 1. Januar 1916 wurde in Bayern das Reichs-Unterstützungswohnsitzgesetz vom 6. Juni 1870 in der Fassung der Bek. vom 30. Mai 1908 eingeführt. Nach ihm befand sich der **Unterstützungswohnsitz** in der Regel in der Gemeinde, in der sich der Hilfsbedürftige nach Vollendung des 16. Lebensjahres vor Eintritt der Hilfsbedürftigkeit zuletzt ein Jahr lang aufgehalten hatte. Als bayer. Ausführungsgesetz zum Unterstützungswohnsitz erging das Armengesetz vom 21. August 1914, das auch jetzt noch teilweise gilt.

Am 1. April 1924 trat an die Stelle des Unterstützungswohnsitzgesetzes die Reichsfürsorgepflichtverordnung vom 13. Februar 1924.

Rechtsquellen.

Reichsverordnung über die Fürsorgepflicht vom 13. Februar 1924 (RFV.), Reichsgrundsätze über Voraussetzung, Art und Maß der öffentlichen Fürsorge vom 4. Dezember 1924 (RGr.), bayerische vorläufige Ausführungsverordnung zur RFV. vom 27. März 1924 (AV.), bayerische V. über die Verwaltung der Fürsorgeverbände vom 12. Januar 1925 (VV.).

I. Inhalt und Arten der öffentlichen Fürsorge.

1. Aufgaben.

a) Die öffentliche Fürsorge hat die Aufgabe, dem Hilfsbedürftigen den notwendigen Lebensbedarf zu gewähren. Sie soll den Hilfsbedürftigen möglichst in den Stand setzen, sich und seinen unterhaltsberechtigten Angehörigen den Lebensunterhalt selbst zu verschaffen (heilende Fürsorge).

b) Um drohende Hilfsbedürftigkeit zu verhüten, kann die Fürsorge auch vorbeugend eingreifen, besonders um Gesundheit und Arbeitsfähigkeit zu erhalten (vorbeugende Fürsorge).

2. Begriff der Hilfsbedürftigkeit.

Hilfsbedürftig ist, wer den notwendigen Lebensbedarf für sich und seine unterhaltsberechtigten Angehörigen nicht oder nicht ausreichend aus eigenen

Kräften und Mitteln beschaffen kann und ihn auch nicht von anderer Seite, insbesondere von Angehörigen, erhält (§ 5 RGr.).

3. Zum **notwendigen Lebensbedarf** gehören
   a) der Lebensunterhalt, insbesondere Unterkunft, Nahrung, Kleidung und Pflege,
   b) Krankenhilfe sowie Hilfe zur Wiederherstellung der Arbeitsfähigkeit,
   c) Hilfe für Schwangere und Wöchnerinnen, außerdem
   d) bei Minderjährigen: Erziehung und Berufsausbildung,
   e) bei Blinden, Taubstummen und Krüppeln: Erwerbsbefähigung.

   Nötigenfalls ist der Bestattungsaufwand zu bestreiten (§ 6 RGr.).

4. **Arten der Fürsorge**:
   a) allgemeine Armenfürsorge,
   b) gehobene Fürsorge für besondere Arten Hilfsbedürftiger.

5. **Gehobene Fürsorge.**

   Zur gehobenen Fürsorge gehört die Fürsorge für
   a) Kriegsbeschädigte und Kriegshinterbliebene,
   b) Rentenempfänger der Invaliden- und Angestelltenversicherung (Sozialrentner),
   c) Kleinrentner,
   d) Schwerbeschädigte und Schwererwerbsbeschränkte,
   e) hilfsbedürftige Minderjährige,
   f) Wöchnerinnen.

6. Die Gewährung der Fürsorge ist von einem **Antrage** nicht abhängig (§ 2 RGr.).

7. **Kein Rechtsanspruch auf Fürsorge.**

   Der Hilfsbedürftige hat auf Gewährung öffentlicher Fürsorge keinen im Verwaltungsrechtswege verfolgbaren Rechtsanspruch. Bei Verweigerung der Fürsorge kann lediglich Aufsichtsbeschwerde zu der dem Fürsorgeverband vorgesetzten Staatsaufsichtsbehörde ergriffen werden. Gegen einen die Gewährung der Fürsorge anordnenden Bescheid der Kreisregierung, Kammer des Innern, steht dem Fürsorgeverband das Beschwerderecht zum Verwaltungsgerichtshofe zu, wenn der Fürsorgeverband behauptet, die Verfügung belaste ihn mit einer gesetzlich nicht begründeten Leistung oder verletze sein gesetzliches Selbstverwaltungsrecht (Art. 10 Ziff. 2 VGG.).

II. **Träger der Fürsorge.**

Die Aufgaben der öffentlichen Fürsorge werden durch Ortsfürsorgeverbände, Bezirksfürsorgeverbände und Landesfürsorgeverbände erfüllt (Art. 1 AV.).

1. **Landesfürsorgeverbände.**

Landesfürsorgeverbände sind in Bayern der Staat und die acht Kreise (Art. 2 AV.).

a) Aufgabe der Kreise ist vor allem die Anstaltsfürsorge (sog. geschlossenen Armenfürsorge, z. B. Fürsorge für Geisteskranke, Blinde, Krüppel in Anstalten usw. — Art. 6 AV. —).

b) Aufgabe des Staates ist es insbesondere,

α) durch allgemeine Einrichtungen die Fürsorge zu fördern,

β) den Fürsorgeverbänden in besonderen Fällen Zuschüsse zu gewähren,

γ) sich an der Kriegsbeschädigten- und Kriegshinterbliebenenfürsorge sowie an der Arbeitsfürsorge für Schwerbeschädigte zu beteiligen (Art. 7 AV.).

c) Die Aufgaben des Staates als Landesfürsorgeverband werden von den Staatsministerien des Innern und für Soziale Fürsorge verwaltet (Art. 9 VV.).

d) Die Aufgaben des Kreises als Landesfürsorgeverband verwaltet der **Kreisfürsorgeausschuß.** Dieser besteht aus einem Beamten der inneren Verwaltung als Vorsitzenden und Mitgliedern des Kreistags, Vertretern der freien Wohlfahrtspflege, der Kriegsbeschädigten usw. als Mitgliedern (Art. 8 VV.).

2. **Bezirksfürsorgeverbände** (BFV.).

Bezirksfürsorgeverbände sind die Bezirke und die kreisunmittelbaren Städte (Art. 3 Abs. I AV.).

a) Aufgaben:

α) die gehobene Fürsorge mit Ausnahme der Fürsorge für hilfsbedürftige Minderjährige,

β) die Fürsorge in Einzelfällen (Art. 5 AV.).

b) Organe.

α) Die Geschäfte des Bezirks als Bezirksfürsorgeverband werden vom Bezirksamt und dem **Bezirksfürsorgeausschuß** verwaltet.

Der Bezirksfürsorgeausschuß besteht aus dem Vorstande des Bezirksamts oder einem seiner Stellvertreter als Vorsitzenden, dem Bezirksarzt, Mitgliedern des Bezirkstags, je einem Geistlichen der christlichen Konfessionen, Vertretern der freien Wohlfahrtspflege, der Kriegsbeschädigten usw. als Mitgliedern (Art. 4 VV.).

Zur Verbescheidung von Anträgen auf Leistungen ist beim Bezirksfürsorgeausschuß ein Spruchausschuß zu bilden (Art. 5 VV.).

β) Die Geschäfte des Bezirksfürsorgeverbands in den kreisunmittelbaren Städten verwaltet der städt. **Wohlfahrtsausschuß**, der dem Bezirksfürsorgeausschuß ähnlich zusammengesetzt ist. Auch bei ihm ist ein Spruchausschuß zu bilden (Art. 1 VV.).

Nach Bedarf können innerhalb der Stadt Wohlfahrtsbezirke gebildet werden (Art. 2 VV.).

3. **Ortsfürsorgeverbände.**

a) An Stelle der Bezirke obliegt den nicht kreisunmittelbaren Gemeinden die allgemeine Armenfürsorge und die Fürsorge für hilfsbedürftige Minderjährige als Ortsfürsorgeverbänden (Art. 3 Abs. II AV.).

b) Die Geschäfte des Ortsfürsorgeverbands verwaltet der **Ortsfürsorgeausschuß**. Dieser besteht aus den Bürgermeistern, Mitgliedern des Stadt- oder Gemeinderats, Geistlichen, dem Bezirksarzte und weiteren gewählten Mitgliedern (Art. 7 VV.).

III. **Zuständigkeit.**

Vorbemerkung: In Bayern treten bei nichtkreisunmittelbaren Gemeinden an die Stelle der Bezirksfürsorgeverbände die Ortsfürsorgeverbände.

1. **Vorläufige Fürsorgepflicht.**

Jeder hilfsbedürftige Deutsche muß vorläufig von demjenigen Bezirksfürsorgeverband (BFV.) unterstützt werden, in dessen Bezirk er sich bei Eintritt der Hilfsbedürftigkeit befindet (§ 7 Abs. I RFV.).

2. **Endgültige Fürsorgepflicht.**

a) **Im allgemeinen.**

α) Im allgemeinen ist derjenige BFV., in dessen Bezirk der Hilfsbedürftige bei Eintritt der Hilfsbedürftigkeit den gewöhnlichen Aufenthalt hat, zur Fürsorge endgültig verpflichtet.

Ist ein solcher nicht vorhanden oder nicht zu ermitteln, so ist derjenige Landesfürsorgeverband endgültig verpflichtet, dem der vorläufig verpflichtete BFV. angehört (Landhilfsbedürftige) — § 7 Abs. II RFV.—.

β) **Begriff des gewöhnlichen Aufenthalts.**

Gewöhnlicher Aufenthalt ist der bis auf weiteres und nicht nur vorübergehend oder besuchsweise als gewollter Mittelpunkt des Lebens gewählte Aufenthalt. An eine Frist ist er nicht gebunden. Er ist ein reintatsächliches Verhältnis, so daß Mängel der Geschäftsfähigkeit oder der Willenserklärung unbeachtlich sind (§ 10 RFV.).

b) **Ausnahmen.**

α) **Wohnung und Haushalt der Familie.**

Der das Unterstützungswohnsitzgesetz beherrschende Grundsatz der armenrechtlichen Familiengemeinschaft ist in die RFV. **nicht übernommen.** Nur ein kleiner Ueberrest davon ist in § 7 Abs. III aufrecht erhalten:

Für Mitglieder einer Familie, die der Familiengemeinschaft tatsächlich angehören, ist der BFV. des Orts zur Fürsorge endgültig verpflichtet, an dem die Familie Wohnung und Haushalt hat, auch wenn das hilfsbedürftige Familienmitglied bei Eintritt der Hilfsbedürftigkeit seinen Aufenthalt an einem anderen Orte hat.

β) **Uneheliche Kinder.**

Wird ein uneheliches Kind innerhalb von sechs Monaten nach der Geburt hilfsbedürftig, so ist derjenige BFV. endgültig verpflichtet, in dessen Bezirk die Mutter im zehnten Monate vor der Geburt des Kindes zuletzt ihren gewöhnlichen Aufenthalt hatte.

Das gleiche gilt für die uneheliche Mutter hinsichtlich der innerhalb von sechs Monaten nach der Geburt des Kindes notwendig werdenden Fürsorgemaßnahmen, auch wenn die Hilfsbedürftigkeit vor der Geburt eingetreten ist, es sei denn, daß die Hilfsbedürftigkeit offensichtlich außer Zusammenhang mit der Geburt steht (§ 8 RFV.).

γ) **Anstaltsinsassen.**

Durch den Eintritt oder die Einlieferung in eine Kranken-, Erziehungs- oder Strafanstalt wird an dem Anstaltsorte ein gewöhnlicher Aufenthalt **nicht** begründet.

Tritt die Hilfsbedürftigkeit während des Aufenthalts in einer derartigen Anstalt oder bei der Entlassung daraus ein, so ist der BFV. endgültig verpflichtet, der es gewesen wäre, wenn die Hilfsbedürftigkeit unmittelbar vor Einlieferung in die Anstalt eingetreten wäre (§ 9 Abs. I und II RFV.).

δ) Für **Pflegekinder** gilt dasselbe wie für Anstaltsinsassen (§ 9 Abs. III RFV.).

ε) **Dienst- und Arbeitsort.**

Erkrankt eine Person, die an einem Orte mindestens eine Woche hindurch gegen Lohn oder Gehalt in ein und demselben Dienst- oder Arbeitsverhältnis gestanden hat, während der Fortdauer dieses Dienst- oder Arbeitsverhältnisses oder innerhalb einer Woche nach seiner Beendigung, so hat der BFV. des Dienst- oder Arbeitsortes die Kosten der erforderlichen Kur und Verpflegung für die ersten 26 Wochen nach dem Beginn der Krankenpflege endgültig zu tragen (§ 11 RFV.).

ζ) **Auslandsdeutsche.**

Sind Auslandsdeutsche beim freiwilligen oder erzwungenen Uebertritt aus dem Auslande hilfsbedürftig oder werden sie es binnen eines Monats nachher, so ist endgültig verpflichtet der BFV., in dem der Hilfsbedürftige innerhalb des letzten Jahres vor dem Austritt aus dem Reichsgebiet zuletzt seinen gewöhnlichen Aufenthalt hatte.

Ist ein solcher nicht zu ermitteln oder hat die Abwesenheit länger als ein Jahr gedauert, so ist das Land endgültig verpflichtet, dessen Staatsangehörigkeit der Hilfsbedürftige besitzt oder zuletzt besessen hatte (§ 12 RFV.).

3. **Ausländer.**

Ein Ausländer muß vorläufig von dem Bezirksfürsorgeverband unterstützt werden, in dessen Bezirk er sich bei Eintritt der Hilfsbedürftigkeit befindet. Das Land hat ihm die Kosten zu ersetzen (§ 13 RFV.).

4. **Dauer der endgültigen Fürsorgepflicht.**

Die Pflicht zur endgültigen Fürsorge dauert, soweit nichts

anderes bestimmt ist, bis zur Beendigung der Hilfsbedürftigkeit (§ 15 RFV.). Sie wird durch einen Wechsel des gewöhnlichen Aufenthalts des Hilfsbedürftigen nach dem Eintritt der Hilfsbedürftigkeit nicht beeinflußt.

IV. **Kostenersatz. Uebernahme.**

1. Der vorläufig Fürsorge gewährende Fürsorgeverband kann vom endgültig verpflichteten Fürsorgeverband Ersatz der Kosten und Uebernahme des Hilfsbedürftigen in eigene Fürsorge verlangen (§ 14 RFV.).
2. Die Höhe der zu ersetzenden Kosten richtet sich nach den Grundsätzen, die am Unterstützungsorte für die Unterstützung Hilfsbedürftiger gleicher Art gelten. Für den Kostenersatz können Tarife aufgestellt werden (§ 16 RFV.).
3. **Abschiebung.**

Ist die Unterstützungspflicht eines Fürsorgeverbands durch eine pflichtwidrige und gegen Treu und Glauben verstoßende Handlung entstanden, die ein anderer Fürsorgeverband zu vertreten hat (Abschiebung), so kann der dadurch belastete Fürsorgeverband außer der Uebernahme und dem Ersatz seiner Aufwendungen eine weitere Vergütung von 25 vom Hundert des Tarifsatzes oder der tatsächlichen Aufwendungen verlangen (§ 17 RFV.). Abschiebung wird z. B. in der Regel dann vorliegen, wenn dem Hilfsbedürftigen Reisegeld lediglich zu dem Zweck gewährt wird, damit er sich in den Bezirk eines anderen Fürsorgeverbands begibt und dessen Fürsorge zur Last fällt.

4. **Anmeldung der Ersatzansprüche.**

Der Fürsorgeverband, der von einem anderen Kostenersatz verlangen will, muß ihm dies spätestens binnen drei Monaten nach begonnener Unterstützung anzeigen.

Unterläßt er die Anmeldung innerhalb der Frist, so sind nur die Kosten ersatzfähig, die drei Monate vor der verspäteten Anmeldung entstanden sind oder nachher entstehen (§ 18 RFV.).

5. **Streitigkeiten.**

Ueber Streitigkeiten hinsichtlich des Ersatzes aufgewendeter Fürsorgekosten und der Uebernahme von Hilfsbedürftigen entscheidet

in erster Instanz: die dem beklagten Fürsorgeverband zunächst vorgesetzte Staatsaufsichtsbehörde, das ist für die Gemeinden als Ortsfürsorgeverbände das Bezirksamt, für die kreisunmittelbaren Städte als Bezirksfürsorgeverbände die Kreisregierung;

in zweiter Instanz:

a) bei innerbayerischen Streitigkeiten, d. h. Streitigkeiten zwischen bayerischen Fürsorgeverbänden, der Verwaltungsgerichtshof (Art. 10 Ziff. 5 VGG.);

b) bei zwischenstaatlichen Streitigkeiten, d. h. Streitigkeiten zwischen bayerischen und außerbayerischen Fürsorgeverbänden: das Bundesamt für Heimatwesen in Berlin (§ 29 RFV., §§ 37 ff. des Unterstützungswohnsitzgesetzes, Art. 8 Abs. II AV., Art. 72 des Armengesetzes).

Der Hilfsbedürftige ist an diesem Streitverfahren nicht beteiligt. Er kann daher keine Beschwerde einlegen.

V. Arbeits-, Unterhalts- und Ersatzpflicht.

1. Arbeitsfürsorge.

Die Unterstützung Arbeitsfähiger kann in geeigneten Fällen durch Anweisung angemessener Arbeit gemeinnütziger Art gewährt und von der Leistung solcher Arbeit abhängig gemacht werden (§ 19 RFV.).

2. Arbeitszwang.

Wer, obwohl arbeitsfähig, infolge seines sittlichen Verschuldens der öffentlichen Fürsorge selbst anheimfällt oder einen Unterhaltsberechtigten anheimfallen läßt, kann von der Verwaltungsbehörde auf Antrag des vorläufig oder endgültig verpflichteten Fürsorgeverbands in einer Anstalt zur Arbeit untergebracht werden, wenn er Arbeit beharrlich ablehnt oder sich der Unterhaltspflicht beharrlich entzieht (§ 20 RFV.).

3. Unterhaltspflicht.

Der Fürsorge gewährende Fürsorgeverband kann Unterhaltsansprüche des Hilfsbedürftigen gegen einen Dritten selbst geltend machen (§ 21 RFV.). Die Geltendmachung und Feststellung der Unterhaltsansprüche kann vorbehaltlich des ordentlichen Rechtswegs in diesem Falle in einem Verwaltungsverfahren geschehen (§ 23 RFV.).

4. Ersatzpflicht.

Personen, die trotz genügender eigener Mittel öffentliche Armenfürsorge empfangen oder nach Empfang solcher Unterstützung binnen 10 Jahren ausreichendes Einkommen oder Vermögen erlangt haben, sind zum Ersatze des Empfangenen verpflichtet (§ 25 RFV., Art. 10 des Armengesetzes).

11. Sozialversicherung.

A. Geschichtliches.

Das Haftpflichtgesetz von 1871 und das Hilfskassengesetz von 1876 suchten die Arbeiter auf privatrechtlicher Grundlage gegen die Folge von Unfällen und Krankheiten zu schützen.

Die eigentliche Sozialgesetzgebung des Deutschen Reiches wurde erst durch die Botschaft Kaiser Wilhelms I. vom 17. Oktober 1881 eingeleitet, die die Erlassung eines Kranken-, eines Unfall- und eines Invalidengesetzes verhieß.

Als erstes großes sozialpolitisches Versicherungsgesetz kam das Arbeiterkrankenversicherungsgesetz von 1883 zustande, das erste seiner Art auf der ganzen Welt. Ein Jahr später folgte ein Unfallversicherungsgesetz.

In den folgenden Jahren wurden diese Gesetze ausgebaut. Im Jahr 1889 trat ein Invaliden- und Altersversicherungsgesetz dazu.

Im Jahre 1911 wurden die inzwischen vielfach geänderten und erweiterten Gesetze zusammengefaßt und neuerdings ausgebaut. Es erging am 19. Juli 1911 die Reichsversicherungsordnung und am 20. Dezember 1911 das Versicherungsgesetz für Angestellte.

B. Rechtsquellen.

1. Reichsversicherungsordnung vom 19. Juli 1911 in der Fassung der Bek. vom 15. Dezember 1924 und vom 9. Januar 1926 (6. Buch), oft geändert.
2. Angestelltenversicherungsgesetz vom 20. Dezember 1911 in der Fassung der Bek. vom 28. Mai 1924, mehrfach geändert.
3. Reichsknappschaftsgesetz vom 23. Juni 1923 in der Fassung der Bek. vom 1. Juli 1926, geändert.

A. Die Reichsversicherungsordnung.

I. Umfang der Versicherung.

Die Reichsversicherung umfaßt
1. die Krankenversicherung (KV.),
2. die Unfallversicherung (UV.),
3. die Invaliden- und Hinterbliebenenversicherung (IV.).

II. Träger der Reichsversicherung.

Träger der Reichsversicherung sind:

a) für die KV. die Krankenkassen,
b) für die UV. die Berufsgenossenschaften,
c) für die JV. die Versicherungsanstalten (§ 3).

III. Versicherungsbehörden.

1. Die öffentlichen Behörden der Reichsversicherung sind
   a) die Versicherungsämter,
   b) die Oberversicherungsämter,
   c) das Reichsversicherungsamt und die Landesversicherungsämter (§ 35).

2. Aufgaben:
   Die Versicherungsbehörden haben die Aufgabe die Versicherungsträger zu beaufsichtigen und Streitigkeiten aus der Sozialversicherung zu entscheiden.

3. Versicherungsämter:
   In der Regel ist bei jeder unteren Verwaltungsbehörde (Bezirksamt und kreisunmittelbarer Stadtrat) eine Abteilung für Reichsversicherung (Versicherungsamt) errichtet (§ 36).

   Der Leiter der unteren Verwaltungsbehörde ist der Vorsitzende des Versicherungsamts. In gewissen Fällen sind Beisitzer zuzuziehen, die je zur Hälfte aus Arbeitgebern und aus Versicherten entnommen werden (§§ 39 ff.).

4. Oberversicherungsämter:
   Die Oberversicherungsämter sind in Bayern den Kreisregierungen angegliedert (§ 62).

   Vorsitzender ist der Regierungspräsident, der in dieser Eigenschaft ständig und ausschließlich durch den Direktor des Oberversicherungsamts vertreten wird.

   Für gewisse Betriebsgruppen können besondere Oberversicherungsämter errichtet werden (§ 63).

5. Reichsversicherungsamt.
   Das Reichsversicherungsamt hat seinen Sitz in Berlin. Es besteht aus einem vom Reichspräsidenten ernannten Präsidenten und ernannten ständigen und gewählten nichtständigen Mitgliedern (§§ 83 ff.).

6. Landesversicherungsamt.
   Das Landesversicherungsamt in München tritt in gewissen Fällen an die Stelle des Reichsversicherungsamts (§§ 105 ff.).

7. Zur Entscheidung von **Streitigkeiten** werden gebildet:
   a) beim Versicherungsamt
      für Streitigkeiten des Spruchverfahrens eine oder mehrere Spruchausschüsse (3 Mitglieder),
      für Streitigkeiten des Beschlußverfahrens ein Beschlußausschuß (3 Mitglieder);
   b) beim Oberversicherungsamt Spruch- und Beschlußkammern (3 bezw. 4 Mitglieder);
   c) beim Reichs- und Landesversicherungsamt Spruch- und Beschlußsenate (5 Mitglieder).

IV. Die Krankenversicherung.

1. Umfang der Versicherung.

a) Versicherungs**pflicht**.

Wirtschaftlich abhängige Personen wie Arbeiter, Handlungsgehilfen, Betriebsbeamte, Hausgewerbetreibende sind gegen Krankheit zwangsweise versichert, wenn ihr jährliches Einkommen den Betrag von 3600 RMk. nicht übersteigt (§ 165).

b) Versicherungs**berechtigung**.

Familienangehörige des Arbeitgebers, die ohne eigentliches Arbeitsverhältnis und ohne Entgeld in einem Betriebe tätig sind, sowie kleinere Gewerbetreibende usw. können der KV. freiwillig beitreten (§ 176).

2. Gegenstand der Versicherung.

a) **Gegenstand der Versicherung** ist
   α) Krankenhilfe,
   β) Wochenhilfe,
   γ) Sterbegeld,
   δ) Familienhilfe (§ 179).

   Diese Leistungen gelten als Regelleistungen der Kassen. Die Satzung kann Mehrleistungen festsetzen.

b) **Barleistungen.**

Die baren Leistungen der Kassen werden nach einem Grundlohn bemessen. Als Grundlohn gilt der auf den Kalendertag entfallende Teil des Arbeitsentgelts (§ 180).

c) **Krankenhilfe.**

   α) Als Krankenhilfe wird gewährt:
      1. Krankenpflege vom Beginn der Krankheit an; sie umfaßt ärztliche Behandlung und Versorgung mit Arznei sowie Brillen, Bruchbändern und anderen kleineren Heilmitteln, und

2. Krankengeld in Höhe des halben Grundlohns für jeden Kalendertag, wenn die Krankheit den Versicherten arbeitsunfähig macht; es wird vom vierten Krankheitstage an, wenn aber die Arbeitsunfähigkeit erst später eintritt, vom Tage ihres Eintritts an gewährt (§ 182).

Von den Kosten für Arznei, Heil- und Stärkungsmitteln haben die Versicherten 10 bis 20 vom Hundert selbst zu tragen (§ 182a).

β) Beendigung der Krankenhilfe.
Die Krankenhilfe endet spätestens mit Ablauf der 26. Woche nach Beginn der Krankheit; wird jedoch Krankengeld erst von einem späteren Tage an bezogen, nach diesem. Fällt in den Krankengeldbezug eine Zeit, in der nur Krankenpflege gewährt wird, so wird diese Zeit auf die Dauer des Krankengeldbezugs bis zu 13 Wochen nicht angerechnet.

Ist Krankengeld über die 26. Woche nach Beginn der Krankheit hinaus zu zahlen, so endet mit seinem Bezug auch der Anspruch auf Krankenpflege (§ 183).

γ) Krankenhauspflege und Hausgeld.
An Stelle der Krankenpflege und des Krankengeldes kann die Kasse Kur und Verpflegung in einem Krankenhause (Krankenhauspflege) gewähren (§ 184).

Wird Krankenhauspflege einem Versicherten gewährt, der bisher von seinem Arbeitsverdienst Angehörige ganz oder überwiegend unterhalten hat, so ist daneben ein Hausgeld für die Angehörigen im Betrage des halben Krankengeldes zu zahlen (§ 186).

d) **Wochenhilfe.**

Weibliche Versicherte, die in den letzten zwei Jahren vor der Niederkunft eine bestimmte Zeit hindurch gegen Krankheit versichert waren, erhalten als Wochenhilfe

1. Hebammenhilfe bei der Entbindung,
2. einen einmaligen Beitrag zu den sonstigen Entbindungskosten,
3. ein Wochengeld in Höhe des Krankengeldes für vier Wochen vor und sechs zusammenhängende Wochen unmittelbar nach der Niederkunft,
4. solange sie ihre Neugeborenen stillen, ein Stillgeld (§ 195a).

e) **Sterbegeld.**

Als Sterbegeld wird beim Tode eines Versicherten das Zwanzigfache des Grundlohns bezahlt (§ 201).

Vom Sterbegeld werden zunächst die Kosten für die Bestattung bestritten. Bleibt ein Ueberschuß, so sind nacheinander der Ehegatte, die Kinder, die Eltern, die Geschwister bezugsberechtigt (§ 203).

f) **Familienhilfe.**

In der Regel erhalten auch die Ehefrauen sowie die Töchter der Versicherten, welche mit diesen in häuslicher Gemeinschaft leben, Wochenhilfe (§ 205 a).

g) **Gemeinsame Vorschriften.**

Für die Versicherungspflichtigen entsteht der Anspruch auf die Versicherungsleistungen mit ihrer Mitgliedschaft, d. h. mit dem Tage des Eintritts in die versicherungspflichtige Beschäftigung (§§ 206, 306).

Die Anmeldung bei der Kasse ist **nicht** Voraussetzung des Anspruchs.

Für Versicherungsberechtigte beginnt der Anspruch auf Versicherungsleistungen mit dem Tage ihres Beitritts zur Kasse. Die Kasse kann aber in ihrer Satzung eine Wartezeit festsetzen (§§ 207, 310).

3. **Träger der Versicherung.**

Krankenkassen nach der RVO. sind:

a) die Ortskrankenkassen für alle Versicherten, die keiner anderen Kasse zugewiesen sind;

b) die Landkrankenkassen für die in der Landwirtschaft und im Wandergewerbe Beschäftigten sowie die Hausgehilfen (§ 235).

Die Errichtung einer Landkrankenkasse neben einer allg. Ortskrankenkasse kann unterbleiben und umgekehrt (§§ 222, 230).

Orts- und Landkrankenkassen werden für örtliche Bezirke errichtet (§ 226 RVO.).

Außerdem

c) die Betriebskrankenkassen,

d) die Innungskrankenkassen

für die Versicherten bestimmter Betriebe und Innungen.

4. **Verfassung der Krankenkasse.**

a) Beginn der Mitgliedschaft.

Die Mitgliedschaft Versicherungspflichtiger beginnt mit dem Tage des Eintritts in die versicherungspflichtige Beschäftigung (§ 306).

Die Mitgliedschaft Versicherungsberechtigter beginnt mit dem Tage ihres Beitritts zur Kasse (§ 310).

b) Beendigung der Mitgliedschaft.
Die Mitgliedschaft endigt mit dem Austritte aus der versicherungspflichtigen Beschäftigung, sowie mit dem Beitritt zu einer anderen Kranken- oder Knappschaftskasse (§ 312).

Arbeitsunfähige bleiben Mitglieder, solange die Kasse ihnen Leistungen zu gewähren hat (§ 311).

c) Freiwillige Weiterversicherung.
Scheidet ein Mitglied, das längere Zeit versichert war, aus der versicherungspflichtigen Beschäftigung aus, so kann es sich freiwillig weiterversichern (§ 313).

d) Anmeldung.
Die Arbeitgeber haben jeden neueintretenden Versicherungspflichtigen binnen drei Tagen nach dem Eintritt anzumelden (§ 317).

e) Satzung.
Jede Krankenkasse muß eine Satzung haben. Diese muß den Kreis ihrer Mitglieder angeben und Art und Umfang der Leistungen, Höhe der Beiträge, Zusammensetzung des Vorstands usw. bestimmen (§§ 320 ff.).

f) Organe.
Die Organe der Kasse sind der Vorstand und der Ausschuß.

Vorstand und Ausschuß bestehen je zu einem Drittel aus gewählten Vertretern der beteiligten Arbeitgeber und zu je zwei Dritteln aus gewählten Vertretern der Versicherten (§§ 332, 335).

5. **Aufbringung der Mittel.**

a) Aufbringung der Beiträge.
Die Mittel für die KV. sind von den Arbeitgebern und den Versicherten aufzubringen (§ 380).

Versicherungspflichtige haben zwei Drittel, ihre Arbeitgeber ein Drittel der Beiträge zu zahlen (§ 381 Abs. I).

Versicherungsberechtigte haben die Beiträge allein zu tragen (§ 381 Abs. III).

b) Höhe der Beiträge.
Die Beiträge sind in Hundertsteln des Grundlohns so zu bemessen, daß sie, die anderen Einnahmen eingerechnet, für die zulässigen Ausgaben der Kasse ausreichen (§ 385).

c) Zahlung der Beiträge.
Die Beiträge sind von den Arbeitgebern an die Krankenkasse zu bezahlen (§ 393).

Die Versicherungspflichtigen müssen sich bei der Lohnzahlung ihre Beitragsteile vom Barlohn abziehen lassen (§ 394).

V. Unfallversicherung.

A. Gewerbliche Unfallversicherung.

1. Umfang der Versicherung.

a) Versicherte Betriebe und Tätigkeiten.
Der Versicherung unterliegen:

Bergwerke, Fabriken, Bauhöfe, das Fleischergewerbe, der gesamte Betrieb der Eisenbahn und Post und der Binnenschiffahrt, der Fuhrwerksbetrieb, sowie Betriebe zur Behandlung und Handhabung der Ware, wenn sie über den Betrieb des Kleingewerbes hinausgehen (§ 537).

b) Versicherte Personen.
In solchen Betrieben beschäftigte Arbeiter, Gehilfen, Gesellen, Lehrlinge und Betriebsbeamte sind gegen Betriebsunfälle versichert (§ 544 Abs. I).

c) Begriff des Betriebsunfalls.
Ein Betriebsunfall ist jede plötzliche Schädigung der körperlichen oder geistigen Unversehrtheit, die durch den Betrieb verursacht wird, auch wenn es sich dabei um Gefahren des täglichen Lebens handelt.

Verbotswidriges Handeln schließt die Annahme eines Betriebsunfalls nicht aus (§ 544 Abs. II).

d) Freiwillige Versicherung.
Unternehmer, d. h. Personen, auf deren Rechnung der Betrieb geht, können sich gegen die Folgen von Betriebsunfällen selbst versichern (§§ 550, 633).

2. Gegenstand der Versicherung.

a) Gegenstand der Versicherung ist der Ersatz des Schadens, der durch Körperverletzung oder Tötung bei Betriebsunfällen entsteht.

b) Bei **Verletzung** hat die Genossenschaft zu gewähren (§ 555)

α) Krankenbehandlung (ärztliche Behandlung, Versorgung mit Arznei usw., Gewährung von Pflege, wenn der Verletzte fremder Wartung bedarf);

β) Berufsfürsorge (berufliche Ausbildung zur Wiedergewinnung der Erwerbsfähigkeit, Hilfe zur Erlangung einer Arbeitsstelle);

γ) Rente oder Krankengeld für die Dauer der Erwerbsunfähigkeit (§§ 558 ff.).

c) **Unfallrente.**

α) Voraussetzung.
Die Rente wird nicht gewährt, wenn die nach der Unfallversicherung zu entschädigende Erwerbsunfähigkeit nicht über die 13. Woche hinaus andauert (§ 559).

β) Höhe der Rente.
Die Rente beträgt, solange der Verletzte infolge des Unfalles

1. völlig erwerbsunfähig ist, zwei Drittel des Jahresarbeitsverdienstes (Vollrente),
2. teilweise erwerbsunfähig ist, den Teil der Vollrente, der dem Maße der Einbuße an Erwerbsfähigkeit entspricht (Teilrente).

γ) Beginn des Rentenanspruchs.
Die Verpflichtung zur Gewährung der Rente beginnt

aa) bei Verletzten, die auf Grund der Reichsversicherung gegen Krankheit versichert sind, mit dem Wegfall des Krankengeldes aus der Krankenversicherung, spätestens mit der 27. Woche nach dem Unfall,

bb) bei anderen Verletzten mit dem Tage nach dem Unfall (§ 559 c).

d) Bei **Tötung** ist zu gewähren:

α) als Sterbegeld der fünfzehnte Teil des Jahresarbeitsverdienstes,

β) vom Todestage ab eine Hinterbliebenenrente (§ 586); diese beträgt in der Regel für die Witwe und jedes Kind unter fünfzehn Jahren ein Fünftel des Jahresarbeitsverdienstes, zusammen aber auf keinen Fall mehr als vier Fünftel des Jahresarbeitsverdienstes (§§ 588, 591, 595).

3. **Träger der Versicherung.**

a) Träger der Versicherung sind die Berufsgenossenschaften. Diese umfassen die Unternehmer (s. oben unter 1 d) der versicherten Betriebe (§ 623).

b) Zusammensetzung der Berufsgenossenschaften.
Die Berufsgenossenschaften werden nach örtlichen Be-

zirken gebildet. Sie umfassen darin alle Betriebe der Gewerbszweige, für die sie errichtet sind (§ 630 Abs. I).

Umfaßt ein Betrieb wesentliche Bestandteile verschiedenartiger Gewerbszweige, so ist er der Genossenschaft zugeteilt, welcher der Hauptbetrieb angehört (§ 631 Abs. I).

c) Zweiganstalten.

Nicht gewerbsmäßige Bauarbeiten, vor allem privater Unternehmer, sind durch Zweiganstalten versichert, die den Genossenschaften der Baugewerbetreibenden angegliedert sind (§ 629 Abs. I).

d) Versicherungsgenossenschaft.

Tätigkeiten bei nicht gewerbsmäßigem Halten von Reittieren oder Fahrzeugen sind bei der Versicherungsgenossenschaft der Privatfahrzeug- und Reittierbesitzer versichert (§ 629 Abs. II, Bek. vom 10. Oktober 1912).

4. Verfassung der Berufsgenossenschaft.

a) Mitgliedschaft.

Mitglied der Berufsgenossenschaft ist jeder Unternehmer, dessen Betrieb zu den ihr zugewiesenen Gewerbszweigen gehört und in ihrem Bezirke seinen Sitz hat (§ 649).

Die Mitgliedschaft beginnt mit der Eröffnung des Betriebs oder mit seiner Versicherungspflicht (§ 650).

b) Anmeldung der Betriebe.

Wer mit einem Betriebe Mitglied einer Genossenschaft wird, hat binnen einer Woche dem Versicherungsamte, in dessen Bezirk der Betrieb seinen Sitz hat, den Gegenstand und die Art des Betriebs, die Zahl der Versicherten usw. anzumelden (§ 653).

c) Betriebsverzeichnis.

Die Genossenschaftsvorstände haben ihre Mitglieder im Betriebsverzeichnisse einzutragen (§ 657).

d) Satzung.

Die Berufsgenossenschaften regeln ihre innere Verwaltung und ihre Geschäftsordnung durch eine Satzung, welche die Genossenschaftsversammlung beschließt (§ 675).

e) Genossenschaftsorgane.

Der Vorstand verwaltet die Genossenschaft. Gewisse Geschäfte, z. B. die Wahl der Vorstandsmitglieder, das Recht der Satzungsänderung, sind der Genossenschaftsversammlung vorbehalten (§ 686).

f) Bildung von Gefahrklassen.
Die Genossenschaftsversammlung hat für die der Genossenschaft zugehörigen Betriebe durch einen Gefahrtarif Gefahrklassen nach dem Grade der Unfallgefahr zu bilden und darnach die Höhe der Beiträge abzustufen (§ 706).

5. **Aufsicht.**
Die Aufsicht über die Berufsgenossenschaften steht dem Reichsversicherungsamte, für Genossenschaften, die nicht über bayerisches Gebiet hinausreichen, dem Landesversicherungsamte zu (§§ 722, 723).

6. **Auszahlung der Entschädigung.**
Die Entschädigungen werden durch die Post ausbezahlt (§ 726).

7. **Aufbringung der Mittel.**
a) Die Berufsgenossenschaften haben die Mittel für ihre Aufwendungen durch Mitgliederbeiträge aufzubringen, die den Bedarf des abgelaufenen Geschäftsjahres decken (System der Auslagendeckung).
b) Bei den Tiefbau-Berufsgenossenschaften müssen die Beiträge neben den anderen Aufwendungen den Kapitalwert der Renten decken, die der Genossenschaft im abgelaufenen Geschäftsjahr zur Last gefallen sind (System der Kapitaldeckung).
c) Bei den Zweiganstalten für Bauarbeiten sind feste Prämien sowie Beiträge der Gemeinden und anderen Verbänden, bei Zweiganstalten und Versicherungsgenossenschaften für Halten von Reittieren oder Fahrzeugen sind feste Prämien zu erheben (§ 731).
d) Die Mitgliederbeiträge werden nach dem Entgelt, das die Versicherten in den Betrieben verdient haben, sowie nach dem Gefahrtarife jährlich umgelegt (§ 732 Abs. I).

8. **Unfallverhütung.**
Die Berufsgenossenschaften haben dafür zu sorgen, daß Unfälle so weit als möglich vermieden werden und bei Unfällen dem Verletzten eine wirksame erste Hilfe zuteil wird. Hiezu haben sie Unfallverhütungsvorschriften zu erlassen und deren Durchführung zu überwachen (§§ 848 ff., 874 ff.).

B. Landwirtschaftliche Unfallversicherung.

Für die landwirtschaftliche Unfallversicherung, die die land- und forstwirtschaftlichen Betriebe umfaßt, gelten besondere Vorschriften, die im wesentlichen denen über die gewerbliche Unfallversicherung entsprechen (§§ 915 ff.).

VI. Invaliden- und Hinterbliebenenversicherung.

1. Umfang der Versicherung.

a) Die JV. umfaßt die Versicherung
 α) für den Fall der Invalidität,
 β) für den Fall des Alters,
 γ) zugunsten der Hinterbliebenen.

b) Pflichtversichert sind
Arbeiter, Hausgehilfen, Hausgewerbetreibende sowie Gehilfen und Lehrlinge, die nicht der Angestelltenversicherung unterliegen, soweit sie gegen Entgelt und zwar nicht nur gegen freien Unterhalt beschäftigt werden (§ 1126).

c) Selbstversicherung.
Kleine Gewerbetreibende usw. können in die Versicherung freiwillig eintreten (§ 1243).

d) Lohnklassen.
Nach der Höhe des wöchentlichen Arbeitsverdienstes sind für die Versicherten mehrere Lohnklassen gebildet (§ 1245).

2. Gegenstand der Versicherung.

Gegenstand der Versicherung ist
 a) Invalidenrente,
 b) Rente für Hinterbliebene.

a) **Invalidenrente.**

α) Invalidenrente erhält, wer die Invalidität oder das gesetzliche Alter nachweist sowie die Wartezeit erfüllt und die Anwartschaft aufrecht erhalten hat (§ 1251).

β) Invalidität (§ 1255 Abs. II und III).
Als invalide gilt, wer nicht mehr imstande ist durch eine Tätigkeit, die seinen Kräften und Fähigkeiten entspricht und ihm unter billiger Berücksichtigung seiner Ausbildung und seines bisherigen Berufs zugemutet werden kann, ein Drittel dessen zu erwerben, was körperlich und geistig gesunde Personen derselben Art mit ähnlicher Ausbildung in derselben Gegend durch Arbeit zu verdienen pflegen (dauernde Invalidität).

Invalidenrente erhält auch der Versicherte, der nicht dauernd invalide ist, aber während 26 Wochen ununterbrochen invalide gewesen ist oder der nach Wegfall des Krankengeldes invalide ist, für die weitere Dauer der Invalidität (vorübergehende Invalidität).

γ) Das gesetzliche Alter ist mit der Vollendung des 65. Lebensjahres erreicht (§ 1255 Abs. I).

δ) Wartezeit.
Die Wartezeit ist jene Frist, die der Versicherte vor dem Eintritt der Invalidität der Versicherung angehört haben muß, um eine Rente zu bekommen.

Sie dauert, wenn für den Versicherten auf Grund der Versicherungspflicht mindestens 100 Beiträge geleistet worden sind, 200, andernfalls 500 Beitragswochen (§ 1278).

ε) Erlöschen der Anwartschaft.
Die Anwartschaft erlischt, wenn während zweier Jahre nach dem auf der Quittungskarte verzeichneten Ausstellungstage weniger als 20 Wochenbeiträge auf Grund der Versicherungspflicht oder der Weiterversicherung entrichtet worden sind (§ 1280). Bei der Selbstversicherung müssen innerhalb der verzeichneten Frist mindestens 40 Beiträge entrichtet werden (§ 1282).

b) **Hinterbliebenenrente.**

α) Hinterbliebenenfürsorge wird gewährt, wenn der Verstorbene zur Zeit seines Todes die Wartezeit für die Invalidenrente erfüllt hat und die Anwartschaft darauf nicht erloschen ist (§ 1252).

β) Sie besteht
aa) in einer Witwenrente für die dauernd invalide oder mindestens 65 Jahre alte Witwe (§ 1258),
bb) in Waisenrenten für die noch nicht 15 Jahre alten Kinder (§ 1259),
cc) unter gewissen Voraussetzungen in einer Witwerrente (§ 1261).

c) **Berechnung der Versicherungsleistungen.**

α) Die Versicherungsleistungen bestehen aus einem festen Reichszuschuß und einem Anteil der Versicherungsanstalt.

Werden nicht die vollen Rentenbeträge ausbezahlt, so werden die Anteile des Reichs und der Versicherungsträger entsprechend gekürzt (§ 1284).

β) Der **Reichszuschuß** beträgt jährlich 72 RMk. für jede Invaliden-, Witwen- und Witwerrente, und 36 RMk. für jede Waisenrente (§ 1285).

Der **Anteil der Versicherungsanstalt** besteht aus einem festen **Grundbetrag** (zurzeit 168 RMk.) und einem **Steigerungsbetrag**, der sich nach den vom Versicherten bezahlten **Beiträgen** berechnet (§§ 1287 ff.).

3. **Träger der Versicherung.**
   a) Träger der Versicherung sind die **Versicherungsanstalten**. Solche sind in Bayern für jeden der acht Kreise am Sitze der Kreisregierung errichtet.
   b) **Verfassung und Organe der Versicherungsanstalten.**
      α) Die innere Verfassung der Anstalt wird durch eine **Satzung** geregelt, die vom Ausschuß beschlossen wird (§ 1338).
      β) Ein **Vorstand**, dem die Eigenschaft einer öffentlichen Behörde zukommt, verwaltet die Anstalt, soweit gewisse Geschäfte nicht dem Ausschuß vorbehalten sind (§ 1342).
      γ) Der **Ausschuß** besteht je zur Hälfte aus Vertretern der beteiligten Arbeitgeber und Versicherten (§ 1351).
4. **Aufsicht.**
   Die Aufsicht über die Versicherungsanstalten führt das Reichsversicherungsamt, für Anstalten, die nicht über das Gebiet eines Landes hinausreichen, das Landesversicherungsamt (§§ 1381, 1382).
5. **Auszahlung der Leistungen.**
   Die Auszahlung der Renten erfolgt durch die **Post** (§ 1383).
6. **Aufbringung der Mittel.**
   a) Die Mittel für die JV. bringen das Reich, die Arbeitgeber und die Versicherten auf (§ 1387).
   b) **Beiträge.**
      α) Die **Höhe** der Beiträge richtet sich nach der **Lohnklasse**, der der Versicherte angehört (§ 1392).
      β) Zur **Erhebung** der Beiträge sind **Marken** zu verwenden, die die Bezeichnung der Lohnklasse und des Geldwertes enthalten und von den Postanstalten verkauft werden (§ 1411).
      γ) Die Beiträge werden durch Einkleben von Marken in die **Quittungskarte** des Versicherten entrichtet (§ 1413).

δ) Zur Entrichtung der Beiträge ist der Arbeitgeber verpflichtet, der den Versicherten die Beitragswoche hindurch beschäftigt hat (§ 1426).

Die Versicherungspflichtigen müssen sich bei der Lohnzahlung die Hälfte der Beiträge abziehen lassen (§ 1432).

VII. Verfahren.

1. Feststellung der Leistungen.

a) Feststellung durch die Versicherungsträger.

Die Leistungen aus der Reichsversicherung sind festzustellen, und zwar

1. auf dem Gebiete der UV. von Amts wegen,
2. im übrigen auf Antrag (§ 1545).

α) Krankenversicherung.

Anträge auf Leistungen der KV. sind bei der Krankenkasse zu stellen (§ 1551).

β) Unfallversicherung.

aa) Unfallanzeige.

Der Betriebsunternehmer hat jeden Betriebsunfall binnen drei Tagen der Ortspolizeibehörde des Unfallortes und der durch die Satzung des Versicherungsträgers bestimmten Stelle anzuzeigen (§§ 1552 ff.).

bb) Unfalluntersuchung.

Ist ein Versicherter getötet oder derart verletzt worden, daß er voraussichtlich nach acht Wochen nicht wieder voll erwerbsfähig ist, so untersucht die Ortspolizeibehörde des Unfallorts so bald als möglich den Unfall.

Dasselbe gilt, wenn ein nach der RVO. zur Leistung Verpflichteter die Untersuchung beantragt (§ 1559).

cc) Entscheidung.

Die Leistungen der UV. werden im allgemeinen durch den Genossenschaftsvorstand festgestellt (§§ 1568 ff.). Dieser erteilt einen schriftlichen Bescheid.

γ) Invalidenversicherung.

aa) Anmeldung der Ansprüche.

Anträge auf die Leistungen der JV. sind an das Versicherungsamt oder an die Versicherungsanstalt zu richten. Die Beweisstücke sollen beiliegen (§ 1613).

bb) Feststellung.

Die Leistungen aus der IV. werden durch den Vorstand der Versicherungsanstalt festgestellt (§ 1630).

Wird der angemeldete Anspruch anerkannt oder abgelehnt, so ist ein schriftlicher Bescheid zu erteilen (§ 1631 Abs. I S. 1).

b) **Feststellung im Spruchverfahren.**

α) **Verfahren vor dem Versicherungsamt.**

aa) Bei Streit über die Leistungen aus der KV. entscheidet auf Antrag in erster Instanz das Versicherungsamt — Spruchausschuß — (§ 1636).

bb) Der Vorsitzende kann in allen Sachen ohne mündliche Verhandlungen eine Vorentscheidung treffen (§ 1657).

Gegen diese Vorentscheidung kann entweder dasjenige Rechtsmittel, welches gegen das Urteil zulässig wäre, eingelegt oder binnen der gleichen Frist der Antrag auf mündliche Verhandlung gestellt werden (§ 1658).

cc) Die mündliche Verhandlung findet vor dem Spruchausschusse des Versicherungsamtes in öffentlicher Sitzung statt. Ueber minder wichtige Ansprüche entscheidet der Vorsitzende allein (§§ 1660, 1661).

β) **Verfahren vor dem Oberversicherungsamte.**

Das Oberversicherungsamt (Spruchkammer) entscheidet über Berufungen

gegen Bescheide der Träger der UV. und der IV., sowie

gegen Urteile des Versicherungsamts (§ 1675).

γ) **Verfahren vor dem Reichsversicherungsamte.**

Gegen die Urteile der Spruchkammern des Oberversicherungsamts ist in wichtigeren Angelegenheiten

der KV. und der IV.: Revision,

der UV.: Rekurs

zulässig (§§ 1694, 1699).

Während die Revision nur darauf gestützt werden kann, daß

1. das angefochtene Urteil auf der Nichtanwendung oder auf der unrichtigen Anwendung des bestehen-

den Rechtes oder auf einem Verstoße wider den klaren Inhalt der Akten beruhe,

2. das Verfahren an wesentlichen Mängeln leide (§ 1697),

wird beim Rekurs der Streitstoff in vollem Umfang nach der rechtlichen wie nach der tatsächlichen Seite ebenso nachgeprüft wie im Berufungsverfahren.

Ueber das Rechtsmittel der Revision und des Rekurses entscheidet das Reichsversicherungsamt.

An Stelle des Reichsversicherungsamts entscheidet das Landesversicherungsamt, wenn der Bezirk des beteiligten Versicherungsträgers sich nicht über das Gebiet des Landes hinaus erstreckt. Die Entscheidungen werden durch die Spruchsenate getroffen (§ 1708).

c) **Rechtsmittelfrist.**

Die Rechtsmittel sind binnen einem Monat nach der Zustellung der angefochtenen Entscheidung einzulegen (§ 128).

2. **Beschlußverfahren.**

a) Soweit die RVO. nicht ausdrücklich das Spruchverfahren vorschreibt, ergehen die Entscheidungen der Versicherungsbehörden im Beschlußverfahren (§ 1780). Die Entscheidung ergeht dann im Beschlußausschuß (Beschlußkammer, Beschlußsenat). Das Beschlußverfahren ist gegenüber dem Urteilsverfahren, das mit stärkeren Rechtsgarantien ausgestattet ist, wesentlich vereinfacht, vor allem im Rechtsmittelverfahren.

b) Beschwerde.

α) Gegen die Entscheidungen der Versicherungsträger ist, soweit das Gesetz nichts anderes bestimmt, Beschwerde zulässig. Die Beschwerde geht

in Sachen der KV. und der IV. an das Versicherungsamt,

in Sachen der UV. an das Oberversicherungsamt.

β) Gegen die Entscheidungen des Versicherungsamts in erster Instanz ist in der Regel Beschwerde an das Oberversicherungsamt zulässig (§ 1792).

c) Weitere Beschwerde.

Gegen die auf Beschwerde erlassene Entscheidung

des Versicherungsamts ist die weitere Beschwerde an das Oberversicherungsamt,

des Oberversicherungsamts die weitere Beschwerde an das Reichsversicherungsamt (Landesversicherungsamt)
in der Regel zulässig.

Die auf weitere Beschwerde erlassenen Entscheidungen des Oberversicherungsamts sind endgültig (§ 1798).

B. Angestelltenversicherungsgesetz.

I. Umfang der Versicherung.

1. Die Angestelltenversicherung stellt eine Versicherung
   a) für den Fall der Berufsunfähigkeit,
   b) für den Fall des Alters, sowie
   c) für die Hinterbliebenen

   dar.
2. Versichert sind:
   Angestellte in leitender Stellung, Betriebsbeamte, Büroangestellte und Handlungsgehilfen, wenn sie gegen Entgelt in einem Dienstverhältnis beschäftigt werden und ihr Jahresarbeitsverdienst 6000 RMk. nicht übersteigt (§§ 1 ff.).

II. Gegenstand der Versicherung.

Gegenstand der Versicherung sind Ruhegeld und Hinterbliebenenfürsorge (§ 23).

a) Ruhegeld erhält, wer die Berufsunfähigkeit oder das gesetzliche Alter (65 Jahre) nachweist, sowie die Wartezeit erfüllt und die Anwartschaft aufrecht erhalten hat (§ 24).

b) Hinterbliebenenfürsorge.
Hinterbliebenenrenten werden gewährt, wenn der Verstorbene zur Zeit seines Todes die Wartezeit erfüllt und die Anwartschaft aufrecht erhalten hat (§ 25).
Hinterbliebenenrente erhalten die Witwe und die noch nicht 15 Jahre alten Kinder (§§ 32 ff.).

c) Wartezeit.
Die Wartezeit dauert
1. beim Ruhegeld für männliche Versicherte 120 Beitragsmonate, für weibliche Versicherte 60 Beitragsmonate,
2. bei den Hinterbliebenenrenten 120 Beitragsmonate (§ 53).

d) Erlöschen der Anwartschaft.
Die Anwartschaft erlischt, wenn nach dem Kalenderjahr, in dem der erste Beitragsmonat zurückgelegt worden ist, innerhalb der zunächstfolgenden 10 Kalenderjahre, weniger als acht und nach dieser Zeit weniger

als vier Beitragsmonate, während eines Kalenderjahres zurückgelegt worden sind (§ 54).

3. Berechnung der Leistungen.
Das jährliche Ruhegeld besteht aus einem für alle Gehaltsklassen gleichen Grundbetrag (480 RMk.) und einem nach der Höhe der geleisteten Beiträge bemessenen Steigerungsbetrag (§ 56).

4. Träger der Versicherung ist die Versicherungsanstalt für Angestellte in Berlin (§ 93).

5. Aufbringung der Mittel.
Die Mittel für die Versicherung werden von den Arbeitgebern und den Versicherten zu gleichen Teilen aufgebracht (§§ 168 ff.).

C. Reichsknappschaftsgesetz.

I. Umfang der Versicherung.

Arbeitnehmer in Betrieben, in denen Mineralien oder ähnliche Stoffe bergmännisch gewonnen werden (Knappschaftsbetriebe), unterliegen der Versicherung nach dem Knappschaftsgesetz.

II. Gegenstand der Versicherung.

Die Versicherung umfaßt:

a) Krankenversicherung,
b) Pensionsversicherung,
c) Invalidenversicherung,
d) Angestelltenversicherung.

III. Träger der Versicherung.

Träger der Versicherung ist die Reichsknappschaft, die sämtliche knappschaftlich versicherte Betriebe umfaßt.

12. Arbeitsrecht.

Die Arbeitskraft steht unter dem besonderen Schutz des Reiches. Das Reich schafft ein einheitliches Arbeitsrecht (Art. 157 RV.).

A. Betriebsvertretungen.

I. Allgemeines.

Die Arbeiter und Angestellten sind dazu berufen, gleichberechtigt in Gemeinschaft mit den Unternehmern an der Regelung der Lohn- und Arbeitsbedingungen sowie an der gesamten wirtschaftlichen Entwicklung der produktiven Kräfte mitzuwirken. Die beiderseitigen Organisationen und ihre Vereinbarungen werden anerkannt.

Die Arbeiter und Angestellten erhalten zur Wahrnehmung ihrer sozialen und wirtschaftlichen Interessen gesetzliche

Vertretungen in Betriebsarbeiterräten, sowie in nach Wirtschaftsgebieten gegliederten Bezirksarbeiterräten und in einem Reichsarbeiterrat.

Die Bezirksarbeiterräte treten zur Erfüllung der gesamten wirtschaftlichen Aufgaben und zur Mitwirkung bei der Ausführung der Sozialisierungsgesetze mit den Vertretungen der Unternehmer und sonst beteiligter Volkskreise zu Bezirkswirtschaftsräten und zu einem Reichswirtschaftsrat zusammen. Die Bezirkswirtschaftsräte und der Reichswirtschaftsrat sind so zu gestalten, daß alle wichtigeren Berufsgruppen entsprechend ihrer wirtschaftlichen und sozialen Bedeutung darin vertreten sind (Art. 165 Abs. I mit III RV.).

II. **Betriebsrätegesetz** vom 4. Februar 1920, mehrfach geändert.

1. Zur Wahrnehmung der gemeinsamen wirtschaftlichen Interessen der Arbeitnehmer gegenüber den Arbeitgebern und zur Unterstützung des Arbeitgebers in der Erfüllung der Betriebszwecke sind in allen Betrieben, die mehr als zwanzig Arbeiter beschäftigen, **Betriebsräte** zu errichten (§ 1).

   In Betrieben, die weniger als zwanzig, aber mindestens fünf Arbeitnehmer beschäftigen, ist ein **Betriebsobmann** zu wählen (§ 2).

   Als **Betriebe** im Sinne des Gesetzes gelten alle Betriebe, Geschäfte und Verwaltungen des öffentlichen und privaten Rechts (§ 9).

2. **Zusammensetzung.**

   a) Der Betriebsrat besteht je nach der Größe des Betriebs aus drei bis dreißig Mitgliedern (§ 15).

      In Betrieben, in deren Betriebsräten Arbeiter und Angestellte vertreten sind, vereinigen sich die Arbeitermitglieder zum Arbeiterrat, die Angestelltenmitglieder zum Angestelltenrat, um die besonderen Interessen der Arbeiter und Angestellten gegenüber dem Arbeitgeber zu vertreten (§§ 6, 15).

   b) Wahlen.

      Wahlberechtigt sind alle mindestens 18 Jahre alten männlichen und weiblichen Arbeitnehmer, die sich im Besitze der bürgerlichen Ehrenrechte befinden.

      Wählbar sind die mindestens 24 Jahre alten reichsangehörigen Wahlberechtigten, die nicht mehr in Berufsausbildung sind und am Wahltag mindestens sechs Monate dem Betrieb oder dem Unternehmen, sowie mindestens drei Jahre dem Gewerbezweig oder dem Berufszweig angehören, in dem sie tätig sind (§ 20).

Die Durchführung der Wahl ist in der Wahlordnung zum Betriebsrätegesetz vom 5. Februar 1920 geregelt.

c) Die Mitglieder der Betriebsräte verwalten ihr Amt unentgeltlich als Ehrenamt.

d) Organe.

Hat der Betriebsrat weniger als neun Mitglieder, so obliegt die Geschäftsführung den mit einfacher Stimmenmehrheit gewählten beiden Vorsitzenden. Hat er mehr als neun Mitglieder, so wählt er nach den Grundsätzen der Verhältniswahl einen Betriebsausschuß von fünf Mitgliedern, der dann seinerseits einen ersten und zweiten Vorsitzenden aus seiner Mitte wählt (§§ 26, 27).

3. **Aufgaben.**

a) Der Betriebsrat hat die Aufgabe,

die Betriebsleitung durch Rat zu unterstützen und an der Einführung neuer Arbeitsmethoden fördernd mitzuarbeiten,

das Einvernehmen innerhalb der Arbeitnehmerschaft sowie zwischen ihr und dem Arbeitgeber zu fördern,

den Betrieb vor Erschütterungen zu bewahren, insbesondere bei Streitigkeiten der Arbeitnehmerschaft mit dem Arbeitgeber, wenn durch Verhandlungen keine Einigung zu erzielen ist, den Schlichtungsausschuß anzurufen,

darüber zu wachen, daß die anerkannten Schiedssprüche des Schlichtungsausschusses durchgeführt und die gewerbepolizeilichen Bestimmungen, sowie die Unfallverhütungsvorschriften eingehalten werden,

b) Der Arbeiterrat und der Angestelltenrat haben insbesondere die Aufgabe,

darüber zu wachen, daß in dem Betriebe die zugunsten der Arbeitnehmer gegebenen gesetzlichen Vorschriften und die Tarifverträge durchgeführt werden,

soweit eine tarifvertragliche Regelung nicht besteht, im Benehmen mit den beteiligten wirtschaftlichen Vereinigungen der Arbeitnehmer bei der Regelung der Löhne und sonstigen Arbeitsverhältnisse mitzuwirken,

die Arbeitsordnung oder sonstige Dienstvorschriften für eine Gruppe der Arbeitnehmer im Rahmen der geltenden Tarifverträge mit dem Arbeitgeber zu vereinbaren,

Beschwerden zu untersuchen und auf ihre Abstellung in gemeinsamer Verhandlung mit dem Arbeitgeber hinzuwirken,

nach Maßgabe des Gesetzes bei der Vereinbarung von Richtlinien über die Einstellung von Arbeitnehmern sowie bei Entlassungen von Arbeitnehmern mitzuwirken (§ 78).

Besteht ein Arbeiterrat oder ein Angestelltenrat nicht, so hat der Betriebsrat auch diese Aufgaben zu erfüllen.

c) Mitwirkung des Betriebsrats bei Entlassungen.

α) Arbeitnehmer können im Falle der Kündigung seitens des Arbeitgebers binnen fünf Tagen beim Arbeiter- oder Angestelltenrat Einspruch einlegen, insbesondere dann, wenn der begründete Verdacht vorliegt, daß die Kündigung wegen politischer oder gewerkschaftlicher Betätigung erfolgt ist oder wenn die Kündigung ohne Angabe von Gründen erfolgt ist (§ 84).

Erachtet der Arbeiterrat oder Angestelltenrat die Anrufung für begründet, so hat er zu versuchen, durch Verhandlungen eine Verständigung mit dem Arbeitgeber herbeizuführen. Gelingt diese Verständigung binnen einer Woche nicht, so kann der Arbeiter- oder Angestelltenrat oder der betroffene Arbeitnehmer das Arbeitsgericht anrufen (§ 86).

Erkennt das Arbeitsgericht an, daß der Einspruch berechtigt ist, so hat der Arbeitgeber den Arbeiter wieder einzustellen oder diesem eine Entschädigung zu zahlen, deren Höhe sich nach der Zahl der Jahre richtet, während der der Entlassene in dem Betriebe insgesamt beschäftigt war (§ 87).

β) Zur Kündigung des Dienstverhältnisses eines Mitglieds einer Betriebsvertretung bedarf der Arbeitgeber in der Regel der Zustimmung der Betriebsvertretung (§ 96).

4. Streitigkeiten.

Streitigkeiten über Errichtung, Zusammensetzung, Zuständigkeit und Geschäftsführung der Betriebsvertretungen entscheidet das Arbeitsgericht (§ 93).

5. **Mitwirkung im Aufsichtsrat.**

In Unternehmungen, für die ein Aufsichtsrat besteht und nicht auf Grund anderer Gesetze eine gleichartige Vertretung der Arbeitnehmer im Aufsichtsrate vorgesehen ist, sind nach Maßgabe des Gesetzes über die Entsendung von Betriebsratsmitgliedern in den Aufsichtsrat vom 15. Februar 1922 ein oder zwei Betriebsratsmitglieder in den Aufsichtsrat zu entsenden, um die Interessen und Forderungen der Arbeitnehmer, sowie deren Ansichten und Wünsche hinsichtlich der Organisation des Betriebes zu vertreten (§ 70).

Die vom Betriebsrat in den Aufsichtsrat zu entsendenden Betriebsratsmitglieder werden vom Betriebsrat in geheimer Wahl ausgewählt.

III. **Reichswirtschaftsrat.**

Die in der RV. vorgesehenen Bezirkswirtschaftsräte sowie der Reichsarbeiterrat und die Bezirksarbeiterräte sind noch nicht errichtet.

Es besteht lediglich ein vorläufiger Reichswirtschaftsrat nach der V. vom 4. Mai 1920.

1. Dieser setzt sich zusammen aus Vertretern der verschiedenen Wirtschaftsgruppen und zwar gleichmäßig aus Vertretern der Arbeitgeber und Vertretern der Arbeitnehmer.

   Seine Mitglieder sind Vertreter der wirtschaftlichen Interessen des ganzen Volkes. Sie sind nur ihrem Gewissen unterworfen und an Aufträge nicht gebunden.

2. Sozialpolitische und wirtschaftspolitische Gesetzentwürfe von grundlegender Bedeutung sollen von der Reichsregierung vor ihrer Einbringung dem Reichswirtschaftsrat zur Begutachtung vorgelegt werden. Der Reichswirtschaftsrat hat das Recht, selbst solche Gesetzentwürfe zu beantragen (Art. 165 Abs. IV RV.).

B. **Tarifvertrag- und Schlichtungswesen.**

I. **Tarifverträge.**

1. **Rechtsquelle**: Tarifvertragsverordnung vom 23. Dezember 1918 in der Fassung der Bek. vom 1. März 1928.

2. **Begriff und Bedeutung der Tarifverträge.**

   a) Tarifverträge sind schriftliche Verträge zwischen Vereinigungen von Arbeitnehmern und einzelnen Arbeitgebern oder Vereinigungen von Arbeitgebern, in denen die Bedingungen über den Abschluß von Arbeitsverträgen geregelt werden.

6*

b) Bestehen solche Tarifverträge, so sind Arbeitsverträge zwischen beteiligten Personen insoweit unwirksam, als sie von der tariflichen Regelung abweichen (§ 1 Abs. I).

c) Beteiligte der Tarifverträge.
Beteiligte Personen sind Arbeitgeber und Arbeitnehmer, die Vertragsparteien des Tarifvertrags oder Mitglieder der vertragsschließenden Vereinigungen sind oder bei Abschluß des Tarifvertrags waren oder die den Arbeitsvertrag unter Berufung auf den Tarifvertrag abgeschlossen haben (§ 1 Abs. II).

3. **Verbindlichkeitserklärung.**

Tarifverträge, die auf die Gestaltung der Arbeitsbedingungen eines Berufskreises in dem Tarifgebiete überwiegende Bedeutung erlangt haben, können auf Antrag vom Reichsarbeitsminister für allgemein verbindlich erklärt werden.

Sie schließen dann innerhalb ihres räumlichen Wirkungsbereiches für Arbeitsverträge, die nach der Art der Arbeit unter den Tarifvertrag fallen, vom Tarifvertrage abweichende Bestimmungen auch dann aus, wenn der Arbeitgeber oder der Arbeitnehmer oder beide an dem Tarifvertrage nicht beteiligt sind (§ 2).

4. **Tarifregister.**

Die allgemein verbindlichen Tarifverträge werden unter Bezeichnung ihres räumlichen Geltungsbereiches sowie des Beginns der allgemeinen Verbindlichkeit in ein beim Reichsarbeitsministerium geführtes Tarifregister eingetragen (§ 5).

II. **Schlichtungswesen.**

1. **Rechtsquelle.** V. über das Schlichtungswesen vom 30. Oktober 1923 (geändert), und 2. Ausf.V. hiezu vom 29. Dezember 1923 (ebenfalls geändert).

2. **Zuständigkeit.**

Zur Schlichtung von Gesamtstreitigkeiten sind berufen

a) Schlichtungsausschüsse, die aus einem oder mehreren unparteiischen Vorsitzenden und aus Beisitzern der Arbeitgeber und der Arbeitnehmer in gleicher Zahl bestehen (§ 1),

b) Schlichter, die vom Reichsarbeitsminister für größere Wirtschaftsbezirke oder für besonders wichtige Einzelfälle bestellt werden (§ 2).

Gesamtstreitigkeiten sind Streitigkeiten über die Bedingungen für den Abschluß von Arbeitsverträgen zwischen Vereinigungen von Arbeitnehmern und einzelnen Arbeitgebern oder Vereinigungen von Arbeitgebern.

3. **Aufgaben.**

Schlichtungsausschüsse und Schlichter haben zum Abschluß von **Gesamtvereinbarungen** (Tarifverträge, Betriebsvereinbarungen) Hilfe zu leisten, soweit eine vereinbarte Schlichtungsstelle nicht besteht oder den Abschluß einer Gesamtvereinbarung nicht herbeiführt (§ 3).

Sie werden auf Anruf einer Partei oder von Amts wegen tätig.

4. **Verfahren.**

Der Vorsitzende des Schlichtungsausschusses oder der Schlichter haben zunächst zu versuchen, den Abschluß einer Gesamtvereinbarung herbeizuführen.

Gelingt dies nicht, so ist die Sache vor einer Schlichtungskammer zu verhandeln. Diese bildet der unparteiische Vorsitzende des Schlichtungsausschusses mit je zwei Beisitzern der Arbeitgeber und der Arbeitnehmer, der Schlichter mit Beisitzern der Arbeitgeber und der Arbeitnehmer in gleicher Zahl, die er zu diesem Zwecke beruft.

Kommt vor der Schlichtungskammer keine Einigung zustande, so macht die Kammer den Parteien einen Vorschlag für den Abschluß einer Gesamtvereinbarung (Schiedsspruch). Wird er von beiden Parteien angenommen, so hat er die Wirkung einer schriftlichen Gesamtvereinbarung.

Wird der Schiedsspruch nicht von beiden Parteien angenommen, so kann er für verbindlich erklärt werden, wenn die in ihm getroffene Regelung bei gerechter Abwägung der Interessen beider Teile der Billigkeit entspricht und ihre Durchführung aus wirtschaftlichen und sozialen Gründen erforderlich ist.

Für die Verbindlichkeitserklärung des Schiedsspruchs eines Schlichtungsausschusses ist der Schlichter zuständig, wenn er sich nicht oder nur unwesentlich über den Bezirk des Schlichters hinaus erstreckt. In den übrigen Fällen ist der Reichsarbeitsminister zuständig.

Die Verbindlichkeitserklärung ersetzt die Annahme des Schiedsspruches (§§ 5 und 6).

C. Materielles Arbeitsrecht.

I. **Hausarbeitsgesetz** vom 20. Dezember 1911 in der Fassung der Bek. vom 30. Juni 1923.

1. Aufgabe des Gesetzes.

Das Gesetz bezweckt den Schutz der Hausarbeiter gegen Uebervorteilung durch ihre Auftraggeber sowie gegen gesundheitliche Schädigung durch mangelhafte Beschaffenheit ihrer Werkstätten.

2. Begriff der Hausarbeit.

Als Hausarbeit im Sinne des Gesetzes gilt die Arbeit in Werkstätten, in denen

1. jemand ausschließlich zu seiner Familie gehörige Personen gewerblich beschäftigt,
2. eine oder mehrere Personen gewerbliche Arbeit verrichten, ohne von einem den Werkstattbetrieb leitenden Arbeitgeber beschäftigt zu sein.

3. Für gewisse Gewerbezweige und Gebiete der Hausarbeit können Fachausschüsse errichtet werden, die aus Gewerbetreibenden und Hausarbeitern, einem sachkundigen Vorsitzenden und zwei sachkundigen Beisitzern bestehen.

Sie haben die Aufgabe, Streitigkeiten zwischen Gewerbetreibenden und Hausarbeitern auszuschalten und die Wohlfahrt der Hausarbeit zu fördern.

II. Arbeitszeit.

1. An Sonn- und Feiertagen dürfen Arbeiter von Gewerbetreibenden nur in Ausnahmefällen zur Arbeit verpflichtet werden (§§ 105a—i GewO.).

2. Verordnung über die Arbeitszeit vom 21. Dezember 1923 in der Fassung der Bek. vom 14. April 1927.

a) Die regelmäßige werktägliche Arbeitszeit darf im allgemeinen die Dauer von acht Stunden nicht überschreiten.

Für Gewerbezweige, bei denen regelmäßig und in erheblichem Umfang Arbeitsbereitschaft vorkommt, kann durch Tarifvertrag oder durch den Reichsarbeitsminister eine abweichende Regelung getroffen werden.

b) Wird in Fällen, die das Gesetz vorsieht, mehr Arbeit geleistet, so ist diese angemessen zu vergüten.

c) In Bergbau unter Tage ist durch Tarifvertrag eine Verkürzung der Arbeitszeit zu vereinbaren.

III. **Kinderarbeitsgesetz** vom 30. März 1903, ergänzt durch Gesetz vom 31. Juli 1925.

1. Als Kinder im Sinne dieses Gesetzes gelten Minderjährige unter 13 Jahren, sowie solche, die noch zum Besuche der Volksschule verpflichtet sind (§ 2).
2. Die Beschäftigung eines Kindes ist nur dann zulässig, wenn dem Arbeitgeber zuvor eine Arbeitskarte eingehändigt wurde, die von der Ortspolizeibehörde ausgestellt wird (§ 11).
3. An Sonn- und Feiertagen dürfen Kinder im allgemeinen nicht beschäftigt werden (§ 9).
4. Bei Bauten, in Ziegeleien, beim Steinklopfen, beim Arbeiten in Kellereien usw. dürfen Kinder nicht beschäftigt werden.

   In Werkstätten, bei öffentlichen theatralischen Vorstellungen, in Gast- und Schankwirtschaften, beim Austragen von Waren dürfen Kinder nur beschränkt verwendet werden.

IV. **Minderjährige.**

Minderjährige dürfen in der Regel nur dann beschäftigt werden, wenn sie mit einem Arbeitsbuch versehen sind, das durch die Ortspolizeibehörde des Aufenthaltsorts ausgestellt wird und in dem die Dauer jeder Beschäftigung einzutragen ist. Die Eintragung eines Urteils über Führung und Leistung des Inhabers ist unzulässig (§§ 107 ff. GewO.).

V. **Beschäftigung von Frauen.**

1. Beschäftigung weiblicher Angestellter in Gast- und Schankwirtschaften. Ges. vom 15. Januar 1920, V. vom 15. Dezember 1921.
   a) Wer in Gast- und Schankwirtschaften weibliche Bedienung in Beschäftigung nimmt, hat dies der Bezirkspolizeibehörde anzuzeigen.
   b) Weibliche Personen unter 16 Jahren dürfen nicht, solche unter 18 Jahren nur mit Erlaubnis der Bezirkspolizeibehörde beschäftigt werden.
   c) Die Beschäftigung weiblicher Personen kann oder muß von der Bezirkspolizeibehörde untersagt werden, wenn es die Aufrechterhaltung der Gesundheit, Sittlichkeit und des Anstands erfordert (Bekämpfung von Animierkneipen).
2. Ges. über die Beschäftigung von Frauen vor und nach der Niederkunft vom 16. Juli 1927.
   a) Weibliche Arbeitnehmer, die der Krankenversicherungspflicht unterliegen und nicht in der Land- und Forst-

oder der Hauswirtschaft beschäftigt sind, sind berechtigt, die Arbeit sechs Wochen vor der Niederkunft zu verweigern.

b) Wöchnerinnen derselben Art dürfen binnen sechs Wochen nach ihrer Niederkunft nicht beschäftigt werden, binnen weiteren sechs Wochen können sie die Arbeit verweigern, wenn sie noch an der Arbeit verhindert sind.

c) Stillenden Frauen sind Stillpausen zu gewähren.

d) In einem Zeitraum von sechs Wochen vor bis sechs Wochen nach der Niederkunft ist eine Kündigung des Arbeitgebers nur aus wichtigen, mit der Schwangerschaft nicht zusammenhängenden Gründen zulässig.

D. Verfahren in Arbeitssachen.

Rechtsquelle: Arbeitsgerichtsgesetz vom 23. Dezember 1926.

I. Die Gerichtsbarkeit in Arbeitssachen obliegt den Arbeitsgerichtsbehörden, nämlich

a) den Arbeitsgerichten,
b) den Landesarbeitsgerichten,
c) dem Reichsarbeitsgericht (§ 1).

II. Zuständigkeit.

Die Arbeitsgerichtsbehörden sind unter Ausschluß der ordentlichen Gerichte ohne Rücksicht auf den Wert des Streitgegenstands insbesondere zuständig

a) für bürgerliche Rechtsstreitigkeiten aus Tarifverträgen,
b) für bürgerliche Rechtsstreitigkeiten zwischen Arbeitgebern und Arbeitnehmern aus einem Arbeits- oder Lehrverhältnis und mit diesen zusammenhängenden unerlaubten Handlungen,
c) in gewissen Streitigkeiten aus dem Betriebsrätegesetz (§ 2).

III. Zusammensetzung.

Die Arbeitsgerichtsbehörden sind mit rechtsgelehrten Richtern und mit Beisitzern aus den Kreisen der Arbeitgeber und der Arbeitnehmer besetzt (§ 6).

1. Arbeitsgerichte.

Die Arbeitsgerichte sind als selbständige Gerichte regelmäßig für den Bezirk eines Amtsgerichts errichtet (§ 14).

Sie werden in Kammern tätig, die aus einem richterlichen Vorsitzenden und je einem Beisitzer der Arbeitgeber und der Arbeitnehmer bestehen (§ 16 Abs. II).

Für Streitigkeiten der Arbeiter und für Streitigkeiten der Angestellten werden in der Regel getrennte Kammern gebildet.

Soweit ein Bedürfnis besteht, können für Streitigkeiten bestimmter Berufe und Gewerbe besondere Fachkammern gebildet werden (z. B. Fachkammern für Streitigkeiten der Deutschen Reichsbahngesellschaft). Für die Streitigkeiten des Handwerks müssen Fachkammern (Handwerksgerichte) errichtet werden (§ 17).

2. Landesarbeitsgerichte.

Die Landesarbeitsgerichte sind bei den Landgerichten errichtet (§ 33).

Die Kammern der Landesarbeitsgerichte werden in der Besetzung mit einem rechtsgelehrten Vorsitzenden und je einem Beisitzer der Arbeitgeber und Arbeitnehmer, bei Tarifvertragsstreitigkeiten in der Besetzung mit einem Vorsitzenden und je zwei Beisitzern der Arbeitgeber und Arbeitnehmer tätig (§ 35).

3. Das Reichsarbeitsgericht.

Das Reichsarbeitsgericht ist beim Reichsgericht errichtet (§ 40).

Es entscheidet in Senaten, die aus einem Senatspräsidenten des Reichsgerichts als Vorsitzenden, zwei richterlichen Beisitzern (Reichsgerichtsräten), und je einem Beisitzer der Arbeitgeber und der Arbeitnehmer zusammengesetzt sind (§ 41).

IV. **Verfahren.**

1. **Beschlußverfahren.**

Gewisse Streitigkeiten aus dem Betriebsrätegesetz werden im Beschlußverfahren entschieden (§ 80).

In erster Instanz entscheiden die Arbeitsgerichte. Gegen deren Beschluß ist Rechtsbeschwerde zum Landesarbeitsgericht oder, wenn das Beschlußverfahren Unternehmungen betrifft, die sich über den Bezirk eines Landes hinaus erstrecken, zum Reichsarbeitsgericht zulässig (§ 85).

2. **Urteilsverfahren.**

a) Erste Instanz: Arbeitsgericht.

Der mündlichen Verhandlung vor der Kammer hat ein Güteverfahren vor dem Vorsitzenden vorauszugehen (§ 54).

Rechtsanwälte sind als Prozeßbevollmächtigte und Beistände ausgeschlossen (§ 11).

b) Zweite Instanz: Landesarbeitsgericht.

Diese haben über die Berufungen gegen Urteile der Arbeitsgerichte zu entscheiden (§ 64).

c) Dritte Instanz: Reichsarbeitsgericht.

Dieses hat über Revisionen gegen Urteile der Landesarbeitsgerichte und über Sprungrevisionen gegen Urteile der Arbeitsgerichte zu entscheiden (§§ 72, 76).

Sprungrevision liegt dann vor, wenn gegen ein Urteil eines Arbeitsgerichtes unter Umgehung des Berufungsverfahrens unmittelbar Revision zum Reichsarbeitsgericht ergriffen wird.

Berufung und Revision (ebenso Sprungrevision) sind nur dann zulässig, wenn der Wert des Streitgegenstands einen im Gesetze bestimmten Betrag übersteigt oder der Rechtsstreit von grundsätzlicher Bedeutung ist.

Die Zulässigkeit der Sprungrevision hat außerdem zur Voraussetzung, daß der Gegner einwilligt oder der Reichsarbeitsminister die sofortige Entscheidung des Rechtsstreits durch das Reichsarbeitsgericht im Interesse der Allgemeinheit für notwendig erklärt.

E. Arbeitsvermittlung und Arbeitslosenversicherung.

Rechtsquelle: Ges. über Arbeitsvermittlung und Arbeitslosenversicherung vom 16. Juli 1927.

I. Träger. Organisation.

1. Träger der öffentlichen Arbeitsvermittlung und Arbeitslosenversicherung ist die Reichsanstalt für Arbeitsvermittlung und Arbeitslosenversicherung in Berlin.

   Dieser obliegt auch die öffentliche Berufsberatung und die Lehrstellenvermittlung (§ 1).

2. Organisation und Organe der Reichsanstalt.

   a) Die Reichsanstalt gliedert sich in
      1. die Hauptstelle,
      2. die Landesarbeitsämter,
      3. die Arbeitsämter.

   Jede Gemeinde muß von einem Arbeitsamt erfaßt sein (§ 2).

   b) Organe der Reichsanstalt sind:
      1. die Verwaltungsausschüsse der Arbeitsämter,

2. die Verwaltungsausschüsse der Landesarbeitsämter,
3. der Verwaltungsrat der Reichsanstalt,
4. der Vorstand der Reichsanstalt (§ 4).

Sämtliche Organe setzen sich aus den Vorsitzenden der Arbeits-(Landesarbeits-)ämter (bezw. dem Präsidenten der Reichsanstalt) und Vertretern der Arbeitgeber, Arbeitnehmer und öffentlichen Körperschaften (Gemeinden, Gemeindeverbände, Länder) zusammen.

II. Arbeitsvermittlung und Berufsberatung.

1. Die Arbeitsvermittlung hat dahin zu wirken, daß freie Stellen durch möglichst geeignete Arbeitskräfte besetzt werden. Die besonderen Verhältnisse des einzelnen Falls sind dabei soweit zu berücksichtigen, als es die Lage des Arbeitsmarkts gestattet (§ 58 Abs. I).
2. Die Berufsberatung hat einerseits die körperliche und geistige Eignung, die Neigung und die wirtschaftlichen Familienverhältnisse der Ratsuchenden, andererseits die Lage des Arbeitsmarkts und die Berufsaussichten angemessen zu berücksichtigen (§ 58 Abs. II).
3. Arbeitsvermittlung und Berufsberatung sind unparteiisch, insbesondere ohne Rücksicht auf die Zugehörigkeit zu einer Vereinigung, auszuüben (§ 59 Abs. I).
4. Die Reichsanstalt übt die Arbeitsvermittlung und Berufsberatung kostenlos aus (§ 60 Abs. I).

III. Arbeitslosenversicherung.

1. Umfang der Versicherung.

Der Arbeitslosenversicherung unterliegt

a) wer auf Grund der Reichsversicherungsordnung oder des Reichsknappschaftsgesetzes für den Fall der Krankheit pflichtversichert ist,

b) wer auf Grund des Angestelltenversicherungsgesetzes pflichtversichert ist und der Pflicht zur Krankenversicherung nur deshalb nicht unterliegt, weil er die Verdienstgrenze der Krankenversicherung überschritten hat,

c) wer der Schiffsbesatzung eines deutschen Seefahrzeugs angehört (§ 69).

Bestimmte Beschäftigungen, vor allem in der Land- und Forstwirtschaft, sowie die Beschäftigung auf Grund eines schriftlichen Lehrvertrags von mindestens zweijähriger Dauer sind versicherungsfrei (§§ 70 ff.).

2. Versicherungsleistungen.

a) Arbeitslosenunterstützung.

α) Anspruch auf Arbeitslosenunterstützung hat, wer

1. arbeitsfähig, arbeitswillig, aber unfreiwillig arbeitslos ist,
2. die Anwartschaftszeit erfüllt hat,
3. den Anspruch auf Arbeitslosenunterstützung noch nicht erschöpft hat (§ 87).

β) Die Anwartschaftszeit ist erfüllt, wenn der Arbeitslose in den letzten 12 Monaten während 26 Wochen in einer versicherungspflichtigen Beschäftigung gestanden hat (§ 95).

γ) Der Anspruch auf Arbeitslosenunterstützung ist erschöpft, wenn die Unterstützung für insgesamt 26 Wochen gewährt ist (§ 99).

δ) Für Zeiten andauernder besonders ungünstiger Arbeitsmarktlage ist die Gewährung der Arbeitslosenunterstützung auch dann möglich, wenn die Anwartschaft nicht erfüllt oder der Anspruch auf Arbeitslosenversicherung erschöpft ist (Krisenunterstützung).

b) Krankenversicherung.

Der Arbeitslose ist während des Bezugs der Hauptunterstützung für den Fall der Krankheit versichert (§ 117).

c) Invaliden- und Pensionsversicherung.

Aus Mitteln der Reichsanstalt sind für die Invaliden-, Angestellten- und knappschaftliche Pensionsversicherung der Arbeitslosen während des Bezugs der Hauptunterstützung die Beiträge zu entrichten, die zur Erhaltung der Anwartschaft notwendig sind (§ 129 Abs. I S. 1).

d) Kurzarbeiterunterstützung.

Arbeiter, die in einer Kalenderwoche infolge Arbeitsmangels die in ihrer Arbeitsstätte übliche Zahl von Arbeitsstunden nicht erreichen und deshalb Lohnkürzungen unterworfen sind, können Kurzarbeiterunterstützung erhalten (§ 130).

IV. **Aufbringung der Mittel.**

a) Die Mittel, die die Reichsanstalt zur Durchführung ihrer Aufgaben benötigt, werden durch Beiträge der Arbeitgeber und der Arbeitnehmer aufgebracht (§ 142).

Versicherungspflichtige und ihre Arbeitgeber entrichten die Beiträge stets zur Hälfte (§ 143).

b) Von dem notwendigen Aufwande, der durch die Krisenunterstützung entsteht, trägt vier Fünftel das Reich, den Rest die Gemeinden, in denen die Krisenunterstützung gewährt wird (§ 167 Abs. I).

c) Die Kosten für die Sozialversicherung der Arbeitslosen (vgl. oben III b und c) werden in gleicher Weise aufgebracht (§ 167 Abs. II).

V. **Verfahren.**

1. Den Antrag auf Arbeitslosenunterstützung hat der Arbeitslose persönlich bei dem Arbeitsamte zu stellen, in dessen Bezirk er seinen Wohnort hat (§ 168).

   Ueber den Antrag entscheidet der Vorsitzende des Arbeitsamts (§ 172).

   Wer Arbeitslosenunterstützung empfängt, hat sich regelmäßig beim Arbeitsamte zu melden, um Arbeit zu erlangen (§ 173).

2. Streitigkeiten.

   Gegen Entscheidungen des Vorsitzenden ist Einspruch beim Spruchausschuß des Arbeitsamts zulässig (§ 178). Gegen dessen Entscheidung kann der Arbeitslose, der Vorsitzende und jeder Beisitzer im Spruchausschuß Berufung an die Spruchkammer des Landesarbeitsamtes einlegen (§ 180).

   Bei der Entscheidung über Auslegung gesetzlicher Vorschriften von grundsätzlicher Bedeutung kann die Spruchkammer die Entscheidung an den beim Reichsversicherungsamte gebildeten Spruchsenat für die Arbeitslosenversicherung abgeben (§§ 182, 31).

F. **Stellenvermittlergesetz vom 2. Juni 1910.**

1. **Begriff.**

   Stellenvermittler im Sinne dieses Gesetzes ist, wer gewerbsmäßig

   a) die Vermittlung eines Vertrags über eine Stelle betreibt,

   b) Gelegenheit zur Erlangung einer Stelle nachweist und sich zu diesem Zweck mit Arbeitgebern oder Arbeitnehmern in Verbindung setzt (§ 1).

2. **Konzessionspflicht.**

   a) Wer das Gewerbe eines Stellenvermittlers betreiben will, bedarf dazu der Erlaubnis der Bezirksverwaltungsbehörde.

      Die Erlaubnis ist zu versagen, wenn

      α) der Nachsuchende die erforderliche Zuverlässigkeit nicht besitzt,

      β) kein Bedürfnis nach Stellenvermittlern vorliegt.

Bei der Erteilung der Erlaubnis sind die Berufe zu bezeichnen, in denen die Vermittlung von Stellen stattfinden darf (§ 2).

b) Die Erlaubnis zum Gewerbebetrieb des Stellenvermittlers ist zurückzunehmen, wenn sich später seine Unzuverlässigkeit in bezug auf den Gewerbebetrieb oder seine persönlichen Verhältnisse ergibt (§ 9).

c) Beschwerde.
Der Bescheid, durch den die Erlaubnis versagt oder zurückgenommen wird, kann durch Beschwerde im Verwaltungsrechtsverfahren angefochten werden (§ 10 der V. vom 5. Oktober 1910).

3. Wer das Gewerbe eines Stellenvermittlers betreibt, darf daneben Gastwirtschaft, Kleinhandel mit geistigen Getränken, gewerbsmäßige Vermietung von Wohn- und Schlafstellen usw. nicht betreiben (§ 3).

4. **Gebühren.**
Für die den Stellenvermittlern zukommenden Gebühren sind Taxen festgesetzt (§ 5).

5. Vom 1. Januar 1931 an ist die gewerbsmäßige Stellenvermittlung verboten (§ 55 des Ges. über Arbeitsvermittlung und Arbeitslosenversicherung vom 16. Juli 1927).

13. Das Recht der öffentlichen Beamten.

I. **Begriff.**
Oeffentliche Beamte sind diejenigen Personen, die auf Grund eines öffentlichrechtlichen Dienstvertrags von einer Körperschaft des öffentlichen Rechts (Reich, Staat [Land], Gemeinde, Gemeindeverband oder sonstigen Körperschaft des öffentlichen Rechts) angestellt sind. Oeffentliche Beamte sind nicht diejenigen Personen, die auf Grund eines privatrechtlichen Dienstvertrags von einer Körperschaft des öffentlichen Rechts angestellt sind (Angestellte, Arbeiter), ebensowenig diejenigen Personen, die von einer Privatperson oder einer Körperschaft des Privatrechts angestellt sind.

II. **Geschichtliches.**
Das Recht des öffentlichen Dienstes wurde schon verhältnismäßig früh gesetzlich geregelt. In Bayern brachte die „Hauptlandespragmatik über die Dienstverhältnisse der Staatsdiener" vom 1. Januar 1805 eine umfassende Kodifikation des Beamtenrechts, die allerdings schon im Jahre 1818 zum großen Teil

ersetzt wurde durch die IX. Beilage zur Verfassungsurkunde des Jahres 1818. An deren Stelle trat ab 1. Januar 1909 das bayer. Beamtengesetz vom 16. August 1908.

III. **Geltendes Recht.**

Das Recht der öffentlichen Beamten ist je nach dem Arbeitgeber (Reich, Staat, Gemeinde usw.), manchmal auch je nach der Art des geleisteten Dienstes (z. B. Richter) durch eine Reihe von Gesetzen geregelt, von denen hier nur das Bayer. Beamtengesetz (s. unten IV) und das Reichsbeamtengesetz (s. unten V) eingehender besprochen werden sollen. Abgesehen hievon bestehen mehrere verfassungsrechtliche Vorschriften, von denen nachstehende zu erwähnen sind:

Art. 129 RV. über die Dienst- und Anstellungsverhältnisse der Beamten,

Art. 130 RV. über die Freiheit der politischen Gesinnung der Beamten und über Beamtenvertretungen,

Art. 131 RV. über die Haftung des Staats für die in Ausübung öffentlicher Gewalt erfolgenden Amtspflichtverletzungen der Beamten,

§ 35 Abs. II BayVU. über die Teilnahme von Beamten des Staats, der Gemeinden usw. an den Landtagsverhandlungen,

§§ 67, 68 BayVU. über die Dienstverhältnisse der Beamten.

IV. **Bayerisches Beamtengesetz** vom 16. August 1908 (mit zahlreichen Aenderungen).

1. Begriff des Staatsbeamten.

Staatsbeamte sind Personen, die sich auf Grund einer Entschließung des Ministeriums oder einer vom Ministerium ermächtigten Behörde in einem Dienstverhältnis zum Staat befinden und entweder einer der Gehaltsordnung aufgeführten Beamtenklasse angehören oder durch Anordnung der Staatsregierung als Beamte erklärt sind (Art. 1 des Beamtengesetzes).

Auf die Staatsminister und die Staatssekretäre finden die Bestimmungen des Beamtengesetzes keine Anwendung, für sie gelten die Sondervorschriften der §§ 58—60 BayVU.

2. Arten der Beamten.

Etatmäßige Beamte sind Beamte, die einer in der Gehaltsordnung aufgeführten Beamtenklasse angehören und eine Ernennungsurkunde erhalten haben (Art. 2 des Beamtengesetzes).

Unwiderrufliche Beamte sind solche Beamte, die ohne ihre Zustimmung nur im Wege des Disziplinarverfahrens aus dem Staatsdienst entlassen werden können (Art. 9 Abs. II des Beamtengesetzes), während das Dienstverhältnis widerruflicher Beamter jederzeit gelöst werden kann.

Etatmäßige Beamte erlangen die Unwiderruflichkeit entweder sofort mit der Anstellung (z. B. Richter) oder nach einer etatmäßigen Dienstzeit von 3 oder 10 Jahren (Art. 6 des Beamtengesetzes).

3. Pflichten der Beamten.

Den Beamten sind eine Reihe besonderer Pflichten auferlegt, z. B. achtungswürdiges Verhalten in und außer Dienst, Gehorsamspflicht gegenüber den Dienstbefehlen der Vorgesetzten, Wahrung des Amtsgeheimnisses usw. (Art. 11—25 des Beamtengesetzes).

4. Diensteinkommen der Beamten.

Das Diensteinkommen der Beamten bemißt sich nach den Vorschriften des bayer. Beamtenbesoldungsgesetzes vom 20. April 1928. Hienach gliedert sich das Diensteinkommen der Beamten in Grundgehalt (nebst Dienstalterszulagen), in einen nach dem dienstlichen Wohnsitz abgestuften Wohnungsgeldzuschuß und in Kinderzuschläge.

5. Versetzung in den Ruhestand.

a) Eine Versetzung in den Ruhestand mit Wartegeld kann erfolgen, wenn zu der Verwendung eines Beamten im Staatsdienst infolge organisatorischer Aenderungen keine Gelegenheit mehr gegeben ist oder wenn durch sonstige Umstände seine amtliche Wirksamkeit gestört ist (Art. 38—46 des Beamtengesetzes).

b) Eine Versetzung in den Ruhestand mit Ruhegehalt erfolgt

α) kraft Gesetzes bei Vollendung des 65. Lebensjahres (Art. 17 Abs. I des Beamtengesetzes),

β) auf Verlangen oder ohne Ansuchen des Beamten, wenn er infolge körperlicher oder geistiger Gebrechen zur Erfüllung seiner Amtspflichten unfähig ist (Art. 47 Abs. II, Art. 48 des Beamtengesetzes).

Wartegeld und Ruhegehalt bemessen sich nach dem Diensteinkommen und der Dienstzeit des Beamten. Anspruch auf Wartegeld und Ruhegehalt haben nur unwiderrufliche Beamte; widerruflichen Beamten kann Wartegeld und Ruhegehalt gewährt werden.

6. Hinterbliebenenfürsorge.

Die Witwe und die ehelichen oder legitimierten Kinder eines Beamten haben Anspruch auf

Sterbegehalt in der Höhe von ein Viertel des Jahresgehalts des Beamten (Art. 72 des Beamtengesetzes),

Witwen- und Waisengeld (letzteres in der Regel bis zur Vollendung des 21. Lebensjahres), bemessen nach dem Ruhegehalt des Beamten (Art. 73—88 des Beamtengesetzes).

7. Dienstaufsicht und Dienststrafrecht.

Beamte unterstehen der Dienstaufsicht der vorgesetzten Behörde. Der Handhabung der Dienstaufsicht dient das Dienststrafrecht (Art. 105—169 des Beamtengesetzes).

α) Materielles Dienststrafrecht.

Die Dienststrafen sind

Ordnungsstrafen, und zwar Verweis oder Geldstrafe bis zum Betrag des einmonatigen Gehalts, oder

Disziplinarstrafen, und zwar Strafversetzung oder Dienstentlassung.

β) Dienststrafverfahren.

Ordnungsstrafen werden von den vorgesetzten Behörden oder Beamten verhängt.

Disziplinarstrafen werden von den Disziplinargerichten verhängt.

Disziplinargerichte erster Instanz sind die bei jedem Oberlandesgericht gebildeten Disziplinarkammern, die in der Zusammensetzung von 3 Richtern und 2 Beamten aus dem Geschäftskreis des Ministeriums, dem der beschuldigte Beamte untersteht, entscheiden. In zweiter und letzter Instanz entscheidet der beim obersten Landesgericht gebildete Disziplinarhof in einer Besetzung von 4 Richtern und 3 Beamten. Der Hauptverhandlung, in der nicht öffentlich verhandelt wird, hat eine Voruntersuchung voranzugehen. Das Verfahren ist gebührenfrei.

8. Vorläufige Dienstenthebung (Art. 170—175 des Beamtengesetzes).

Aus gewissen Gründen, z. B. bei Einleitung eines strafgerichtlichen Verfahrens, kann ein Beamter vom Dienst vorläufig enthoben werden; in anderen Fällen, z. B. bei Erlassung eines Haftbefehls, tritt die vorläufige Enthebung kraft Gesetzes ein.

9. Dienststrafrecht für Richter.
Für Richter (einschließlich der Handelsrichter und Mitglieder des Verwaltungsgerichtshofs) gelten hinsichtlich des Dienststrafrechts die besonderen Bestimmungen des Disziplinargesetzes für richterliche Beamte vom 26. März 1881 in der Fassung der Bekanntmachung vom 5. Dezember 1908.

V. **Reichsbeamtengesetz** vom 31. März 1873 (mit mehrfachen Aenderungen).

Das Reichsbeamtengesetz stimmt in seinen Grundzügen mit dem bayerischen Beamtengesetz überein. An Besonderheiten ist zu vermerken:

1. Vereidigung der Reichsbeamten.
Jeder Reichsbeamte ist auf die Reichsverfassung eidlich zu verpflichten. Wird die Eidesleistung verweigert, so ist die Ernennung des Beamten nichtig (§ 3 des Reichsbeamtengesetzes in der Fassung des Gesetzes über die Pflichten der Beamten zum Schutze der Republik vom 21. Juli 1922).

2. Reichsbeamte und republikanische Staatsgewalt.
Der Reichsbeamte ist verpflichtet, in seiner amtlichen Tätigkeit für die verfassungsmäßige republikanische Staatsgewalt einzutreten nach Maßgabe der näheren Bestimmungen in §§ 10a und 10b des Reichsbeamtengesetzes (eingefügt durch das eben erwähnte Gesetz über die Pflichten der Beamten zum Schutze der Republik vom 21. Juli 1922).

3. Versetzung in den Ruhestand mit Wartegeld.
Auch wenn der Regelfall des § 24 des Reichsbeamtengesetzes (Aufhören eines Amts infolge organisatorischer Aenderungen) nicht vorliegt, können gewisse hohe Beamte durch Verfügung des Reichspräsidenten jederzeit unter Gewährung des Wartegelds in den Ruhestand versetzt werden. Dies gilt insbesondere für den Reichskanzler, die Reichsminister, die Staatssekretäre usw. (§ 25 des Reichsbeamtengesetzes).

4. Versetzung in den Ruhestand mit Ruhegehalt.
Der Reichskanzler und die Reichsminister können jederzeit ihre Entlassung erhalten und fordern. Auch ohne eingetretene Dienstunfähigkeit erhalten sie Pension, wenn sie entweder ihr Amt mindestens 2 Jahre bekleidet oder sich mindestens 10 Jahre im Dienst befunden haben (§ 35 des Reichsbeamtengesetzes).

5. Dienststrafrecht.

Disziplinarkammern bestehen an zahlreichen Orten des Reichs, der Disziplinarhof befindet sich in Leipzig.

Die Disziplinarkammern entscheiden in einer Besetzung von 5 Mitgliedern, von denen der Vorsitzende und wenigstens 1 Beisitzer Richter sein müssen, während die übrigen Mitglieder Beamte sind. Entsprechendes gilt für den Disziplinarhof. Die Hauptverhandlung ist in der Regel öffentlich (§§ 72 ff. des Reichsbeamtengesetzes).

VI. Andere Beamtenkategorien.

1. Volksschullehrer.

Das Volksschullehrergesetz vom 14. August 1919 (mit mehrfachen Aenderungen) regelt die Dienstverhältnisse der Volksschullehrer. Sie sind Staatsbeamte. Ihre Dienstverhältnisse sind im wesentlichen übereinstimmend mit denen der anderen Staatsbeamten geregelt. Die aus früheren Zeiten stammenden Präsentations- und Vorschlagsrechte hinsichtlich der Besetzung von Schulstellen sind aufgehoben (Art. 76 Abs. I des Schulbedarfsgesetzes). Untersagt ist ihnen die Uebernahme des Mesnerdienstes (Art. 15 Abs. II des Volksschullehrergesetzes). Die Verbindung des weltlichen Kirchendienstes mit dem Schuldienst ist aufgehoben (Art. 181 Abs. II des Volksschullehrergesetzes).

Bei der Hauptverhandlung der Disziplinarkammer und des Disziplinarhofs muß ein Volksschullehrer mitwirken, wenn der Angeschuldigte ein Volksschullehrer ist.

2. Beamte der Gemeinden, Bezirke und Kreise.

Die Rechtsverhältnisse der Beamten der Gemeinden, Bezirke und Kreise sind in der Gemeindeordnung, Bezirksordnung, Kreisordnung vom 17. Oktober 1927 geregelt. Vgl. die Darstellung in Abschnitt 31 und 32 des Grundrisses.

3. Beamte der Träger der Sozialversicherung.

Wegen der Beamten

der Krankenkassen vgl. §§ 349 ff. RVO.,

der Invalidenversicherungsanstalten vgl. §§ 1344, 1347 und 1349 RVO.,

der Reichsversicherungsanstalt für Angestellte vgl. §§ 100, 101 des Angestelltenversicherungsgesetzes,

der Reichsanstalt für Arbeitsvermittlung und Arbeitslosenversicherung (einschließlich der Landesarbeitsämter und der Arbeitsämter) vgl. §§ 34 und 35 des Reichsgesetzes über Arbeitsvermittlung und Arbeitslosenversicherung vom 16. Juli 1927.

Die Träger der Unfallversicherung (Berufsgenossenschaften) kennen nur Angestellte (§§ 690 ff., 978, 1147 RVO.).

4. Beamte der Deutschen Reichsbahngesellschaft. Die Rechts- und Dienstverhältnisse der „Bediensteten" der Deutschen Reichsbahngesellschaft sind durch §§ 19—26 des Reichsbahngesetzes vom 30. August 1924 und durch das Gesetz über die Personalverhältnisse bei der Deutschen Reichsbahngesellschaft vom gleichen Tag geregelt. Die Dienstbezüge der Reichsbahnbeamten sind von der Gesellschaft unter Berücksichtigung der Verhältnisse der Reichsbeamten festzusetzen. Die Dienststrafgerichte des Reichs sind auch für die Reichsbahnbeamten zuständig. Im übrigen werden die Dienstverhältnisse der Reichsbahnbeamten durch eine Personalordnung geregelt.

5. Gendarmerie.
Die Gendarmerie war früher militärisch organisiert, weshalb nur ein Teil der Bestimmungen des bayer. Beamtengesetzes auf sie Anwendung fand (Art. 204 des Beamtengesetzes). Durch Gesetz vom 31. Juli 1919 über die Umgestaltung der Gendarmerie und die Min.Bek. vom 25. September 1919 wurde die Gendarmerie als „bürgerliche Einrichtung" erklärt und ausschließlich dem Staatsministerium des Innern, den Kreisregierungen und den Bezirksämtern unterstellt. Ihre Angehörigen sind Beamte im Sinne des Beamtengesetzes.

6. Polizeibeamte.
Die Beamten der Polizei sind entweder Gemeindebeamte (s. oben 2) oder aber auch, soweit die Polizeiverwaltung in kreisunmittelbaren Städten von staatlichen Polizeidirektionen ausgeübt wird (s. Abschnitt 31 II E 4 des Grundrisses), Staatsbeamte.

7. Landespolizei.
Für die Rechtsverhältnisse der Landespolizei (grüne Polizei) gelten die Bestimmungen des bayer. Gesetzes vom 12. April 1928.

VIII. **Haftung der Beamten.**

Ob und inwieweit öffentliche Beamte ihrem Arbeitgeber oder Dritten zivilrechtlich verantwortlich sind, bestimmt sich nach den Grundsätzen des bürgerlichen Rechts. Doch kennen manche

Rechte (Art. 179—181 des bayerischen Beamtengesetzes, §§ 134—148 des Reichsbeamtengesetzes, Art. 82, 83 GO.) ein vorläufiges Verwaltungsverfahren über die Haftpflicht eines Beamten gegenüber dem Staat, Gemeinde usw. wegen Verletzungen der Amtspflicht. Gegenüber der Entscheidung der Verwaltungsbehörde muß dem Beamten der Rechtsweg vor den ordentlichen Gerichten offen stehen (vgl. Art. 131 Abs. I Satz 3 RV.).

Verletzt ein Beamter in Ausübung der ihm anvertrauten öffentlichen Gewalt die ihm einem Dritten gegenüber obliegende Amtspflicht, so haftet dem Dritten gegenüber nicht der Beamte, sondern der Staat (Gemeinde usw.), der seinerseits einen Rückgriff gegen den Beamten hat (Art. 131 Abs. I Satz 1, 2 RV.).

Nach Art. 7 Abs. II—IV VGG. in der Fassung des Gesetzes vom 7. März 1924 hat in einigen (gegenüber dem vor 1924 geltenden Rechtszustand wesentlich eingeschränkten) Fällen der Verwaltungsgerichtshof eine Vorentscheidung darüber zu treffen, ob ein Beamter sich einer Ueberschreitung seiner Amtsbefugnisse oder der Unterlassung einer ihm obliegenden Amtshandlung schuldig gemacht hat.

II. Die Verwaltungstätigkeit in bezug auf das wirtschaftliche Leben.

14. Baupolizei, Wohnungspolizei, Heimatschutz, Denkmalspflege.

A. Baupolizei.

I. Begriff.

Aufgabe der Baupolizei ist es, darüber zu wachen, daß bei der Errichtung von Gebäuden die erforderliche Rücksicht auf Sicherheit, Gesundheit, Reinlichkeit, Verkehr und Aesthetik genommen wird.

II. Rechtsquelle.

Bayer. Bauordnung vom 17. Februar 1901 (auch „allgemeine Bauordnung" genannt) mit mehrfachen Aenderungen, Art. 101, 103—105 PolStGB., §§ 367 Ziff. 13—15, 368 Ziff. 3, 4 StGB.

Für München gelten besondere Vorschriften (s. unter XIII).

III. Gegenstand der Baupolizei.

Der Baupolizei unterliegen Hochbauten, die mit der Erde in so enger Verbindung stehen, daß sie mit dem Grundstück zusammen eine unbewegliche Sache darstellen. Hieher gehören also nicht Wohnwagen, Litfaßsäulen. Brücken über Flüssen und Bächen unterliegen nicht der bau-, sondern der wasserpolizeilichen Genehmigung.

Durch ortspolizeiliche Vorschrift kann die Baupolizei auf Brunnenschächte, Keller, Haus- und Straßenkanäle, Zäune usw. erstreckt werden („bauliche Anlagen"; § 8 der Bauordnung).

IV. **Voraussetzung der Bauführung.**

1. Die Aufführung von Gebäuden und baulichen Anlagen, die Vornahme einer Hauptreparatur oder Hauptänderung (s. unten VI) setzt das Vorhandensein einer Baulinie bezw. die Einhaltung der bestehenden Baulinie voraus, wenn nicht hievon ausnahmsweise dispensiert wird.
2. Baulinie ist die im Gelände festgesetzte Linie, die die Stellung der Gebäude oder baulichen Anlagen bestimmt. Man unterscheidet (Ministerialentschließung vom 3. August 1910, Vollzug der Bauordnungen betr.):

   Straßenbegrenzungslinien (grün anzulegen), die die erforderliche Straßenbreite bestimmen; eine Art derselben sind die Vorgartenlinien (grün anzulegen), die im Zusammenhang mit einer dahinter liegenden Gebäudefluchtlinie gedacht sind;

   Gebäudefluchtlinien (rot anzulegen) sind die Linien, an die die vordere Gebäudefront gestellt werden muß; sie dürfen nicht überschritten und hinter sie darf nicht zurückgeblieben werden;

   vordere (blau anzulegen), seitliche und rückwärtige (violett anzulegen) Bebauungsgrenzen sind die Linien, an die die Gebäude gestellt oder hinter denen sie in beliebigem Abstand errichtet werden dürfen.

   Generalbaulinienplan ist ein im einzelnen noch unverbindlicher Baulinienplan, der für neuentstehende Ortsteile in großen Zügen den künftigen Verlauf der Straßen, die Lage der Plätze, die Art der Bebauung und die von der Bebauung freizuhaltenden Flächen (Grünflächen) erkennen läßt.
3. Während die Baulinie die Errichtung der Gebäude horizontal bestimmt, kann deren Niveau durch Festsetzung der Höhenlage beeinflußt werden, wenn hiefür ein Bedürfnis besteht.

V. **Bauweise.**

Man unterscheidet offene und geschlossene Bauweise.

Offene Bauweise liegt vor, wenn zwischen zwei Gebäuden oder Gebäudegruppen ein von der Bebauung freizuhaltender

Zwischenraum besteht; geschlossen ist die Bauweise dann, wenn die Nachbargebäude unmittelbar aneinander gebaut sind.

Die Bauweise wird auch beeinflußt durch Bestimmungen über die Höhe der Gebäude, den Gebäudeabstand, über die von der Bebauung freizuhaltenden Hofräume und dergleichen.

Bestimmungen über die Bauweise können nach Art. 101 Abs. II, III PolStGB. durch V., ober-, bezirks- oder ortspolizeiliche Vorschriften getroffen oder aus Anlaß der Baulinienfestsetzung erlassen werden.

VI. Baupolizeiliche Genehmigung.

Baupolizeiliche Genehmigung ist erforderlich für die Herstellung von neuen Haupt- und Nebengebäuden und zur Vornahme von Hauptreparaturen und Hauptänderungen (§ 6 der Bauordnung). Was unter Hauptreparatur und Hauptänderung zu verstehen ist, wird vom Gesetz genau definiert (§ 7 der Bauordnung). Der baupolizeilichen Genehmigung unterliegen nicht Bauwerke von geringerer Bedeutung.

Wegen der Erstreckung der baupolizeilichen Genehmigung auf „bauliche Anlagen" s. oben III.

Nicht genehmigungspflichtig sind Bauten des Staats und Kreises, der Reichsbahn, der Reichspost.

Durch ortspolizeiliche Vorschrift können bestimmte bauliche Maßnahmen der Anzeigepflicht unterworfen werden (§ 8 der Bauordnung).

VII. Bauführung.

Die Bauordnung enthält (§§ 12—57) eingehende Vorschriften über die Bauführung im Interesse der Feuersicherheit, der Standfestigkeit, Gesundheit, Reinlichkeit und Aesthetik, insbesondere über Baumaterial, Fundierung und Stärke der Mauern, Feuerstätten und Kamine, Höhe der Gebäude, Höhe der Fenster der Wohn- und Arbeitsräume, Dachungen, Kellerwohnungen, Dachwohnungen, Bauten mit und ohne Feuerstätten, Winkel, Hofräume, Rückgebäude usw.

VIII. Herstellung der Straßen.

Rücksichten des Verkehrs erfordern es, daß — von Ausnahmen abgesehen — zu jedem Bauwerk eine öffentliche Zufahrt besteht. Deren Herstellung ist Sache desjenigen, der bauen will. Nach § 62 Abs. III der Bauordnung darf die Baupolizeibehörde die Genehmigung zu einer Bauführung an neuen Bauanlagen erst geben, wenn die Herstellung des Straßenkörpers für den entsprechenden Teil der Straße und für die Verbindung mit einer bereits bestehenden Straße gesichert ist. Zur Herstellung gehört die Abtretung des Straßengrunds an die Gemeinde und die Herstellung des Straßenkörpers. Die hierüber zu treffende Vereinbarung zwischen der Gemeinde und dem Bauwerber ist ein öffentlichrechtlicher Vertrag.

Auch dann, wenn nicht gebaut wird, kann eine Gemeinde mit mehr als 5000 Einwohnern die Abtretung von Grund und Boden zu Ortsstraßen und öffentlichen Plätzen auf dem Wege der Zwangsenteignung (Art. I des Gesetzes vom 17. November 1837 mit Novelle vom 9. Mai 1918) erreichen. Eine Entschädigung braucht sie hiefür nicht zu leisten, wenn Baulinien und Bauweise bereits festgesetzt sind und die Abtretungsfläche ein gewisses Maß nicht übersteigt.

IX. **Baupolizeiliches Verfahren** (§§ 58—79 der Bauordnung).

1. Zuständigkeit (vgl. die Besonderheiten für München unter XIII).

Zuständig zur Festsetzung von Baulinien ist
- bei kreisunmittelbaren Städten die Regierung, Kammer des Innern, in erster, das Staatsministerium des Innern in zweiter Instanz,
- bei den übrigen Gemeinden das Bezirksamt in erster, die Regierung, Kammer des Innern, in zweiter Instanz.

Zuständig zur Erteilung der baupolizeilichen Genehmigung ist die Bezirksverwaltungsbehörde in erster, die Regierung, Kammer des Innern, in zweiter Instanz.

2. Verfahren.

Das Verfahren ist ein reines Verwaltungsverfahren, der Verwaltungsrechtsweg ist nicht eröffnet. Die Baupolizeibehörde hat nicht nur die baupolizeilichen, sondern auch die einschlägigen gewerbe-, feuer-, gesundheits- usw. polizeilichen Vorschriften anzuwenden.

Wer um baupolizeiliche Genehmigung nachsucht, muß Pläne einreichen, die von den beteiligten Nachbarn unterschrieben werden müssen. Erheben die Nachbarn Einspruch gegen das Baugesuch aus privatrechtlichen Gründen, so hat die Baupolizeibehörde einen Einigungsversuch anzustellen; bleibt dieser erfolglos, so ist dem aus privatrechtlichen Gründen Widersprechenden der Rechtsweg vorzubehalten (§ 69 der Bauordnung). Der baupolizeilichen Beurteilung unterliegen nicht Ansprüche, die sich aus den Bauvorschriften des bürgerlichen Rechts (vgl. §§ 903—909, 912—916, 921, 922 BGB., Art. 124 EG. zum BGB., Art. 62—70 AG. zum

BGB.) ergeben; über Rechte und Verbindlichkeiten aus diesen Vorschriften entscheiden die bürgerlichen Gerichte.

Die Regierung kann von einzelnen Bestimmungen der Bauordnung dispensieren, wenn hiedurch weder öffentliche Interessen noch Rechte oder erhebliche Interessen eines Dritten beeinträchtigt werden (§ 65 Abs. II der Bauordnung).

X. Erschließung von Baugelände.

Das Gesetz vom 4. Juli 1923 ermöglicht die Gewinnung des erforderlichen Verkehrsraums und der sonstigen aus Gründen des Gemeinwohls von der Bebauung freizuhaltenden Flächen; es erleichtert die Bebauung durch Beschaffung entsprechender Bauplatzformen und Bauplatzgrößen. Zu diesem Zweck können in einem bestimmten Gebiet (Umlegungsgebiet) die Grundstücke zusammengeworfen und neu eingeteilt werden, unter Umständen auch gegen den Widerspruch der Beteiligten. Ueber den Umlegungsplan und die Einwendungen der Beteiligten entscheidet in erster Instanz die Regierung, Kammer des Innern, im verwaltungsrechtlichen Verfahren, in zweiter Instanz der Verwaltungsgerichtshof.

Zum Zwecke der Erschließung von Baugelände zur Verbesserung der Wohnungsverhältnisse der minderbemittelten Bevölkerung besteht auch ein Zwangsenteignungsrecht nach Art. I Ziff. 17 des Zwangsenteignungsgesetzes vom 17. November 1837/9. Mai 1918.

XI. Bauarbeiterschutz und Zuverlässigkeit im Baugewerbe.

Dem Schutze der Bauarbeiter gegen die Gefahren ihres Berufs dienen die Vorschriften über die Ueberwachung der Bauführung durch geeignete Sachverständige und deren Gehilfen (§ 66 der Bauordnung). Dasselbe gilt von den Bestimmungen der GewO. (§§ 120a—e, 137) und einer Reihe oberpolizeilicher Vorschriften.

Nach §§ 35 Abs. V, 35a, 53a GewO. und § 72 Abs. III der Bauordnung kann der Betrieb des Gewerbes eines Bauunternehmers oder die Bauführung einzelner Bauarbeiten solchen Personen untersagt werden, die hiefür nicht die erforderliche Zuverlässigkeit besitzen.

XII. Bauhandwerkerschutz.

Das Reichsgesetz über die Sicherung der Bauforderungen vom 1. Juni 1909 enthält Vorschriften über die Verwendung der Baugelder, die Führung von Baubüchern und über die Anbringung eines Anschlags bei

Neubauten mit Angabe des Bauherrn und des Bauunternehmers. Der 2. Abschnitt dieses Gesetzes, der die dingliche Sicherung der Bauforderungen zum Gegenstand hat und nicht kraft Reichsgesetzes, sondern erst nach Einführung durch V. des Landes gilt, ist in keiner bayerischen Gemeinde in Kraft gesetzt worden.

XIII. **Sonderbestimmungen für München.**

Für München gilt nicht die oben II erwähnte Bauordnung vom 17. Februar 1901, sondern die Münchener Bauordnung vom 29. Juli 1895 mit mehrfachen Aenderungen (sie ist gleich der allgemeinen Bauordnung eine Königl. V.) und die in Form einer ortspolizeilichen Vorschrift erlassene Staffelbauordnung vom 20. April 1904 mit mehrfachen Aenderungen.

Zuständig zur Erteilung baupolizeilicher Genehmigungen ist in München die Lokalbaukommission, eine dem Stadtrat München gleichgeordnete, selbständige städtische Behörde, deren Organisation auf einem Allerh. Reskript vom 30. März 1852 beruht. Ihre Beamten sind städtische Beamte, ihr Personal- und Sachbedarf ist von der Stadtgemeinde zu bestreiten.

XIV. **Baupolizeiliches Strafrecht.**

Von den oben II erwähnten Bestimmungen ist besonders zu erwähnen die Vorschrift des Art. 105 PolStGB., wonach bei Uebertretung baupolizeilicher Vorschriften der Richter im Strafurteil auszusprechen hat, daß die Polizeibehörde berechtigt ist, die Beseitigung des ordnungswidrigen Zustandes anzuordnen.

B. Wohnungspolizei.

I. **Begriff.**

Während die Baupolizei sich mit der Erstellung einwandfreier Wohnungen befaßt, beschäftigt sich die Wohnungspolizei mit der Behebung von Mängeln in bestehenden Wohnungen und mit der Benützung der Wohnungen.

II. **Rechtsquelle.**

Art. 72 Abs. II, III PolStGB., V. vom 10. Februar 1901, die Wohnungsaufsicht betreffend.

III. **Zuständigkeit.**

Die Wohnungspolizei wird ausgeübt durch die Wohnungsaufsicht, deren Handhabung der Ortspolizei obliegt. Die Gemeindeverwaltung kann zur Durchführung der Wohnungsaufsicht eigene Wohnungskommissionen bilden und zu dem gleichen Zweck besondere Beamte (Wohnungsämter) bestellen (§§ 2—4 der V.).

IV. **Umfang und Inhalt.**

Der Wohnungspolizei unterliegen alle Gebäude, die zum Aufenthalt von Menschen als Wohn-, Schlaf- oder Arbeitsräume dienen, nebst den dazugehörigen Küchen, Aborten, Gängen, Kellern usw.

Die mit der Ausübung der Wohnungspolizei betrauten Organe haben das Recht, die der Aufsicht unterstehenden Räume zu betreten. Die Abstellung der vorgefundenen Mißstände ist Sache der Ortspolizeibehörde (§§ 7, 8 der V.); auch kann die Räumung vorschriftswidriger Wohnungen erzwungen werden (Art. 73 Abs. III PolStGB.).

Die als Wohn-, Schlaf- und Arbeitsräume benützten Räume müssen genügend Licht und Luft besitzen und in einem gesundheitlich einwandfreien Zustand sein. Neuhergestellte Wohnungen dürfen ohne polizeiliche Genehmigung nicht bezogen werden (§§ 9—11 der V.). Besondere Vorschriften dienen zur Verhütung von Mißständen, die mit dem Schlafgängerwesen verknüpft zu sein pflegen (Schlafgänger sind Personen, die von einer fremden Familie aufgenommen werden, ohne daß ihnen ein eigener Raum zum Wohnen und Schlafen zur Verfügung gestellt wird).

Weitergehende Anordnungen können durch ober- und ortspolizeiliche Vorschriften getroffen werden.

C. Heimatschutz.

Art. 101 Abs. III PolStGB. sieht vor, daß im Interesse der Verschönerung baupolizeiliche Vorschriften durch V., ober- und ortspolizeiliche Vorschriften getroffen werden können. Auf Grund solcher Vorschriften können im baupolizeilichen Verfahren Anordnungen ergehen, die im Interesse des Heimatschutzes und der heimischen Bauweise über die Bestimmungen der Bauordnung hinausgehen; auch können Naturschutzdenkmäler (alte Bäume und dergleichen) gegen die Anlage von Bauten in allzugroßer Nähe geschützt werden.

Art. 22b Abs. II PolStGB. ermöglicht die Erlassung von Polizeivorschriften zum Schutz des Orts- und Landschaftsbildes gegen verunstaltende Reklame (einschließlich der Lichtreklame). Demgemäß kann die Anbringung von Reklameeinrichtungen an Gebäuden der baupolizeilichen Genehmigung unterworfen werden.

Nach Art. 61 Abs. I Ziff. 5 GO. bedürfen Gemeinden der Genehmigung der Staatsaufsichtsbehörde zur Veräußerung oder wesentlichen Aenderung solcher Gebäude und sonstiger unbeweglicher und beweglicher Gegenstände aus alter Zeit, deren Erhaltung wegen ihres geschichtlichen, wissenschaftlichen oder Altertumswertes für die Allgemeinheit von Bedeutung ist, ferner zur Veräußerung oder wesentlichen Veränderung von schutzwürdigen Naturgebilden und zu allen Maßnahmen am Gemeindeeigentum, die ein schutzwürdiges Orts- und Landschaftsbild wesentlich verändern.

Im gleichen Sinn bewegt sich die Reichsverordnung vom 8. Mai 1920, deren § 1 bestimmt, daß Körperschaften, Anstalten und Stiftungen des öffentlichen Rechts bewegliche Gegenstände von geschichtlichem, wissenschaftlichem oder künstlerischem Wert nur mit staatlicher Genehmigung veräußern, verpfänden, wesentlich verändern oder aus dem Reichsgebiet ausführen dürfen. Der Geltungsbereich dieser Bestimmung kann auf Private, Vereine und auf Sammlungen und Bücher im Eigentum von Privatpersonen erstreckt werden. Eine bayerische Ausführungsbestimmung zu dieser Reichsverordnung ist am 14. September 1921 ergangen.

Die Ausfuhr von Kunstwerken aus dem Inland in das Ausland ist durch die Reichsverordnung vom 11. Dezember 1919, deren Gültigkeit durch Gesetz vom 21. Dezember 1927 bis 31. Dezember 1929 verlängert wurde, der Genehmigung des Reichsministers des Innern unterworfen, wenn das Kunstwerk in das Verzeichnis der Werke eingetragen ist, deren Verbringung in das Ausland einen wesentlichen Verlust für den nationalen Kunstbesitz bedeuten würde.

Endlich können zum Schutz einheimischer Tier- und Pflanzenarten gegen Ausrottung nach Art. 22 b Abs. II Pol.-StGB. Polizeivorschriften erlassen werden. Solche Vorschriften sind ergangen hinsichtlich einer Reihe von Tieren (Steinadler) und Pflanzen (Edelweiß, Alpenveilchen).

D. Denkmalspflege.

Nach Art. 101 Abs. III PolStGB. und der bayerischen V. vom 27. März 1919 unterliegt der Errichtung, Wiederherstellung, Instandsetzung, Aenderung und Beseitigung von Denkmälern auf oder an öffentlichen Plätzen, Straßen und Wegen der baupolizeilichen Genehmigung. Dasselbe gilt für Denkmäler auf Friedhöfen (ausgenommen Denkmäler für Einzelgräber und Familiengrabstätten) und für solche Denkmäler, die zwar nicht auf oder an öffentlichen Straßen, Wegen und Plätzen errichtet sind oder errichtet werden, aber von dort gesehen werden können und die das landschaftliche oder Ortsbild beeinflussen.

Zur Erteilung der Genehmigung ist zwar wie sonst bei baupolizeilichen Genehmigungen die Bezirkspolizeibehörde zuständig. Diese hat jedoch vor der Verbescheidung die Weisungen des Staatsministeriums für Unterricht und Kultus oder (bei mittelbaren Gemeinden) das Gutachten des staatlichen Landbauamtes einzuholen (Ministerialbekanntmachung vom 31. Juli 1920, Errichtung von Denkmälern betr.; Staatsanz. Nr. 183).

15. Wohnungs- und Siedlungswesen.

A. Die Förderung des Wohnungsbaues und der Ansiedlung.

I. Förderung des Wohnungsbaues vor dem Krieg.

Zu erwähnen ist Art. 2 Abs. III und Art. 14—22 des bayerischen Gesetzes vom 21. April 1884/31. März 1908, betreffend die Landeskulturrentenanstalt. Hienach gewährte die Landeskulturrentenanstalt (über diese s. Abschnitt 23 VIII 3 des Grundrisses) hypothekarisch zu sichernde niedrig verzinsliche Darlehen zur Herstellung von Kleinwohnungsbauten für die minderbemittelte Bevölkerung. Die Darlehen wurden nur an Gemeinden gegeben, die die Darlehen an den Bauherrn weitergaben; seit der Novelle zu dem genannten Gesetz vom 31. Dezember 1923 können die Landeskulturrentendarlehen auch unmittelbar an öffentliche Körperschaften und Baugenossenschaften gegeben werden.

II. Förderung des Wohnungsbaues nach dem Krieg.

Art. 10 Ziff. 4 RV. bestimmt, daß das Reich im Wege der Gesetzgebung Grundsätze für das Bodenrecht, die Bodenverteilung, das Ansiedlungs- und Heimstättenwesen, die Bindung des Grundbesitzes, das Wohnungswesen und die Bevölkerungsverteilung aufstellen kann.

Art. 155 RV. bringt eine Reihe programmatischer Grundsätze über das Bodenrecht, das Wohnungs- und Siedlungswesen.

An gesetzgeberischen Maßnahmen des Reichs und Bayerns zur Förderung des Wohnungs- und Siedlungswesens sind (abgesehen von dem oben I erwähnten Landeskulturrentengesetz) zu nennen:

1. Bayerisches Zwangsabtretungsgesetz vom 17. November 1837.

Eine Novelle vom 9. Mai 1918 fügte in Art. I des Gesetzes als weitere Enteignungsfälle (Ziff. 17 und 18) die Erschließung von Baugelände zur Verbesserung der Wohnungsverhältnisse der minderbemittelten oder dem Mittelstand angehörigen Bevölkerung und die Bereitstellung von Grundbesitz zur Ansiedlung von Kriegsbeschädigten und Hinterbliebenen von Kriegsteilnehmern. Eine Ergänzung ist das bayerische Gesetz vom 28. März 1919, die Zwangsenteignung für Ansiedlung betreffend.

2. Verordnung über das Erbbaurecht vom 15. Januar 1919.

Die Reichsverordnung über das Erbbaurecht vom 15. Januar 1919 unterwirft das Erbbaurecht unter Aufhebung der §§ 1012—1017 BGB. einer neuzeitlichen Regelung.

3. Verordnung zur Behebung der dringendsten Wohnungsnot vom 15. Januar 1919/19. Dezember 1919.

Die genannte Verordnung verpflichtet die Länder zur Aufstellung von Bezirkswohnungskommissaren für die Bezirke, in denen ein dringendes Wohnungsbedürfnis besteht. Dieser Kommissar kann in vereinfachtem Verfahren die Zwangsenteignung und Zwangspachtung von Baugelände aussprechen.

4. Das Reichssiedlungsgesetz vom 11. August 1919 mit mehrfachen Aenderungen.

Es dient der Durchführung landwirtschaftlicher Siedlungen.

a) Die Länder sind verpflichtet, gemeinnützige Siedlungsunternehmungen zur Schaffung neuer Ansiedlungen zu begründen. Dies ist in Bayern geschehen durch Schaffung der „Bayerischen Landessiedlung" (Min.-Bek. vom 5. September 1919).

b) Das gemeinnützige Siedlungsunternehmen kann unbewirtschaftetes Moorland und Oedland für Besiedlungszwecke im Enteignungsweg in Anspruch nehmen. Die bayerische Landessiedlung kann auch Antrag auf Enteignung von Grundstücken nach Maßgabe des (oben 1 erwähnten) Gesetzes vom 28. März 1919 stellen (§ 2 der Min.Bek. vom 5. September 1919).

c) Nach § 4 des Reichssiedlungsgesetzes und § 3 der Min.-Bek. vom 5. September 1919 (in der Fassung der Min.-Bek. vom 16. März 1925) steht der bayerischen Landessiedlung (Bayerische Siedlungs- und Landbank) ein Vorkaufsrecht auf alle landwirtschaftlichen Grundstücke im Umfang von mehr als 3 Hektar zu, ferner nach § 20 des Reichssiedlungsgesetzes ein Wiederkaufsrecht für die von ihr begründeten Ansiedlerstellen, wenn der Ansiedler sie veräußert, nicht dauernd bewohnt oder bewirtschaftet.

d) Eine Ergänzung des Reichssiedlungsgesetzes ist das Reichsgesetz vom 7. Juni 1923, das der Ansiedlung der infolge Abtretung deutschen Gebiets verdrängten Ansiedler, Pächter und Gutsbeamten dient.

5. Das Reichsheimstättengesetz vom 10. Mai 1920. Dieses Gesetz schafft eine neue Rechtsform dadurch, daß das Reich, die Länder und die Gemeinden Grundstücke, die aus einem Einfamilienhaus mit Nutzgarten bestehen (Wohnheimstätten), oder landwirtschaftliche oder gärtnerische Anwesen, die eine Familie ohne fremde Arbeitskraft bewirtschaften kann (Wirtschaftsheimstätten), als Heimstätten zu Eigentum ausgeben können. Das Eigentum ist gebunden, da für die Teilung der Heimstätten die Zustimmung des Ausgebers erforderlich ist; bei Veräußerung der Heimstätten steht dem Ausgeber ein Vorkaufsrecht zu. Unter Umständen hat der Ausgeber einen Heimfallanspruch. Andererseits ist die Zwangsvollstreckung in eine Heimstätte wegen einer persönlichen Schuld des Heimstätters unzulässig.

Bei der Ausgabe von Heimstätten sind Kriegsteilnehmer, insbesondere Kriegsbeschädigte, ferner Witwen von Kriegsteilnehmern und kinderreiche Familien vorzugsweise zu berücksichtigen.

Die Schaffung von Wohnheimstätten im Sinne des Reichsheimstättengesetzes ist begünstigt durch das Reichsgesetz über die Abtretung von Beamtenbezügen zum Heimstättenbau vom 30. Juni 1927. Hienach können Beamte, Geistliche und Berufssoldaten bis zu zwei Drittel ihres den Betrag von 1560 Mk. im Jahr übersteigenden Diensteinkommens oder Ruhegehalts zur Beschaffung, Verzinsung oder Tilgung von Darlehen abtreten an ein öffentlichrechtliches Kreditinstitut, vorausgesetzt daß das Darlehen auf Wohnheimstätten hypothekarisch gesichert ist.

6. Bayerisches Gesetz über die Erschließung von Baugelände vom 4. Juli 1923.

Vgl. hiezu Abschnitt 14 Ziff. X [S. 105] des Grundrisses.

7. Förderung des Wohnungsbaues durch Hingabe von Darlehen.

Die Länder (und viele Gemeinden) gewähren niedrig verzinsliche Darlehen zur Erbauung von Wohnungen. Die Mittel stehen ihnen hiezu zur Verfügung auf Grund des Reichsgesetzes über den Geldentwertungsausgleich bei bebauten Grundstücken in der Fassung des Gesetzes vom 1. Juni 1926. In Bayern wird außer der Abgabe zum Ausgleich der Geldentwertung noch eine Abgabe zur Förderung des Wohnungsbaues, beide in Form von Zuschlägen zur Haussteuer, erhoben.

B. Die Wohnungszwangswirtschaft.

I. Begriff.

Wohnungszwangswirtschaft ist die aus Gründen des Gemeinwohls erfolgende Einschränkung des Eigentums an Wohnräumen. Sie hat die Aufgabe, das unter den Wirkungen des Kriegs und der Nachkriegszeit eingetretene Mißverhältnis zwischen Angebot und Nachfrage bei Wohnräumen auszugleichen.

II. Geltendes Recht.

Die Wohnungszwangswirtschaft beruht reichsrechtlich auf den nachstehend aufgeführten drei Gesetzen; daneben haben die Länder auf Grund von Ermächtigungen des Reichsrechts besondere Bestimmungen getroffen, auf die im einzelnen nicht eingegangen werden kann.

1. Reichsmietengesetz vom 24. März 1922 in der Fassung der Bekanntmachung vom 17. Februar 1928.

   Das Reichsmietengesetz beschränkt die Vertragsfreiheit hinsichtlich der Höhe des Mietpreises. Mieter und Vermieter können verlangen, daß für die Bemessung des Mietpreises die gesetzliche Miete, d. i. die am 1. Juli 1914 vereinbarte Miete, maßgebend sein soll. Besteht Streit über die Höhe der gesetzlichen Miete, so wird diese durch das Mieteinigungsamt (s. unten 2) festgesetzt.

2. Mieterschutzgesetz vom 1. Juni 1923 in der Fassung der Bekanntmachung vom 17. Februar 1928.

   Das Mieterschutzgesetz beschränkt die Vertragsfreiheit hinsichtlich der Aufhebung des Mietverhältnisses durch Kündigung des Vermieters. Der Vermieter kann nur aus bestimmten Gründen auf Aufhebung des Mietverhältnisses klagen. Ueber die Klage entscheidet das Amtsgericht unter Zuziehung von Beisitzern.

   Das Gesetz enthält ferner Vorschriften über die Errichtung und die Zusammensetzung der Mieteinigungsämter; das Verfahren vor den Mieteinigungsämtern ist durch die Anordnung der Reichsregierung vom 19. September 1923 geregelt.

3. Wohnungsmangelgesetz vom 26. Juli 1923 (mit mehrfachen Aenderungen).

Das Wohnungsmangelgesetz beschränkt die Verfügungsgewalt des Hauseigentümers über leerstehende oder freiwerdende Wohnräume zugunsten der Gemeindebehörde (Wohnungsämter). Gegen die Anordnungen der Gemeindebehörde ist Beschwerde zulässig. Ueber diese entscheidet eine Beschwerdestelle (§ 34 der bayerischen Wohnungsmangelverordnung vom 29. März 1928).

16. Feuerpolizei und Löschwesen.

A. Feuerpolizei.

Die Feuerpolizei hat die Aufgabe, das Entstehen von Brandschäden zu verhüten.

I. Feuerbeschau.

Rechtsquelle: V. vom 17. Juni 1898, die Feuerbeschau betreffend.

Die Feuerbeschau ist Gegenstand der Ortspolizei, jede Gemeinde bildet einen Feuerbeschaubezirk. Für jeden Feuerbeschaubezirk wird eine Feuerbeschaukommission gebildet, die aus einem Vertreter der Ortspolizeibehörde und einem von der Gemeinde aufgestellten Feuerbeschauer besteht. Nach Bedarf kann ein Kaminkehrer beigezogen werden; die Ortsfeuerwehr ist berechtigt, einen Vertreter abzuordnen.

Die Feuerbeschaukommission muß mindestens alle zwei Jahre einmal zusammentreten und zwar während der Heizperiode.

Die Feuerbeschaukommission hat die Anwesensbesitzer auf die vorgefundenen Mängel aufmerksam zu machen. Spätestens einen Monat nach der Feuerbeschau ist eine Nachbeschau vorzunehmen, damit geprüft wird, ob die vorgefundenen Mängel in der Zwischenzeit abgestellt wurden.

Die Bezirksverwaltungsbehörde hat die zur Beseitigung der noch vorhandenen Mängel erforderlichen Verfügungen zu treffen.

II. Vorschriften zum Schutz gegen feuergefährliche Gegenstände.

1. Sprengstoffe.

Rechtsquelle: Reichsgesetz gegen den verbrecherischen und gemeingefährlichen Gebrauch von Sprengstoffen vom 9. Juni 1884 (Sprengstoffgesetz).

Hienach ist die Herstellung, der Vertrieb, der Besitz von Sprengstoffen und deren Einführung aus dem Ausland nur mit besonderer polizeilicher Genehmigung zulässig. Die Uebertretung der Vorschriften ist mit teilweise sehr hohen Strafen (Zuchthaus) bedroht.

2. Schießpulver.

Die Errichtung von Schießpulverfabriken, Anlagen zur Feuerwerkerei und zur Bereitung von Zündstoffen aller Art unterliegt nach § 16 GewO. der gewerbepolizeilichen Genehmigung.

3. Leicht entzündliche flüssige Stoffe u. dgl.

Petroleum, Benzin, Benzol usw. unterliegen hinsichtlich der Fabrikation, Lagerung, des Transportes und des Feilhaltens besonderen Bestimmungen. Dasselbe gilt für Calciumcarbid, Ammonsalpeter, Zelluloid und Zündhölzer.

III. Vorschriften zum Schutz gegen feuergefährliche Anlagen.

Allgemeine Vorschriften sind enthalten in den Bauordnungen (vgl. Abschnitt 14 des Grundrisses [S. 101]) und hinsichtlich der unter § 16 GewO. fallenden Anlagen) in § 18 GewO. Besonderer Regelung unterliegen Dampfkessel (die Prüfung der Dampfkessel kann Vereinen [„Revisionsvereinen"] übertragen werden), Luftgasanlagen, Sauggaskraftanlagen, Einstellräume für Kraftfahrzeuge und Lichtspieltheater.

IV. Vorschriften zum Schutz gegen feuergefährliche Handlungen.

Derartige Vorschriften sind in mehreren Bestimmungen des StGB. (§ 368 Ziff. 3—8, § 369 Ziff. 3) enthalten. Demnach ist beispielsweise verboten die Anlegung oder Verlegung von Feuerstätten ohne polizeiliche Erlaubnis, das Betreten von Scheunen, Ställen mit unverwahrtem Licht usw. Nach Art. 45 und 90 des bayer. Forstgesetzes vom 28. März 1852 ist das Feuermachen im Wald und in der Nähe desselben nur unter den nötigen Vorsichtsmaßnahmen gestattet.

Zu erwähnen ist auch noch die Verordnung vom 29. August 1927, wonach in Theatern die Leitung des technischen Bühnenbetriebs nur solchen Personen anvertraut werden darf, die hiezu die erforderliche Eignung besitzen.

V. Blitzableiter.

Eine Verpflichtung zur Aufstellung von Blitzableitern besteht im allgemeinen nicht; doch kann durch Polizeivorschriften, insbesondere durch ortspolizeiliche Vorschriften, die Aufstellung von Blitzableitern auf Gebäuden mit besonderer Feuersgefahr (Theater, Krankenhäuser, Warenhäuser, Schulen, Kirchen) vorgeschrieben werden.

VI. Kaminkehrer.

Durch § 39 GewO. ist die Einrichtung von Kehrbezirken für Schornsteinfeger der Landesgesetzgebung überlassen worden. Demgemäß gilt Art. 15 des bayerischen Gewerbegesetzes vom 30. Januar 1868, wonach die Verhältnisse der Kaminkehrer der V. vorbehalten werden. Die gegenwärtig geltende V. ist vom 26. März 1903 (mit mehrfachen Aenderungen).

Die Reinigung der Kamine ist das ausschließliche Recht der amtlich aufgestellten Kaminkehrer.

Die Bezirksverwaltungsbehörde hat ihren Bezirk in einen oder mehrere Kehrbezirke aufzuteilen, die Kehrtermine zu bestimmen und die Kehrlöhne (§ 77 GewO.) festzusetzen.

Die Besetzung der Kehrbezirke erfolgt durch die Bezirksverwaltungsbehörde, die auch die Tätigkeit der Kaminkehrer zu überwachen hat.

B. Feuerlöschwesen.

1. Die Herstellung und Unterhaltung der erforderlichen Feuerlöschanstalten und Löschgeräte ist eine gesetzliche Aufgabe der Gemeinden (Art. 28 GO.). Den Bezirken obliegt die Beschaffung und Unterhaltung der für den gemeinsamen Gebrauch notwendigen größeren Feuerlöschgeräte (Art. 2 Ziff. 8 der Bezirksordnung). Zu den „Feuerlöschanstalten" gehören auch öffentliche Brunnen und Wasserleitungen, zu den „Löschgeräten" die zweckentsprechende Ausrüstung der Feuerwehrleute, Rettungsvorrichtungen usw.
2. Gemäß § 368 Ziff. 8 StGB. und Art. 2 Ziff. 14 PolStGB. können „Feuerlöschordnungen" durch bezirks- oder ortspolizeiliche Vorschriften erlassen werden. Die Feuerlöschordnungen können auch Bestimmungen über Pflichtfeuerwehren enthalten, durch die die Heranziehung der Einwohner einer Gemeinde zum Feuerwehrdienst geregelt wird.
3. Von größerer Bedeutung als die Pflichtfeuerwehren sind die freiwilligen Feuerwehren, deren Mitglieder sich freiwillig verpflichten, im Falle eines Brandes Hilfe zu leisten. Sie sind zusammengeschlossen im bayerischen Landesfeuerwehrverband.
4. Die Gemeinden können Feuerwehrabgaben nach Art. 43 Abs. II GO. und Art. 2 VG. zum Finanzausgleichsgesetz erheben.

5. Nach Art. 89 des bayerischen Brandversicherungsgesetzes vom 3. April 1875 hat die staatliche Brandversicherungsanstalt von den eingehenden Beiträgen bestimmte Teile der Staatsregierung für Zwecke des Feuerlöschwesens einschließlich der Wasserversorgung zur Verfügung zu stellen.

17. Jagdrecht, Fischereirecht, Vogelschutz.

A. Jagdrecht.

I. **Begriff.** **Jagdrecht** ist das ausschließliche Recht auf Aneignung gewisser Tiere (jagdbarer Tiere).

II. **Geschichtliches.**

Bis zum Jahre 1848 war das Jadrecht ein Hoheitsrecht des Landesherrn (Regal), unter Umständen besaßen auch die Guts- und Standesherren das Jagdrecht. Dem Grundeigentümer als solchen stand jedoch das Jagdrecht nicht zu.

Durch Gesetz vom 4. Juni 1848 wurde das Jagdrecht auf fremdem Grund und Boden aufgehoben und das Jagdrecht als Ausfluß des Eigentums an Grund und Boden anerkannt.

III. **Geltendes Recht.**

Rechtsquelle: Bayer. Gesetz vom 30. März 1850, die Ausübung der Jagd betreffend (mit mehrfachen Aenderungen).

1. Grundsatz.
   Das Jagdrecht steht grundsätzlich dem Grundeigentümer zu (Art. 1 des Jagdgesetzes); die Begründung des Jagdrechts an fremdem Grund und Boden in Form einer Dienstbarkeit ist unzulässig.
2. Umfang des Jagdrechts.
   Dem Jagdrecht unterliegen die wilden Säugetiere und Vögel, deren Fleisch, Pelzwerk oder Gefieder verwertet zu werden pflegt oder die als Raubtiere diesem Wild nachstellen (Art. 1a). Sie sind aufgezählt in der Verordnung vom 11. Juli 1900 (mit mehrfachen Aenderungen). Das Jagdrecht erstreckt sich auch auf die verendeten Tiere und auf die Eier des Federwildes.
3. Ausübung des Jagdrechts.
   a) Durch den Grundeigentümer selbst (Eigenjagd, Art. 2): dies ist nur zulässig
      α) bei eingefriedeten Hofräumen und Hausgärten,
      β) bei sonstigen mit einer Mauer, Hecke oder Zaun dicht abgeschlossenen Grundstücken,
      γ) auf einem zusammenhängenden Grundbesitz von mindestens 240 Tagwerken im Flachland und 400 Tagwerken im Hochgebirge,

δ) auf See- und Fischteichen von mindestens 50 Tagwerken.

Der Grundeigentümer kann die Jagd selbst ausüben oder sein Recht an andere übertragen (z. B. durch Verpachtung), auch kann er Inhaber von Jagdkarten oder Jagdscheinen mit auf die Jagd nehmen.

b) In allen übrigen Fällen übt die Gemeinde namens der Grundeigentümer das Jagdrecht durch Verpachtung aus (Art. 4); ausnahmsweise kann die Gemeinde die Jagd in Selbstverwaltung durch höchstens drei jagdkartenfähige Gemeindeangehörige ausüben lassen (Art. 11).

Die Verpachtung soll in der Regel auf dem Wege der öffentlichen Versteigerung erfolgen, doch ist auch die Verpachtung ohne Versteigerung durch Vertrag zulässig (Art. 7). Für einen Jagdbezirk dürfen nicht mehr als drei Pächter zugelassen werden. Die Pächter dürfen die Jagd selbst ausüben oder Jäger aufstellen oder Inhaber von Jagdkarten oder Jagdscheinen mit auf die Jagd nehmen.

Der Pachtschilling ist an die Gemeindekasse einzubezahlen und von der Gemeinde den beteiligten Grundbesitzern nach dem Verhältnis ihres Grundbesitzes auszubezahlen oder auf die von den Grundbesitzern an die Gemeinde geschuldeten Leistungen zu verrechnen (Art. 8).

Verträge über die Verpachtung der Jagd bedürfen der Schriftform und sind stempelpflichtig.

4. Streitigkeiten.

Streitigkeiten darüber, ob einem Grundbesitzer die Eigenjagd zusteht (s. oben 3a) oder ob die Gemeinde das Jagdrecht auszuüben hat (s. oben 3b), sind Verwaltungsrechtssachen (Art. 8 Ziff. 17 VGG.). Dies gilt auch für Streitigkeiten über die Verpflichtung der Gemeinde zur Ausbezahlung oder Verrechnung des Pachtschillings an die beteiligten Grundbesitzer. Zuständig zur Entscheidung ist im ersten Rechtszug die Bezirksverwaltungsbehörde, in zweiter Instanz der Verwaltungsgerichtshof.

5. Jagdkarten, Jagdscheine.

Jeder, der die Jagd ausüben will, gleichviel ob als Eigenjagdbesitzer, Pächter, Jagdgast oder als angestellter Jäger, muß im Besitz einer Jagdkarte oder eines Jagdscheines sein (Art. 14). Die Jagdkarten werden für das Kalenderjahr, die Jagdscheine für höchstens 4 Wochen ausgestellt.

Jagdkarten und Jagdscheine werden von der Bezirksverwaltungsbehörde ausgestellt. Sie müssen verweigert werden Geisteskranken, wegen Geisteskrankheit oder Geistesschwäche Entmündigten usw.; sie können verweigert werden Minderjährigen, Personen, die wegen gewisser Straftaten verurteilt wurden usw. (Art. 18, 19).

Streitigkeiten wegen Verweigerung oder Entziehung einer Jagdkarte oder eines Jagdscheines sind Verwaltungsrechtssachen (Art. 8 Ziff. 18 VGG.). In zweiter und letzter Instanz entscheidet die Regierung, Kammer des Innern (Art. 9a Abs. II Ziff. 3 VGG.).

Jagdkarten und Jagdscheine sind stempelpflichtig.

6. Polizeivorschriften.

Bei Ausübung der Jagd sind die einschlägigen feld-, forst-, jagd- und sicherheitspolizeilichen Vorschriften zu beachten (Art. 13). In Betracht kommen insbesondere die Vorschriften der Verordnung über die Ausübung und Behandlung der Jagd und den Verkehr mit Wildbret vom 6. Juni 1909, in der auch Bestimmungen über die Schonzeiten enthalten sind.

7. Strafrecht.

Das Jagdrecht genießt strafrechtlichen Schutz gegen unberechtigte Eingriffe Dritter. Zu erwähnen sind §§ 292 bis 295 und § 368 Ziff. 10 und 11 StGB.

8. Wildschäden.

a) Wenn durch Schwarz-, Rot-, Elch, Dam- oder Rehwild oder durch Fasanen ein Grundstück beschädigt wird, in welchem dem Eigentümer das Jagdrecht nicht zusteht, so ist der Jagdberechtigte verpflichtet, dem Verletzten den Schaden zu ersetzen (§ 815 BGB.).

b) Nach Art. 71 Ziff. 1 EG. zum BGB. und Art. 2 des Bayer. Gesetzes, den Ersatz des Wildschadens betreffend, vom 15. Juni 1850/9. Juni 1899 erstreckt sich die Ersatzpflicht auch auf den Schaden, der durch andere als die in § 835 BGB. genannten jagdbaren Säugetiere angerichtet wird, insbesondere durch Hasen.

c) Wird das Jagdrecht von der Gemeinde verpachtet oder in Selbstverwaltung ausgeübt (s. oben 3b), so haftet dem Beschädigten die Gemeinde.

d) Ueber den Schadensersatzanspruch entscheiden nach Grund und Höhe die ordentlichen Gerichte.

9. Besonderheiten für die Pfalz.

Das oben erwähnte Jagdgesetz gilt nur für das rechtsrheinische Bayern, nicht aber — abgesehen von einzelnen Bestimmungen — für die Pfalz. Gesetzliche Grundlage für das Jagdrecht in der Pfalz ist noch die Verordnung der bayerisch-österreichischen Landesadministrationskommission vom 21. September 1815, die den Grundsatz aufstellte, daß die Jagd durch Verpachtung auszuüben sei. Das Pachterträgnis fließt in die Gemeindekasse. Eigenjagd ist zulässig bei größerem Grundbesitz und eingefriedeten Grundstücken.

B. Fischereirecht.

I. Begriff.

Fischereirecht ist das ausschließliche Recht auf Aneignung von Fischen, Krebsen und anderen nutzbaren Wassertieren, soweit sie nicht Gegenstand des Jagdrechts sind (Art. 1 des Fischereigesetzes).

II. Geschichtliches.

Bis zum Inkrafttreten des in III genannten Gesetzes war das Fischereirecht durch Partikularrechte geregelt. An öffentlichen Gewässern war das Fischereirecht meist ein Hoheitsrecht des Landesherrn (Regal), an privaten Gewässern stand es entweder den Eigentümern des Gewässers oder den Anliegern zu.

III. Geltendes Recht.

Rechtsquelle: Bayerisches Fischereigesetz vom 15. August 1908.

1. Umfang des Fischereirechts.
   Das Fischereirecht erstreckt sich auf Fische, Krebse und Schildkröten.
2. Das Fischereirecht ist Ausfluß des Eigentums am Gewässer und steht zu (Art. 3)
   a) in öffentlichen Gewässern dem Staat,
   b) in Privatgewässern dem Eigentümer des Gewässers.
3. Selbständige Fischereirechte.
   Der Eigentümer eines Gewässers kann durch Vertrag einem anderen sein Fischereirecht übertragen (selbständiges Fischereirecht). Dieses selbständige Fischereirecht ist frei vererblich und veräußerlich, es wird rechtlich behandelt wie ein Grundstück. Ein Fischereirecht kann auch zugunsten des jeweiligen Eigentümers eines Grundstücks oder zugunsten einer bestimmten Person bestellt werden, nicht aber als Dienstbarkeit (Art. 9—16).
4. Ausübung des Fischereirechts.
   Nicht jeder, dem ein Fischereirecht zusteht, ist berechtigt, dieses Recht auszuüben, er ist hiezu nur dann befugt, wenn sein Recht sich auf einen solchen Umfang des Ge-

wässers erstreckt, daß hiedurch eine ordnungsmäßige und nachhaltige Bewirtschaftung ermöglicht ist. Hiefür wird bei fließenden Gewässern in der Regel eine die ganze Breite des Gewässers umfassende Strecke von zwei Kilometern erfordert (selbständiger Fischereibetrieb Art. 18). Fischereirechte, die diesen Voraussetzungen nicht entsprechen, sollen zu gemeinschaftlichen Fischereibetrieben vereinigt werden (Art. 19).

Der Inhaber eines selbständigen Fischereibetriebes kann sein Fischereirecht selbst oder durch Gehilfen oder Gäste ausüben oder sein Recht verpachten. Bei gemeinschaftlichen Fischereibetrieben darf die Fischerei, wenn mehr als zwei Personen beteiligt sind, nur ausgeübt werden durch besonders aufgestellte Fischer, durch Verpachtung oder durch öffentliche Fischereigenossenschaften (Art. 20).

5. Koppelfischerei.

Koppelfischerei liegt vor, wenn an derselben Gewässerstrecke mehrere Fischereirechte bestehen oder wenn an derselben Gewässerstrecke mehreren Personen ein Fischereirecht zusteht. Für diese aus älteren Rechten stammenden Rechtsverhältnisse trifft das Gesetz eine Sonderregelung. Die Neubegründung von Koppelfischereirechten ist unzulässig (Art. 24—29).

6. Gemeinden und Stiftungen.

Gemeinden und Stiftungen, denen ein Fischereirecht zusteht, können ihr Recht durch besonders aufgestellte Fischer, durch Verpachtung oder durch Ausstellung von Erlaubnisscheinen ausüben. Dagegen dürfen sie den Fischfang nicht freigeben (Art. 30).

7. Fischereipachtverträge.

Fischereipachtverträge sind für mindestens 10 Jahre abzuschließen mit höchstens drei Personen als Pächtern. Der Pachtvertrag bedarf zu seiner Gültigkeit der Schriftform und ist bei der Bezirkspolizeibehörde zu hinterlegen, in deren Bezirk das verpachtete Fischwasser gelegen ist (Art. 31—34). Die Verträge sind stempelpflichtig.

Die Ausstellung von Erlaubnisscheinen durch den Fischereiberechtigten oder den Fischereipächter oder den Vorstand einer Fischereigenossenschaft bedarf der Genehmigung der Bezirksverwaltungsbehörde (Art. 35).

8. Fischerkarte.

Jeder, der Fische oder Krebse fängt, muß im Besitz einer Fischerkarte sein. Die Fischerkarte wird von der Bezirksverwaltungsbehörde ausgestellt. Die Ausstellung kann verweigert werden Personen, die noch nicht 18 Jahre alt sind, Entmündigten, wegen gewisser strafbarer Handlungen Vorbestraften usw. (Art. 64, 66).

Streitigkeiten wegen Verweigerung oder Entziehung der Fischereikarte sind Verwaltungsrechtssachen. In zweiter und letzter Instanz entscheidet die Regierung, Kammer des Innern (Art. 96). Fischerkarten sind stempelpflichtig.

9. Strafrecht.

Die Fischereiberechtigung genießt strafrechtlichen Schutz durch §§ 296 und 370 Ziff. 4 StGB. und durch besondere Strafbestimmungen des Fischereigesetzes.

Die Fischerei selbst ist geschützt durch besondere Vorschriften über Zeit und Art des Fischfangs, die in der Landesfischereiordnung vom 23. März 1909 enthalten sind (daselbst auch Vorschriften über Schonzeiten).

C. Vogelschutz.

Rechtsquelle: Reichsvogelschutzgesetz vom 30. Mai 1908; Bayer. Verordnung zum Schutz der Vögel vom 5. Mai 1913 in der Fassung der V. vom 28. März 1927; oberpolizeiliche Vorschriften vom 4. April 1927.

Das Reichsgesetz verbietet

1. das Zerstören und Ausheben von Nestern, das Zerstören und Ausnehmen von Eiern, das Ausnehmen und Töten der Jungen, den Handel mit Nestern und Eiern,
2. das Fangen von Vögeln, solange der Boden mit Schnee bedeckt ist, ferner das Fangen mittelst Leims und Schlingen usw.;
3. das Fangen und die Erlegung von Vögeln überhaupt in der Zeit vom 1. März bis 1. Oktober.

Ausgenommen von den genannten Schutzbestimmungen sind gewisse Vogelarten, z. B. Sperlinge, jedoch dürfen auch diese nichtgeschützten Vogelarten nicht mit Schlingen gefangen werden.

Ueber diese reichsrechtlichen Bestimmungen hinaus geht die bayer. Verordnung vom 5. Mai 1913, indem sie verbietet

1. bei gewissen Vögeln, insbesondere Singvögeln, das Fangen und Erlegen das ganze Jahr hindurch,
2. das Fangen von Vögeln jeder Art mit Pfahleisen.

Ausnahmen von den angeführten Verboten können die Bezirkspolizeibehörden gestatten, wobei ein Erlaubnisschein erteilt wird.

Zuwiderhandlungen gegen die Vogelschutzbestimmungen werden nach Maßgabe der §§ 6 und 7 des Reichsgesetzes und des Art. 125 Abs. IV PolStGB. bestraft.

18. Forstrecht.

Rechtsquelle: Bayer. Forstgesetz vom 28. März 1852 mit mehrfachen Aenderungen.

I. Forstwirtschaft.

1. Grundsatz:
Jedem Waldbesitzer steht, vorbehaltlich der Rechte Dritter und vorbehaltlich der einschränkenden Bestimmungen des Forstgesetzes, die freie Benützung und Bewirtschaftung seines Waldes zu (Art. 1 des Forstgesetzes).

2. Staatswaldungen.
Die Bewirtschaftung der Staatswaldungen hat nach dem Grundsatz der Nachhaltigkeit der Nutzungen und der höchstmöglichen Produktion zu erfolgen. Die Bewirtschaftung obliegt den staatlichen Forstämtern unter der Aufsicht der Regierungen, Kammer der Forsten, und des Staatsministeriums der Finanzen (Art. 2—5).

3. Gemeinde-, Stiftungs- und Körperschaftswaldungen.
Deren Bewirtschaftung obliegt der Gemeinde, Stiftung oder Körperschaft, die hiezu eigene Förster anzustellen oder die Bewirtschaftung einem benachbarten Sachverständigen zu übertragen haben; auch kann die Bewirtschaftung durch Vereinbarung der staatlichen Forstverwaltung übertragen werden. Die Bewirtschaftung unterliegt der Aufsicht der Staatsregierung und zwar der staatlichen Forstämter (Art. 6—9); man nennt dies das System der Betriebsaufsicht im Gegensatz zum „Beförsterungssystem" (Betriebsführung durch staatliche Beamte) und dem „Vermögensaufsichtssystem" (Eingreifen des Staats nur bei Verschleuderung oder Verwahrlosung der Waldungen).
Gemeinden und Stiftungen haben auch für die Handhabung des Forstschutzes zu sorgen und das erforderliche Personal aufzustellen (Art. 10).

4. Privatwaldungen.
Die Privatwaldbesitzer sind hinsichtlich der Bewirtschaftung ihrer Waldungen an die forstpolizeilichen Bestimmungen des Forstgesetzes (s. unten III) gebunden (Art. 19). Der Eigentümer eines mindestens 100 ha umfassenden zusammenhängenden Waldbesitzes kann für den Waldschutz selbst eine Aufsichtsperson bestellen. Im übrigen hat die Gemeinde die für den Schutz der

Privatwaldungen notwendigen Aufsichtspersonen anzustellen und den Aufwand auf die Eigentümer der Grundstücke nach dem Verhältnis der Grundsteuer umzulegen (Art. 51 Abs. VI, VII GO.).

II. Forstberechtigungen.

Forstberechtigungen sind aus früherer Zeit stammende dingliche Rechte an Waldungen, insbesondere Holz-, Streu- und Weiderechte. Sie stehen entweder dem jeweiligen Eigentümer eines Grundstücks zu oder sie sind subjektive Rechte von — in der Regel juristischen — Personen (z. B. Pfarrpfründe). Das Entstehen neuer Forstberechtigungen ist seit dem Inkrafttreten des Forstgesetzes ausgeschlossen (Art. 33).

Der Forstberechtigte hat sich bei der Ausübung seines Rechts an die forstpolizeilichen Bestimmungen zu halten. „Ungemessene" Forstberechtigungen sind in „gemessene" umzuwandeln. Forstberechtigungen, welche die nachhaltige Bewirtschaftung eines Waldes beeinträchtigen, sind zu ermäßigen. Streitigkeiten hierüber entscheiden die Forstpolizeibehörden (s. unten III), bei manchen Streitigkeiten jedoch mit Vorbehalt des Rechtswegs (Art. 23—30).

Holz- oder Waldfronen, die Gegenleistungen für Forstberechtigungen darstellen, sind in eine jährliche Geldabgabe umzuwandeln (Art. 31).

III. Forstpolizei.

1. Zuständigkeit (Art. 109).

Zuständig zur Ausübung der Forstpolizei sind in erster Instanz die Bezirksverwaltungsbehörden (Bezirksämter und Stadträte kreisunmittelbarer Städte), das Gesetz nennt sie „Forstpolizeibehörden". In zweiter und letzter Instanz sind zuständig die Kreisregierungen, Kammern des Innern („Forstpolizeistellen"). Gewisse Streitigkeiten — aber nur solche, bei denen der Rechtsweg nicht eröffnet ist — sind Verwaltungsrechtssachen, die in letzter Instanz vom Verwaltungsgerichtshof zu entscheiden sind (Art. 8 Ziff. 11 VGG.). In bestimmten Angelegenheiten erfolgt die Entscheidung der Forstpolizeibehörde durch eine Kommission, die aus dem Vorstand der Forstpolizeibehörde und 2 von den Bezirkstagen zu wählenden Beisitzern bestehen (Art. 110). Die staatlichen Forstämter haben bei den Forstpolizeibehörden Anträge zu stellen und Gutachten zu erstatten (Art. 114).

2. Forstpolizeiliche Bestimmungen.

a) Die gänzliche oder teilweise Rodung (Art. 34), d. h. die Entfernung des Holzes und der Wurzelstöcke in der Absicht, die Waldfläche einer anderen Bebauung zuzuführen, ist nur unter bestimmten Voraussetzungen gestattet; sie ist beispielsweise verboten, wenn das Fortbestehen des Waldes zum Schutz gegen Naturereignisse notwendig ist (Schutzwaldungen).

b) Das gleiche gilt vom kahlen Abtrieb (Art. 39), d. h. der vollständigen Entfernung des Holzbestands ohne Beseitigung der Wurzelstöcke.
c) Verboten ist endlich die „Abschwendung" (Art. 41), d. h. jede den Wald ganz oder teilweise verwüstende, sein Fortbestehen gefährdende Handlung.
d) Besonders erschwert ist die Abholzung durch gewerbsmäßige Händler mit ländlichen Grundstücken (Art. 42 a, b).
e) Die Weide in Waldungen unterliegt einschränkenden Bestimmungen (Art. 43, 44).
f) Die Forstpolizeibehörde kann Anordnungen zur Vertilgung schädlicher Insekten treffen (Art. 46).

IV. **Forststrafrecht.**

1. Rechtsquelle:
Art. 48—106, 116—188 des Forstgesetzes, § 361 Ziff. 9 StGB.
2. Zuständigkeit und Verfahren.
Zuständig zur Entscheidung der „Forstrügesachen" sind die Amtsgerichte ohne Zuziehung von Schöffen (Art. 116). In dem Verfahren haben die staatlichen Forstämter die Funktion der Staatsanwaltschaft. Die Verurteilung erfolgt entweder durch amtsrichterlichen Strafbefehl oder nach durchgeführter Hauptverhandlung. Gegen das Urteil der Amtsgerichte ist Berufung an das Landgericht, gegen deren Urteil Revision nach den Bestimmungen der Reichsstrafprozeßordnung zulässig.
3. Materielles Forststrafrecht.
Die Straftaten sind
a) Forstpolizeiübertretungen (Art. 75), d. h. strafbare Handlungen, die der Waldbesitzer am eigenen Wald vornimmt (z. B. Rodungen ohne forstpolizeiliche Genehmigung), oder
b) Forstfrevel (Art. 79—108), d. h. strafbare Handlungen, die jemand an fremden Wald vornimmt (z. B. Entwendung von Holz). Rückfall ist qualifiziert strafbar.

V. **Besonderheiten für die Pfalz.**

Das Forstgesetz vom Jahre 1852 gilt nur für das rechtsrheinische Bayern. In der Pfalz gilt an seiner Stelle noch eine Verordnung der Landesadministrationskommission vom 15. Dezember 1814. Außerdem besteht eine besonderes Forststrafgesetz vom Jahre 1831 in der Fassung der Bekanntmachung vom 2. Oktober 1879.

VI. **Aufforstung landwirtschaftlicher Grundstücke.**

Diese bedarf nach Art. 1 und 2 des bayer. Gesetzes vom 22. Dezember 1921 unter Umständen der Erlaubnis der Bezirksverwaltungsbehörde, die in einem aus dem Vorstand dieser Behörde und zwei Laienbeisitzern bestehenden Ausschuß entscheidet.

19. Wasserrecht.

I. Internationales Recht, Reichsrecht, Landesrecht.

Durch Art. 331, 346—353 des Versailler Diktates ist die Donau von Ulm ab für international erklärt; zur Ueberwachung des Rechts der freien Schiffahrt und der Arbeiten zur Erhaltung der Schiffbarkeit des Stroms besteht eine internationale Donaukommission (Vertrag zum Abschluß der endgültigen Donauakte vom 23. Juli 1921 und Reichsgesetz vom 30. März 1922), in der auch das Deutsche Reich vertreten ist. Die für die internationale Donau getroffene Regelung soll für den Fall der Erbauung eines Großschiffahrtsweges Rhein-Donau auch für diesen Anwendung finden.

Aehnliche Bestimmungen bestehen für den Rhein nach Art. 354—362 des Versailler Vertrags und nach dem Mannheimer Abkommen vom 17. Oktober 1868.

An reichsrechtlichen Bestimmungen bestehen:

Art. 7 Ziff. 19 RV., wonach die Binnenschiffahrt zur (konkurrierenden) Zuständigkeit des Reichs gehört,

Art. 97—100 und 171 RV., wonach es Aufgabe des Reichs ist, die dem allgemeinen Verkehre dienenden Wasserstraßen in sein Eigentum und seine Verwaltung zu übernehmen. In Ausführung dieser Verfassungsbestimmung wurde zwischen dem Reich und den Ländern ein Staatsvertrag, betreffend den Uebergang der Wasserstraßen von den Ländern auf das Reich, unterm 31. März 1921 geschlossen. Dieser wurde durch Reichsgesetz vom 29. Juli 1921 und durch bayer. Gesetz vom 23. September 1921 genehmigt. § 15 des genannten Staatsvertrags läßt die wassergesetzlichen Bestimmungen der Länder bis zu einer anderweitigen reichsgesetzlichen Regelung in Geltung.

Auch nach Art. 65 EG. zum BGB. bleiben die landesgesetzlichen Vorschriften, die dem Wasserrecht angehören, unberührt.

Demgemäß ist die Regelung des Wasserrechts, vorbehaltlich der angeführten reichsrechtlichen Bestimmungen, eine Angelegenheit der Länder.

II. Geschichtliches.

Das bayerische Landrecht kennt bereits den Unterschied zwischen den öffentlichen Flüssen, nämlich solchen, die der Schiff- oder Floßfahrt dienen, und den privaten Flüssen, die im Privateigentum stehen; von letzteren aber sollen diejenigen den öffentlichen Flüssen gleichgeachtet werden, die im Eigentum des Fürsten stehen.

Eine umfassende Kodifikation des bayerischen Wasserrechts brachten die 3 bayerischen Gesetze vom 28. Mai 1852

über die Benützung des Wassers,
über die Bewässerungs- und Entwässerungsunternehmungen zum Zwecke der Bodenkultur,
über den Uferschutz und den Schutz gegen Ueberschwemmungen.

Klagen über Mängel und Lücken in diesen 3 Gesetzen, sowie die sich ausbreitende Elektrizitätswirtschaft führten nach 50jähriger Geltung der Wassergesetze vom Jahr 1852 zu einer Revision der Gesetze, aus der das geltende Wassergesetz vom 23. März 1907 hervorging. In der Folgezeit hat es einige nicht sehr wesentliche Aenderungen durch Gesetz vom 30. Dezember 1922 und durch Gesetz vom 25. Juni 1926 erfahren.

Das Wassergesetz vom 23. März 1907 bildet — neben den oben unter I genannten Bestimmungen — die Rechtsquelle des geltenden bayerischen Wasserrechts. Daneben ist nur noch zu erwähnen Art. 159 GO. über gemeindliche Wasserbauten.

III. Arten der Gewässer.

Die Gewässer sind entweder öffentliche oder private.

Oeffentliche Gewässer sind
- die Flüsse und Flußteile, die zur Schiff- oder Floßfahrt dienen, nebst ihren Nebenarmen (öffentliche Flüsse),
- die vom Staat errichteten Kanäle, soweit sie zur Schiff- oder Floßfahrt eröffnet sind,
- Seen und sonstige geschlossene Gewässer, soweit sie nach den bestehenden Rechtsverhältnissen als öffentliche Gewässer zu betrachten sind.

Alle übrigen Gewässer sind Privatgewässer. Hier ist zu unterscheiden zwischen
- geschlossenen Gewässern (Seen usw.),
- Privatflüssen und Bächen im Eigentum der Ufereigentümer,
- Privatflüsse und Bäche im Eigentum des Staats (Staatsprivatflüsse),
- Privatflüsse und Bäche im Eigentum Dritter.

IV. Eigentum an Gewässern.

Oeffentliche Gewässer stehen im Eigentum des Staats (Art. 2 des Wassergesetzes).

Bei privaten Gewässern sind
- geschlossene Gewässer im Eigentum desjenigen, dem das Grundstück gehört (Art. 16 des Wassergesetzes),
- Privatflüsse und -bäche im Eigentum desjenigen, dem das Ufergrundstück gehört, ausnahmsweise im Eigentum des Staats oder Dritter (s. oben III); vgl. Art. 21, 23, 24 des Wassergesetzes.

Die Ufer der öffentlichen Flüsse gehören den Eigentümern der anliegenden Grundstücke (Art. 5 des Wassergesetzes).

V. Wasserrechtliche Besonderheiten.

1. Leinpfad ist der Weg, der von Menschen oder Tieren zum Zweck des Ziehens der Schiffe mit der Schiffsleine begangen wird. Die Eigentümer der Ufergrundstücke haben den Leinpfad unentgeltlich zu dulden; seine Unterhaltung und Herstellung obliegt bei öffentlichen Flüssen dem Staat (Art. 7 des Wassergesetzes).
2. Verlandung (Alluvion) ist die Ausbreitung des Ufers durch allmähliches Anspülen von Bestandteilen anderer Grundstücke oder durch Zurücktreten des Wassers. Solche Verlandungen wachsen den Eigentümern der Ufergrundstücke zu (Art. 8 und 21 Abs. III des Wassergesetzes).
3. Inseln gehören bei öffentlichen Flüssen dem Staat, bei privaten Flüssen den Ufereigentümern (Art. 13, 22 des Wassergesetzes).
4. Abriß ist die Versetzung eines erkennbaren Stücks Land durch die Gewalt des Wassers an ein fremdes Ufer. Hier hat der Eigentümer des abgerissenen Grundstücks ein auf ein Jahr beschränktes Recht der Wegnahme, andernfalls wird es Eigentum des Ufereigentümers (Art. 14 Abs. I, 21 Abs. III des Wassergesetzes).
5. Natürliche Veränderungen des Flußverlaufs. Verläßt infolge natürlicher Ereignisse ein öffentlicher Fluß sein Bett auf die Dauer und schafft er sich ein neues Bett, so bleibt der Staat Eigentümer des verlassenen und wird Eigentümer des neuen Bettes. Tritt dasselbe bei Privatflüssen ein, so sind die Beteiligten berechtigt, den früheren Zustand auf ihre Kosten wieder herzustellen (Art. 12, 25 des Wassergesetzes).

VI. Beschränkung in dem Verfügungsrecht über das Wasser.

1. Der Eigentümer des höher liegenden Grundstücks muß dem Wasser den natürlichen Abfluß auf das niedriger liegende Grundstück gewähren und der Eigentümer des letzteren darf diesen natürlichen Ablauf nicht hindern. Ausnahmen können gegen Entschädigung gestattet werden (Art. 17, 18 des Wassergesetzes).
2. Die Zutageförderung oder Ableitung von Grund- und Quellwasser, sowie die Aenderung am Abfluß eines Sees oder Weihers bedarf der behördlichen Genehmigung. Auch in diesem Fall können die Beteiligten unter Umständen Entschädigungsansprüche erheben (Art. 19 des Wassergesetzes).
3. Die Vornahme von Grab- und Bohrarbeiten auf Grundstücken im Bereich von öffentlich benützten Heilquellen bedarf ebenfalls der behördlichen Genehmigung (Art. 20 des Wassergesetzes).

VII. Benützung der Gewässer.

1. Gemeingebrauch.

An öffentlichen Gewässern, sowie an Privatflüssen und -bächen (aber nicht an privaten geschlossenen Gewässern) besteht ein Gemeingebrauch, der sich auf Schöpfen mit Handgefäßen, Baden, Waschen, Tränken, Schwimmen, Befahren mit kleinen Fahrzeugen ohne eigene Triebkraft (Faltboot) sowie auf die Eisbahn erstreckt. Der Gemeingebrauch erstreckt sich jedoch nicht auf die Entnahme von Eis, Sand, Kies usw. Die Perlfischerei ist ein Regal des Staats (Art. 26 des Wassergesetzes).

2. Schiffahrt, Floßfahrt, Trift.

Die Schiff- und Floßfahrt auf öffentlichen Flüssen und staatlichen Kanälen steht vorbehaltlich der Regelung durch Schiffahrtsordnungen jedem frei. Zum Befahren der staatlichen Seen mit Dampfschiffen oder sonstigen durch eigene Triebkraft bewegten Schiffen ist eine besondere Erlaubnis erforderlich (Art. 29, 30 des Wassergesetzes).

Trift ist die Flößerei mit unverbundenem Holz. Sie ist auf den Gewässern zulässig, die bisher als Triftgewässer dienten oder von der Staatsregierung als solche erklärt werden (Art. 31—36 des Wassergesetzes).

3. Reinhaltung der Gewässer.

Die Zuführung von Flüssigkeiten oder anderen nicht festen Stoffen, die eine schädliche Veränderung der Eigenschaften des Wassers zur Folge haben, bedarf der behördlichen Genehmigung, die Einbringung fester Stoffe ist verboten (Art. 37—41 des Wassergesetzes).

4. Besondere Nutzungen.

a) Besondere Nutzungen ausschließlich der Stauanlagen (Art. 42—49 des Wassergesetzes).

α) Bei öffentlichen Flüssen oder Staatsprivatflüssen bedarf jede über den Gemeingebrauch hinausgehende Benützung, z. B. Wasseraus- und -einleitung, der behördlichen Genehmigung.

β) Bei den übrigen privaten Flüssen und Bächen darf der Ufereigentümer oder Eigentümer des Flusses das Wasser nur in einer Weise benützen, daß hiedurch andere Beteiligte nicht geschädigt werden.

b) Stauanlagen (Art. 50—58 des Wassergesetzes).

Die Errichtung von Stauanlagen oder Triebwerken mit gespannter Wasserkraft, sowie die Aenderung solcher Anlagen ist konzessionspflichtig. Handelt es sich um Anlagen an öffentlichen Gewässern oder Staatsprivatflüssen, so hat die Verwaltungsbehörde bei Erteilung der Genehmigung gesonderten Ausspruch über die privatrechtliche Erlaubnis des Staats zur Wasserbenützung und über die öffentlichrechtliche Genehmigung (Konzession) der Stauanlage zu treffen; diese Unterscheidung geschieht deshalb, weil niemand einen Anspruch auf Erteilung der privatrechtlichen Erlaubnis hat, die Erteilung der Erlaubnis vielmehr in das Ermessen der Verwaltungsbehörden gestellt ist und daher gegen diesen Teil des Bescheids eine Beschwerde zum Verwaltungsgerichtshof unzulässig ist.

Bei jeder Stauanlage muß durch ein bleibendes Höhenmaß (Eichpfahl) die festgesetzte Wasserhöhe bezeichnet werden.

Für die Gewährung besonderer Nutzungen an öffentlichen Gewässern und Staatsprivatflüssen, für die Einleitung von Flüssigkeiten und die Entnahme von Eis, Sand, Kies usw. kann der Staat Gebühren erheben.

VIII. Instandhaltung der Gewässer.

1. Oeffentliche Gewässer.

Dem Staat obliegt, wobei er sich seiner Straßen- und Flußbauämter bedient, die Reinigung und Räumung des Flußschlauchs, die Freihaltung der Ufer, die Herstellung und Unterhaltung von Flußregulierungen, die Herstellung und Unterhaltung von Hochwasserdämmen; zu letzterer Maßnahme kann der Staat die Beteiligten heranziehen (Art. 91, 93, 94, 95 des Wassergesetzes).

Dem Kreis obliegt der Schutz und die Unterhaltung der Ufer (Art. 92 des Wassergesetzes).

2. Privatflüsse und -bäche mit erheblicher Hochwassergefahr.

Deren Instandhaltung ist Aufgabe des Kreises (Art. 98 des Wassergesetzes).

3. Sonstige Privatflüsse und -bäche.

Zur Instandhaltung sind die Beteiligten verpflichtet. Beteiligt sind bei Dammbauten die Anlieger und Hinterlieger, bei den übrigen Instandhaltungsmaßnahmen auch die Besitzer von Triebwerken, Brücken usw., ferner der Eigentümer des Flußbettes. Zur Durchführung der Instandhaltung können Wassergenossenschaften (s. unten IX) gebildet werden (Art. 100 bis 106 des Wassergesetzes).

4. Geschlossene Privatgewässer.

Deren Instandhaltung obliegt dem Eigentümer des Gewässers (Art. 107 des Wassergesetzes).

5. Bei außerordentlicher Wassergefahr haben die Gemeinden die erforderlichen Maßnahmen zu treffen, insbesondere Arbeiter, Materialien, Werkzeuge und Geräte zur Verfügung zu stellen (Art. 108 des Wassergesetzes); auch kann ein eigener Hilfsdienst (Wasserwehr) gebildet werden.

IX. **Oeffentliche Wassergenossenschaften** (Art. 110—152 des Wassergesetzes).

1. Rechtsnatur.
Oeffentliche Wassergenossenschaften sind juristische Personen des öffentlichen Rechts.

2. Entstehung.
Die Genossenschaft entsteht mit der Genehmigung der Satzung durch die Kreisregierung.

3. Zwecke.
Oeffentliche Wassergenossenschaften können gebildet werden
zur Benützung von Gewässern,
zur Instandhaltung von Gewässern,
zur Herstellung und Unterhaltung von Trink- und Nutzwasserleitungen.

4. Arten der Wassergenossenschaften.
Durch freiwillige Vereinbarung der Beteiligten (freiwillige Genossenschaft),
durch Mehrheitsbeschluß der Beteiligten mit zwangsweiser Beiziehung der Minderheit (Genossenschaften mit Beitrittszwang),
durch Verfügung der Kreisregierung (Zwangsgenossenschaften).

5. Verfassung der Genossenschaft.
Die Rechtsverhältnisse der Genossenschaft, ihre Verfassung und Verwaltung wird teils durch das Gesetz, teils durch Satzung geregelt. Die Satzung und jede Aenderung der Satzung bedarf der Genehmigung der Kreisregierung. Die Genossenschaft kann von den Besitzern der beteiligten Grundstücke und Anlagen Beiträge erheben, die eine öffentlichrechtliche Last der Grundstücke darstellen.

X. **Zwangsrechte.**

1. Zwangsenteignung.
a) Nach einzelnen Bestimmungen des Zwangsabtretungsgesetzes vom 17. November 1837/9 Mai 1918, z. B. für Herstellung von Wasserleitungen,
b) nach einzelnen Bestimmungen des Wassergesetzes, z. B. zur Ausführung gewisser Instandhaltungsmaßnahmen (Art. 153 des Wassergesetzes).

2. Sonstige Zwangsrechte (Art. 157—164a des Wassergesetzes). Hierunter sind gewisse Beschränkungen des Eigentums zu verstehen, auf die nicht die Bestimmungen des Zwangsabtretungsgesetzes, sondern die speziellen Vorschriften des Wassergesetzes Anwendung finden.

XI. Zuständigkeit und Verfahren.

1. Die Gerichte sind zuständig bei Streitigkeiten über bürgerlichrechtliche Ansprüche, z. B. über das Eigentum an Gewässern oder Ufern.
2. Im übrigen sind für den Vollzug des Wassergesetzes (vorbehaltlich der Ausnahmen 3—5) die Behörden der inneren Verwaltung zuständig, meistens in erster Instanz die Bezirksverwaltungsbehörden (V. über den Vollzug des Wassergesetzes vom 1. Dezember 1907).
3. Streitigkeiten darüber, ob ein Gewässer ein öffentliches ist, ferner Streitigkeiten über eine große Anzahl anderer Rechtsansprüche und Verbindlichkeiten, z. B. über die Genehmigung (Konzession) von Stauanlagen mit gespannter Wasserkraft (s. oben VII 4b), sind Verwaltungsrechtssachen (Art. 177 des Wassergesetzes).
4. Bei der Bildung von Wassergenossenschaften entscheidet die Kreisregierung in 1. Instanz über die erhobenen Einsprüche und Widersprüche, über eine etwaige Zwangsenteignung, über die Bildung einer Zwangsgenossenschaft, über die Zulässigkeit der Wasserbenützungsanlagen usw. im verwaltungsrechtlichen Verfahren (Art. 189 des Wassergesetzes).
5. In zahlreichen Fällen, in denen auf Grund des Wassergesetzes eine Entschädigung beansprucht werden kann, trifft auf Antrag eines Beteiligten die Bezirksverwaltungsbehörde eine vorläufige Entscheidung über die Höhe der Entschädigung vorbehaltlich des Rechtswegs (Art. 195 des Wassergesetzes).

XII. Wasserbücher.

Ueber Stauanlagen und Triebwerke, über Bewässerungsanlagen usw. sind von der Bezirksverwaltungsbehörde Wasserbücher zu führen, die über die Rechtsverhältnisse dieser Anlagen Aufschluß geben.

XIII. Wasserpolizei.

Abgesehen von den Strafvorschriften der Art. 202—205 des Wassergesetzes können zum Vollzug einzelner Bestimmungen des Wassergesetzes ober-, bezirks- und ortspolizeiliche Vorschriften erlassen werden (Art. 206 des Wassergesetzes, §§ 7, 8 der V. vom 1. Dezember 1907 über den Vollzug des Wassergesetzes).

XIV. **Gemeindliche Wasserbauten.**

Bei Triebwerken oder anderen Stauvorrichtungen, die auf Kosten einer Gemeinde an Privatgewässern errichtet wurden, kann die Gemeinde Anordnungen über die Benützung und über die von den Wasserwerksbesitzern zu leistenden Beiträge nach Vernehmung eines Ausschusses der Wasserwerksbesitzer treffen (Art. 159 GO.).

20. Das Recht der öffentlichen Wege.

I. **Begriff.**

Oeffentliche Wege sind diejenigen Wege, die für den öffentlichen Verkehr bestimmt sind. Nicht hieher, sondern zum Wasserrecht gehören die auch dem Verkehr dienenden öffentlichen Flüsse und Kanäle. Ebensowenig sind Eisenbahnen öffentliche Wege.

II. **Entstehung.**

Der öffentliche Weg entsteht durch einen Akt (Widmung) des Rechtssubjekts, das einen öffentlichen Weg schaffen will. Die Widmung kann ausdrücklich oder stillschweigend sein, sie kann bei Bezirksstraßen, Gemeindewegen, Ortsstraßen und öffentlichen Feld- und Waldwegen durch einen staatsaufsichtlichen Widmungsakt ersetzt werden (s. unten VII und X).

Voraussetzung der Widmung einer Grundfläche für einen öffentlichen Weg ist, daß dem widmenden Rechtssubjekt die privatrechtliche Verfügungsgewalt über die Grundfläche zusteht. Es kann dies das Eigentum oder ein dingliches Recht an einem fremden Grundstück (z. B. Dienstbarkeit) sein.

III. **Arten der Wege.**

Das bayerische Recht kennt 5 Arten von öffentlichen Wegen

1. Staatsstraßen,
2. Bezirksstraßen,
3. Gemeindewege,
4. Ortsstraßen,
5. öffentliche Feld- und Waldwege.

IV. **Gemeingebrauch.**

An öffentlichen Wegen steht jedem ein Gemeingebrauch zu. Dies schließt nicht aus, daß aus polizeilichen Gründen das Recht des Gemeingebrauchs eingeschränkt und der Verkehr geregelt wird. Hierher gehört das Verbot der Benützung von Wegen durch bestimmte Arten von Fahrzeugen (Kraftfahrzeuge) oder durch Fahrzeuge überhaupt oder durch solche von bestimmtem Gewicht usw. Andererseits ist das Recht des Gemeingebrauchs nicht unentziehbar; vielmehr kann ein öffentlicher Weg jederzeit als solcher aufgelassen werden, ohne daß jemand ein Rechtsanspruch auf Bestand und Benützung eines Weges zusteht.

V. **Bestandteile der Wege.**

Das rechtliche Schicksal der Wege teilen Bestandteile und Zubehör der Wege, z. B. Brücken, Abzugsgräben, Böschungen, Geländer und sonstige Sicherheitsvorrichtungen.

VI. **Zwangsenteignung.**

Nach Art. I A Ziff. 5 des Zwangsabtretungsgesetzes vom 17. November 1837/9. Mai 1918 kann zur Anlegung neuer und Aenderung bestehender Staats- und Bezirksstraßen sowie von Ortsstraßen und öffentlichen Plätzen innerhalb von Ortschaften mit mehr als 5000 Einwohnern die Abtretung von Grund und Boden erzwungen werden, und zwar gegen Entschädigung; bei Abtretungen zu Ortsstraßen und öffentlichen Plätzen ist jedoch unter Umständen die Entschädigung ausgeschlossen (bestritten; vgl. Art. 153 Abs. II Satz 2 RV.).

VII. **Einzelheiten zu den verschiedenen Arten der Wege.**

1. Staatsstraßen.

Die Widmung eines Wegs zur Staatsstraße steht im freien Ermessen der Staatsregierung. Die Unterhaltung der Staatsstraßen erfolgt auf Kosten des Staats, der sich hiebei seiner Straßen- und Flußbauämter bedient. Soweit bei Inkrafttreten der GO. — 1. April 1928 — Gemeinden zur Unterhaltung von Ortsdurchfahrten (Ortstraversen) im Zug einer Staatsstraße verpflichtet waren, bleibt diese Verpflichtung aufrechterhalten (Art. 163 GO.).

2. Bezirksstraßen.

Bezirksstraßen (früher Distriktsstraßen genannt) sind solche Straßen, die bestimmt oder geeignet sind, einen über die nachbarliche Verbindung einzelner Gemeinden erheblich hinausgehenden Verkehr zu vermitteln (Art. 2 Ziff. 2 der Bezirksordnung) und die zu Bezirksstraßen durch die Organe des Bezirks erklärt (gewidmet) sind. Die Unterhaltung der bestehenden Bezirksstraßen obliegt dem Bezirk, desgleichen die Herstellung neuer und die Uebernahme bestehender Straßen als Bezirksstraßen, wenn die Begriffsmerkmale einer Bezirksstraße gegeben sind (Art. 2 Ziff. 1 und 2 der Bezirksordnung). Weigert sich ein Bezirk, einen Weg als Bezirksstraße zu widmen, obwohl diese Begriffsmerkmale vorliegen, so kann er hiezu staatsaufsichtlich angehalten werden (Art. 33 der Bezirksordnung).

Wegen der Ortsdurchfahrten im Zug einer Bezirksstraße gilt das oben 1 von den Staatsstraßen Gesagte auch hier.

Inhaber von Betrieben und Eigentümer von Grundstücken, die eine Bezirksstraße in außergewöhnlicher Weise abnützen, können zu besonderen Vorausleistungen herangezogen werden (Art. 29 Abs. II der Bezirksordnung).

3. **Gemeindewege.**
Gemeindewege sind solche Wege, die der Vermittlung des nachbarlichen Verkehrs zwischen Gemeinden und Ortschaften und zwischen Teilen derselben oder zwischen Gemeinden und anderen Verkehrswegen dienen. Hieher gehören in der Regel auch die Bahnhofzufuhrstraßen. Die Herstellung und Unterhaltung der Gemeindewege obliegt der Gemeinde innerhalb ihres Gebiets (Art. 28 GO.), desgleichen die Uebernahme bestehender Straßen als Gemeindewege, wenn die Begriffsmerkmale eines Gemeindewegs gegeben sind. Weigert sich eine Gemeinde, einen Weg als Gemeindeweg zu übernehmen, obwohl diese Begriffsmerkmale vorliegen, so kann sie hiezu staatsaufsichtlich angehalten werden (Art. 60 GO.).

4. Ortsstraßen und Plätze.
Ortsstraßen und Plätze sind solche öffentliche Wege, die den Verkehr innerhalb einer zusammenhängend gebauten Ortschaft vermitteln. Bezüglich dieser Gattung von Wegen sind die Gemeinden zur Unterhaltung und Reinhaltung (aber nicht zur Herstellung) verpflichtet (Art. 28 GO.).

5. Oeffentliche Feld- und Waldwege.
Oeffentliche Feld- und Waldwege sind diejenigen öffentlichen Wege, die nicht dem allgemeinen Verkehr, sondern der Bewirtschaftung der land- und forstwirtschaftlichen Grundstücke dienen. Die Unterhaltung derselben ist Sache der beteiligten Grundbesitzer. Soweit diese ihrer Verpflichtung nicht nachkommen, hat die Gemeinde für die Instandhaltung zu sorgen; sie hat jedoch den Aufwand hiefür auf die Eigentümer der beteiligten land- und forstwirtschaftlichen Grundstücke nach dem Verhältnis umzulegen, in dem diese Grundstücke zur Grundsteuer veranlagt sind. Bei außergewöhnlicher Abnützung eines öffentlichen Feld- oder Waldwegs durch die Führung eines Betriebs oder die Bewirtschaftung eines Grundstücks kann deren Besitzer zu besonderen Vorausleistungen herangezogen werden (Art. 29 Abs. I, II GO.).

VIII. Umfang der Wegunterhaltung.

Der Umfang der Verpflichtung zur Wegunterhaltung erstreckt sich auf die Erhaltung des Weges in einem gebrauchsfähigen, seiner Zweckbestimmung entsprechenden Zustand. Die Anbringung der notwendigen Sicherheitsvorrichtungen gehört ebenfalls hieher. Dagegen besteht im allgemeinen keine Verpflichtung zur Pflasterung, Reinigung (außer bei Ortsstraßen), Besprengung, Beleuchtung der öffentlichen Wege, ebensowenig zum Schneeräumen und zum Bestreuen mit Sand bei Glatteis. Doch kann eine Gemeinde durch ortspolizeiliche Vorschrift den angrenzenden Hauseigentümern die Reinigung, Besprengung, das Schneeräumen und Bestreuen mit Sand bei Glatteis zur Auflage machen.

IX. Aufhebung von Wegen.

Die Aufhebung von Wegen erfolgt in derselben Weise wie die Begründung (s. oben II). Niemand hat einen Rechtsanspruch auf Fortbestand eines öffentlichen Wegs (s. oben IV). Wenn die Wegfläche nicht in der Verfügungsgewalt des Rechtssubjekts bleibt, das den Weg begründet hat, geht der öffentliche Weg eo ipso unter.

X. Streitigkeiten.

Streitigkeiten über die öffentliche Eigenschaft eines Wegs mit Zugehörungen, einer Brücke oder eines Abzugskanals, ferner Streitigkeiten über die Verpflichtung zur Herstellung und Unterhaltung öffentlicher Wege (mit Ausnahme der Staatsstraßen), Brücken, Fähren, Stege und Abzugskanäle sind Verwaltungsrechtssachen (Art. 8 Ziff. 34 VGG.). Zuständig zur Entscheidung ist in 1. Instanz die Bezirksverwaltungsbehörde, in 2. Instanz die Regierung, Kammer des Innern, in 3. Instanz der Verwaltungsgerichtshof; bei Streitigkeiten über die Unterhaltung öffentlicher Feld- und Waldwege ist jedoch die Staatsaufsichtsbehörde der Gemeinde in 1., der Verwaltungsgerichtshof in 2. Instanz (Art. 29 Abs. IV GO.) zur Entscheidung berufen.

Nicht hieher gehören

1. Streitigkeiten über das Eigentum an der Wegfläche; hiefür sind die ordentlichen Gerichte zur Entscheidung berufen;
2. staatsaufsichtliche Verfügungen gegen Gemeinden und Bezirke, wobei die Staatsaufsichtsbehörde die Verpflichtung der Gemeinde oder des Bezirks ausspricht, einen Weg, dem die Eigenschaft eines Gemeindewegs, einer Ortsstraße, eines öffentlichen Feld- und Waldwegs, einer Bezirksstraße zukommt, zum Gemeindeweg usw. zu erklären (s. oben I und VII), desgleichen staatsaufsichtliche Verfügungen über Art und Maß der Wegunterhaltung.

XI. Straßenpolizei.

Auf Grund des § 366 Ziff. 10 StGB. und des Art. 90 PolStGB. können polizeiliche Vorschriften im Interesse der Sicherheit, der Bequemlichkeit des Verkehrs, der Sicherstellung der öffentlichen Straßen, Wege, Plätze, Brücken und Stege gegen Beschädigungen erlassen werden. Vgl. ferner § 366 Ziff. 8 und 9 StGB.

Hervorzuheben ist die vom Staatsministerium des Innern als oberpolizeiliche Vorschrift erlassene Straßenverkehrsordnung vom 8. Mai 1926, hinsichtlich des Verkehrs mit Kraftfahrzeugen das Reichsgesetz über den Verkehr mit Kraftfahrzeugen vom 3. Mai 1909 (mit mehrfachen Aenderungen) und die Reichsverordnung über Kraftfahrzeugverkehr vom 16. März 1928.

21. Bergrecht.

I. **Rechtsquelle.**

Bayerisches Berggesetz vom 13. August 1910.

II. **Gegenstand des Bergwerkseigentums.**

Das Eigentum an Grund und Boden erstreckt sich nicht auf gewisse in Art. 1 des Berggesetzes aufgezählte Mineralien, z. B. Gold, Silber, Quecksilber, Eisen, Blei, Zinn, Zink, Kupfer, Stein- und Braunkohle, Steinsalz. Die Aufsuchung und Gewinnung dieser Mineralien ist nach Maßgabe der Vorschriften des Berggesetzes jedem gestattet. Bei einigen der genannten Mineralien, z. B. bei Steinsalz, Eisenerzen, Braunkohle ist die Aufsuchung und Gewinnung dem Staat vorbehalten, der dieses Recht selbst ausüben oder an andere übertragen kann.

III. **Erwerb des Bergwerkseigentums.**

1. Schürfen, d. h. das Aufsuchen der in Art. 1 des Berggesetzes genannten Mineralien. Der Grundbesitzer muß hiezu — gegen Entschädigung — die Erlaubnis erteilen (Art. 4—13 des Berggesetzes).
2. Die Mutung, d. h. das Gesuch um Verleihung des Bergwerkseigentums ist beim Oberbergamt einzureichen (Art. 14—23 des Berggesetzes).
3. Die vorschriftsmäßige Mutung gibt Anspruch auf Verleihung des Bergwerkseigentums. Hierüber entscheidet das Oberbergamt in 1., der Verwaltungsgerichtshof in 2. Instanz. Ueber die Verleihung wird eine Urkunde ausgestellt (Art. 24—41, 249 des Berggesetzes). Auf das Bergwerkseigentum finden die gesetzlichen Bestimmungen über Grundstücke Anwendung (Art. 44 des Berggesetzes).

IV. **Aufhebung des Bergwerkseigentums.**

Wird ein verliehenes Bergwerk nicht in Betrieb genommen oder der Betrieb eingestellt oder auf längere Zeit ausgesetzt, so wird das Bergwerkseigentum wieder entzogen. Auch hiefür ist zur Entscheidung in 1. Instanz das Oberbergamt, in 2. Instanz der

Verwaltungsgerichtshof zuständig (Art. 214—220, 249 des Berggesetzes).

V. **Betrieb und Verwaltung der Bergwerke.**

Das Berggesetz schreibt die Aufstellung von Betriebsplänen und die Bestellung fachkundiger Personen zur Leitung des Bergwerks vor. Auch in wirtschaftlicher Beziehung unterliegt der Betrieb der staatlichen Aufsicht, die durch das Oberbergamt ausgeübt wird. Diesem hat der Bergwerksbesitzer Auskunft zu erteilen und die Besichtigung des Betriebs zu gestatten (Art. 68—83 des Berggesetzes).

VI. **Bergleute und Betriebsbeamte.**

Das Vertragsverhältnis zwischen den Bergwerksbesitzern und ihren Arbeitern und Angestellten ist privatrechtlicher Natur. Anwendbar sind subsidiär die allgemeinen gesetzlichen Bestimmungen, im übrigen enthält aber das Berggesetz in Art. 84—138 eine Reihe von Sondervorschriften zugunsten der Arbeiter und Angestellten, z. B. über die Berechnung des Arbeitslohnes, über die Arbeitszeit, über die Kündigung des Vertragsverhältnisses usw. Ferner gelten einzelne Bestimmungen der GewO., obwohl nach § 6 GewO. die Gewerbeordnung auf das Bergwesen im allgemeinen keine Anwendung findet, kraft ausdrücklicher Bestimmung auch für die Bergarbeiter (§§ 105 b—h, 115—119 a, 135—139 b, 152, 153 GewO.). Auf die Bergwerksbetriebe findet auch das Betriebsrätegesetz vom 4. Februar 1920 Anwendung.

Die Sozialversicherung der Bergarbeiter ist geregelt durch das Reichsknappschaftsgesetz vom 1. Juli 1926.

Auf Grund der V. der Reichsregierung vom 8. Februar 1919 über die Errichtung von Arbeitskammern im Bergbau hat Bayern mit Min.Bek. vom 26. Mai 1919 eine Arbeitskammer für den Bergbau im rechtsrheinischen Bayern errichtet, die aus je 10 Arbeitgebern und Arbeitnehmern besteht und die Aufgabe hat, die gemeinsamen Interessen des Bergbaus, der Arbeitgeber und Arbeitnehmer zu fördern.

VII. **Gewerkschaft** (Art. 139—177 des Berggesetzes).

Die bergrechtliche Gewerkschaft ist eine dem Bergrecht eigentümliche Gesellschaftsform, unter der das Bergwerksunternehmen betrieben werden kann (nicht muß). Die hier einschlägigen Bestimmungen gehören ausschließlich dem bürgerlichen Recht an.

VIII. **Bergbautreibender und Grundbesitzer** (Art. 178—213 des Berggesetzes).

Grundeigentümer sind verpflichtet, dem Bergwerkseigentümer die für den Betrieb des Bergbaues erforderlichen Grundflächen gegen Entschädigung zur Benützung zu überlassen. Wenn die

Benützung länger als 3 Jahre dauert, kann der Grundeigentümer verlangen, daß der Bergwerkseigentümer das Eigentum an dem Grundstück erwirbt. Streitigkeiten darüber, ob die Benützung zu gestatten, ob das Eigentum zu erwerben ist, und über die Höhe der Entschädigung entscheidet die Regierung, Kammer des Innern, in einem Senat, der aus 3 Mitgliedern der Regierung und 2 Mitgliedern des Oberbergamts besteht; in 2. Instanz entscheidet der Verwaltungsgerichtshof.

IX. **Bergpolizei** (Art. 253—262 des Berggesetzes).

1. Begriff.

Die Bergpolizei bezweckt die Verhütung von Gefahren für Personen und Eigentum beim Bergbau. Die polizeilichen Bestimmungen können durch V. oder oberpolizeiliche Vorschriften getroffen werden. Vgl. hiezu die oberbergpolizeilichen Vorschriften vom 18. Mai 1927.

2. Zuständigkeit zur Handhabung der Bergpolizei.

Die Bergpolizei ist von den Berginspektionen in 1. Instanz, vom Oberbergamt in 2. Instanz zu handhaben (Art. 248 des Berggesetzes und V. vom 30. Juli 1900). Gehilfen der Berginspektion bei Messungsarbeiten sind die Markscheider.

X. **Sonderbestimmungen.**

Sonderbestimmungen über das Aufsuchen phosphorhaltiger Mineralien und Gesteine in bestimmten Bezirken enthält das bayerische Gesetz vom 27. Juli 1921 über phosphorhaltige Mineralien und Gesteine.

XI. **Staatliche Bergwerke.**

Für die Bergwerke, die vom Staat oder auf Rechnung des Staats oder auf Grund einer von der Staatsregierung erteilten Erlaubnis betrieben werden, gelten dieselben Bestimmungen wie für die Bergwerke im Besitz von Privatpersonen (Art. 3 des Berggesetzes). Dies gilt auch hinsichtlich der Bergpolizei (s. oben IX).

Die Verwaltung der staatlichen Bergwerke ist von der staatlichen Berghoheit streng getrennt. Während letztere von den Berginspektionen und dem Obergamt auszuüben ist, stand früher die Verwaltung der staatlichen Bergwerke der Generaldirektion der Berg-, Hütten- und Salzwerke zu, die dem Staatsministerium der Finanzen unterstellt war.

Durch das Gesetz über die Uebertragung der Verwaltung und Ausbeutung des staatlichen Bergwerks-, Hütten- und Salinenbesitzes an eine Aktiengesellschaft vom 1. April 1927 ist von diesem Tag ab zum Zweck der Verwaltung und Ausbeutung der der staatlichen Bergwerks-, Hütten- und Salinenverwaltung unterstehenden Betriebe eine Aktiengesellschaft gebildet worden.

Einziger Aktionär ist der bayerische Staat. Die Vertretung des Staats als Aktionär erfolgt durch das Staatsministerium der Finanzen. Die Gesellschaft führt die Geschäfte auf Grund eines Vertrags mit dem bayerischen Staat. Das Bergwerkseigentum steht nach wie vor dem Staat zu.

XII. **Grubenfeldabgabe.**

Von jedem Grubenfeld, das auf Mineralien im Sinne des Art. 1 des Berggesetzes verliehen ist, wird eine jährliche Abgabe zugunsten des bayerischen Staats (Grubenfeldabgabe) erhoben (Grubenfeldabgabengesetz vom 27. Juli 1918).

22. Gewerbe und Handel.

A. **Geschichte.**

Handel und Gewerbe waren in Bayern bis in die Mitte des 19. Jahrhunderts durch Zunftordnungen, Konzessionssysteme und obligatorische Gewerbevereine in ihrer freien Entwicklung stark behindert. Verschiedene Versuche, diese Fesseln zu sprengen, scheiterten, weil sich „die schon bestehenden Meister in ihrem Nahrungsstande bedroht" glaubten. Erst das Gesetz über das Gewerbswesen vom 30. Januar 1868 brachte den Grundsatz der Gewerbefreiheit zum Durchbruch und hielt nur für eine verhältnismäßig kleine Zahl von Gewerben die Konzessionspflicht oder das Erfordernis amtlicher Bestellung oder polizeilicher Bewilligung aus Rücksichten des öffentlichen Interesses aufrecht. Nach dem Eintritte Bayerns in das Deutsche Reich wurde die Gewerbeordnung für den Norddeutschen Bund vom 21. Juni 1869 durch Reichsgesetz vom 12. Juni 1872 in Bayern eingeführt. Das bayerische Gewerbegesetz blieb nur insoweit in Kraft, als sich die reichsrechtliche Regelung nicht erstreckt, und hat jetzt nur mehr untergeordnete Bedeutung.

B. **Begriff.**

Gewerbe ist jede auf Erwerb gerichtete und fortgesetzt ausgeübte private Tätigkeit. Nicht zum Gewerbe gehören die höheren Berufsarten, die Hauswirtschaft und die Gewinnung roher Naturerzeugnisse (Land-, Forstwirtschaft usw.).

C. **Geltendes Recht.**

Die Gesetzgebung über Gewerbe und Handel steht dem Reiche und, solange und soweit dieses von seinem Gesetzgebungsrecht keinen Gebrauch macht, den Ländern zu (Art. 7 Ziff. 14 und 16, Art. 12 RV.).

Rechtsquelle. Gewerbeordnung für das Deutsche Reich vom 21. Juni 1869 in der Fassung der Bek. vom 26. Juli 1900 mit vielfachen Aenderungen und Ergänzungen, bayer. V. über den Vollzug der Reichsgewerbeordnung vom 25. März 1892.

I. Gewerbefreiheit.

1. Begriff.

Die Gewerbeordnung geht von dem Grundsatze der Gewerbefreiheit aus d. h. der Betrieb eines in den Rahmen der GewO. fallenden Gewerbes ist jedem gestattet, soweit nicht reichsrechtliche Ausnahmen oder Beschränkungen bestehen (Art. 151 RV., § 1 GewO.).

Dieser Grundsatz gilt jedoch nur hinsichtlich der **Zulassung** zum Gewerbebetriebe, nicht hinsichtlich der Art und Weise der **Ausübung** eines Gewerbes. Die Gewerbetreibenden sind vielmehr verpflichtet, die allgemeinen und besonderen Vorschriften und Anordnungen der zuständigen Behörden, die zum Schutze der Gesundheit, Reinlichkeit und Sicherheit der Allgemeinheit erlassen sind, zu beachten, auch wenn hiedurch die Ausübung des Gewerbes erschwert oder zeitweilig unmöglich gemacht wird.

2. Der Grundsatz der Gewerbefreiheit hat zur Folge:

a) Die Unterscheidung zwischen Stadt und Land im Bezug auf den Gewerbebetriebe ist aufgehoben (§ 2).

b) Den Zünften und kaufmännischen Korporationen steht ein Recht, andere von dem Betriebe eines Gewerbes auszuschließen, nicht mehr zu (§ 4).

c) Alle ausschließlichen Gewerbeberechtigungen sowie die Zwangs- und Bannrechte sind aufgehoben (§ 7 Ziff. 1—4). Die Zwangs- und Bannrechte bestanden darin, daß die Bewohner eines bestimmten Bezirks ihren Bedarf an gewissen Waren bei dem Inhaber des Zwangs- und Bannrechts beziehen oder gewisse Arbeiten von ihm vornehmen lassen mußten.

d) Die Berechtigungen, Konzessionen zu gewerblichen Anlagen oder zum Betriebe von Gewerben zu erteilen, sind beseitigt (§ 7 Ziff. 5).

e) **Realgewerbeberechtigungen** dürfen nicht mehr begründet werden (§ 10 Abs. II).
Realgewerbeberechtigungen sind Befugnisse dinglichen Charakters zur Ausübung eines Gewerbes. Sie sind:
α) mit dem Besitz eines bestimmten Grundstücks verbunden (radizierte Realrechte), oder
β) ohne eine solche Verbindung, sohin selbständig vererblich und veräußerlich (einfache Realrechte).

f) Das Geschlecht begründet für die Ausübung eines Gewerbes keinen Unterschied (§ 11).

II. Arten des Gewerbebetriebs

1. der stehende Gewerbebetrieb,
2. der Gewerbebetrieb im Umherziehen,
3. der Marktverkehr.

1. **Der stehende Gewerbebetrieb.**

„Stehender Gewerbebetrieb" ist jede Art gewerblicher Betätigung, die sich nicht als Gewerbebetrieb im Umherziehen oder als Marktverkehr darstellt.

a) Allgemeine Vorschriften:

α) Wer ein stehendes Gewerbe anfängt, muß der Gemeindebehörde hievon Anzeige machen (Anzeigepflicht § 14).

β) Gewerbetreibende, die einen offenen Laden haben oder Gast- oder Schankwirtschaft betreiben, müssen ihren Namen oder ihre Firma an die Außenseite des Geschäftsraumes anbringen (Anschreibepflicht § 15 a).

b) **Gewerbepolizeiliche Konzession**:

α) Gewisse **Anlagen**, die durch die örtliche Lage oder die Beschaffenheit der Betriebsstätte für die Besitzer oder Bewohner der benachbarten Grundstücke oder für das Publikum überhaupt erhebliche Nachteile, Gefahren oder Belästigungen herbeiführen können, dürfen nur mit besonderer vorheriger Genehmigung der Bezirksverwaltungsbehörde errichtet werden. Diese Anlagen sind im § 16 GewO. erschöpfend aufgezählt (z. B. Gasanstalten, Hammerwerke, Pulverfabriken).

aa) **Streitigkeiten** über Konzessionsverleihungen sind Verwaltungsrechtssachen (§§ 20, 21 GewO., Art. 8 Ziff. 8 VGG.).

1. Instanz: Bezirksverwaltungsbehörde,
2. Instanz: Kreisregierung, Kammer des Innern (Verwaltungsrechtlicher Senat!),
3. Instanz: Verwaltungsgerichtshof. Dieser ist nicht zuständig zur Prüfung von Ermessensfragen z. B. ob eine Anlage erhebliche Gefahren und Belästigungen zur Folge habe. (Er ist also namentlich zur Entscheidung der Frage zuständig, ob eine Genehmigung der Anlage nach § 16 erforderlich ist und ob die bei deren Erteilung oder durch nachträgliche Ergänzung des Genehmigungsbescheides auferlegten Bedingungen gesetzlich zulässig sind.)

Besonderheit: Die Beschwerde zur 2. Instanz (Rekurs) muß binnen 14 Tagen eingelegt und gerechtfertigt werden (§ 20 GewO.).

bb) Erlöschen der Konzessionen.

Die Konzession bleibt solange in Kraft als keine Aenderung in der Lage und Beschaffenheit der Betriebsstätte vorgenommen wird, auch dann, wenn die Anlage auf einen neuen Erwerber übergeht (§ 25).

cc) Entziehung der Konzession.
Wegen überwiegender Nachteile und Gefahren für das Gemeinwohl kann die fernere Benützung einer jeden gewerblichen Anlage durch die Kreisregierung, Kammer des Innern, zu jeder Zeit untersagt werden. Doch muß dem Besitzer alsdann für den erweislichen Schaden Ersatz geleistet werden.
Gegen die untersagende Verfügung ist Rekurs zum Verwaltungsgerichtshof zulässig. Wegen der Entschädigung steht der Rechtsweg offen (§ 51 GewO.).

β) **Gewisse Gewerbetreibende** bedürfen einer Konzession für ihre **Person.**

aa) Aerzte, Tierärzte und Zahnärzte bedürfen einer Appropation, die auf Grund eines Nachweises der Befähigung erteilt wird (§ 29 GewO.).

bb) Unternehmer von Privat-Kranken, Privat-Entbindungs- und Privat-Irrenanstalten bedürfen einer Konzession der Bezirkspolizeibehörde (§ 30 GewO., § 10 VV.)

cc) Schauspielunternehmer bedürfen zum Betrieb ihres Gewerbes der Erlaubnis der Bezirksverwaltungsbehörde (§ 32 GewO., § 11 VV.).
Streitigkeiten: wie bei konzessionspflichtigen Anlagen.

dd) Wer **Gastwirtschaft, Schankwirtschaft** oder Kleinhandel mit Branntwein oder Spiritus betreiben will, bedarf dazu der Erlaubnis.
Die Erlaubnis darf nur erteilt werden, wenn ein Bedürfnis nachgewiesen ist.
Im übrigen ist die Erlaubnis nur dann zu versagen, wenn
1. der Antragsteller die für den Gewerbebetrieb erforderliche Zuverlässigkeit nicht besitzt,
2. die zum Betriebe des Gewerbes bestimmten Räumlichkeiten wegen ihrer Beschaffenheit oder Lage den polizeilichen Anforderungen nicht genügen,
3. wenn die Verwendung der Räume für den Betrieb dem öffentlichen Interesse widerspricht.

Vor Erteilung der Erlaubnis ist die Orts-polizei- und die Gemeindebehörde gutachtlich zu hören (§ 33 GewO.).

ee) Einer gewerbepolizeilichen Erlaubnis bedürfen ferner Veranstalter von öffentlichen Singspielen oder

Schaustellungen, sowie Pfandleiher (§§ 33 a, 34 GewO.).

Zu dd) und ee).

Streitigkeiten.

Verwaltungsrechtssachen (§§ 40 Abs. II, 20, 21 GewO., Art. 8 Ziff. 8, Art. 9 a Abs. II Ziff. 5 VGG.).

1. Instanz: Bezirksverwaltungsbehörde.
2. und letzte Instanz: Kreisregierung, Kammer des Innern (Verwaltungsrechtlicher Senat!)

ff) Die sogenannten Straßengewerbe (Dienstmänner, Droschkenkutscher) werden durch ortspolizeiliche Vorschrift geregelt (§ 37 GewO.).

Der Ortspolizeibehörde obliegt auch die Erteilung oder Versagung der Genehmigung, öffentliche Lustbarkeiten ohne höheres Interesse der Kunst auf öffentlichen Straßen gewerbsmäßig darzubieten (§ 33 b).

c) **Gewerbepolizeiliche Duldung.**

Zur Ausübung gewisser Gewerbe, z. B. zur Erteilung von Tanz-, Turn- und Schwimmunterricht, zum Trödelhandel, zur gewerbsmäßigen Besorgung fremder Rechtsangelegenheiten ist eine vorgängige gewerbepolizeiliche Genehmigung nicht nötig. Zeigen sich aber Tatsachen, die die Unzuverlässigkeit des Gewerbetreibenden in bezug auf den Gewerbebetrieb dartun, so kann die Ausübung des Gewerbes untersagt werden (§ 35).

Personen, die ein solches Gewerbe beginnen, haben bei Eröffnung ihres Gewerbebetriebes der zuständigen Bezirksverwaltungsbehörde hievon Anzeige zu machen (§ 35 Abs. VII).

d) **Umfang und Ausübung der Gewerbebefugnisse.**

Die Befugnis zum selbständigen Betrieb eines stehenden Gewerbes gibt das Recht,

α) Gesellen, Gehilfen, Arbeiter und, soweit die GewO. nicht ausdrücklich etwas anderes bestimmt, Lehrlinge in beliebiger Anzahl zu halten (§ 41),

β) das Gewerbe auch außerhalb des Gemeindebezirks der gewerblichen Niederlassung auszuüben (§ 42),

γ) auch außerhalb des Gemeindebezirks der gewerblichen Niederlassung für die Zwecke des Gewerbebetriebs Waren aufzukaufen und Bestellungen auf Waren aufzusuchen, ohne hiefür einen Wandergewerbeschein zu benötigen, es genügt vielmehr eine **Gewerbelegitimationskarte** (§ 44 a).

Die Legitimationskarte wird auf Antrag des Inhabers des stehenden Gewerbebetriebes von der für dessen Niederlassungsort zuständigen Bezirksverwaltungsbehörde für die Dauer des Kalenderjahres und den Umfang des Reichs ausgestellt. Wird die Legitimationskarte versagt, so ist Rekurs zur Kreisregierung, Kammer des Innern zulässig, deren Entscheidung im verwaltungsrechtlichen Senat ergeht (§ 44a Abs. V, § 63 Abs. I GewO., Art. 8 Ziff. 8, Art. 9a Abs. II Ziff. 6 VGG.).

δ) Die Befugnisse zum stehenden Gewerbebetriebe können durch Stellvertreter ausgeübt werden. Diese müssen jedoch den für das in Rede stehende Gewerbe insbesondere vorgeschriebenen Erfordernissen genügen (§ 45 GewO.).

ε) Nach dem Tode eines Gewerbetreibenden darf das Gewerbe für Rechnung der Witwe während des Witwenstandes, oder, wenn minderjährige Erben vorhanden sind, für deren Rechnung durch einen den besonderen Erfordernissen des Gewerbes genügenden Stellvertreter betrieben werden (§ 46 GewO.).

e) **Verlust der Gewerbebefugnisse.**

α) Die Konzession erlischt,

1. wenn der Inhaber eine ihm gesetzte Frist, im Zweifel ein Jahr, verstreichen läßt, ohne von der Konzession Gebrauch zu machen (§ 49 Abs. I),
2. wenn er seinen Geschäftsbetrieb während eines Zeitraumes von drei Jahren einstellt, ohne eine Fristung nachgesucht und erhalten zu haben (§ 49 Abs. II),
3. durch Verzicht.

β) Zurücknahme der Konzession.
Die Approbationen und Genehmigungen können zurückgenommen werden,

a) wenn die Unrichtigkeit der Nachweise dargetan ist, auf Grund deren sie erteilt wurde,
b) wenn der Inhaber die bürgerlichen Ehrenrechte verloren hat,
c) außer bei Approbationen nach § 29 auch dann, wenn sich aus dem Verhalten des Inhabers der Mangel der Eigenschaften ergibt, welche bei der Erteilung der Genehmigung nach der GewO. vorausgesetzt werden mußten (§ 53 GewO.).

Verfahren.

Verwaltungsrechtsachen (§§ 54, 20, 21 GewO., Art. 8 Ziff. 8 VGG.).

1. Instanz: Kreisregierung, Kammer des Innern (Verwaltungsrechtlicher Senat),
2. Instanz: Verwaltungsgerichtshof.

d) Vgl. oben b α cc.

2. **Der Gewerbebetrieb im Umherziehen.**

a) **Begriff.**

Gewerbebetrieb im Umherziehen ist der Gewerbebetrieb, der
α) außerhalb des gewöhnlichen Wohnorts des Gewerbetreibenden und zwar
β) ohne Begründung einer gewerblichen Niederlassung und
γ) ohne vorgängige Bestellung
ausgeübt wird.

b) **Wandergewerbeschein.**

α) Wer in dieser Weise:
a) Waren feilbietet,
b) Warenbestellungen aufsucht oder Waren bei anderen Personen als bei Kaufleuten zum Wiederverkaufe ankauft,
c) gewerbliche Leistungen anbietet,
d) Schaustellungen oder sonstige Lustbarkeiten darbieten will, ohne daß ein höheres Interesse der Kunst oder Wissenschaft dabei obwaltet

bedarf eines Wandergewerbescheines (§ 55 GewO.).

β) Der Wandergewerbeschein wird von der Bezirkspolizeibehörde erteilt. Beim Vorliegen bestimmter, im Gesetz aufgezählter Gründe, die die Unzuverlässigkeit oder Untauglichkeit des Nachsuchenden in bezug auf den Gewerbebetrieb im Umherziehen dartun, muß oder kann er versagt werden (§§ 57, 57 a, 57 b GewO.).

γ) Wer Druckschriften oder Bildwerke im Umherziehen feilbieten will, hat ein Verzeichnis derselben der Bezirkspolizeibehörde zur Genehmigung vorzulegen und das genehmigte Verzeichnis mit sich zu führen (§ 56 Abs. IV GewO.).

δ) Gegen die Versagung des Wandergewerbescheins oder der Genehmigung des Druckschriftenverzeichnisses ist Rekurs zulässig (§§ 63, 20, 21 GewO.), über den die Regierung, Kammer des Innern, im verwaltungsrechtlichen Senate in letzter Instanz entscheidet (Art. 8 Ziff. 8, Art. 9 a Abs. II Ziff. 7 VGG.).

ε) Gewisse Gegenstände sind vom Ankauf oder Feilbieten im Umherziehen gänzlich ausgeschlossen z. B. geistige Getränke, gebrauchte Kleider, Gold- und Silberwaren, Waffen und Gifte (§ 56 Abs. II).

3. **Marktverkehr.**

a) **Begriff.**

Märkte sind öffentliche Veranstaltungen, bei denen mit

behördlicher Genehmigung an einem bestimmten öffentlichen Orte zu bestimmter Zeit Waren feilgeboten werden.

b) **Marktfreiheit.**
Der Besuch solcher Märkte sowie der Kauf und Verkauf von Marktgegenständen auf ihnen steht einem jeden ohne weiteres frei (§ 64).

c) **Arten der Märkte.**
Man unterscheidet:
α) Messen für den Großhandel,
β) Wochen- und Jahrmärkte für den Kleinhandel.
Gegenstand des Wochenmarktverkehrs sind vor allem Erzeugnisse der Land- und Forstwirtschaft und Lebensmittel aller Art (§ 66).

d) **Abgabenfreiheit.**
Der Marktverkehr darf mit keinen besonderen Abgaben belastet werden (§ 68 GewO.).

III. Gewerbliche Körperschaften.

1. Innungen.

a) Begriff.
Innungen sind Körperschaften des öffentlichen Rechts, in denen selbständige Gewerbetreibende zur Förderung der gemeinsamen gewerblichen Interessen zusammentreten (§ 81 GewO.).

b) Aufgaben:
1. Pflege des Gemeingeists,
2. Aufrechterhaltung und Stärkung der Standesehre,
3. Förderung eines gedeihlichen Verhältnisses zwischen Meistern und Gesellen,
4. Fürsorge für das Herbergswesen,
5. Regelung des Lehrlingswesens und Fürsorge für die Ausbildung der Lehrlinge (§ 81 a).

c) Arten der Innungen.
Man unterscheidet:
α) Innungen, die auf freiwilligem Beitritt beruhen,
β) Zwangsinnungen.

d) **Zwangsinnungen.**
α) Begriff.
Zwangsinnungen sind auf Antrag Beteiligter durch die Kreisregierung, Kammer des Innern, zu errichten, wenn die Mehrheit der beteiligten Gewerbetreibenden zustimmt, der Bezirk der Innung zweckmäßig abgegrenzt und die Leistungsfähigkeit der Innung gewährleistet ist (§ 100 GewO.).

β) Beteiligte.
Als Mitglieder gehören der Zwangsinnung alle diejenigen an, die das Gewerbe, wofür die Innung errichtet ist, als stehendes Gewerbe selbständig, aber nicht fabrikmäßig betreiben (§ 100f GewO.).

γ) Zwangsinnungen dürfen nur für gleiche oder verwandte Gewerbe errichtet werden, während freie Innungen mehrere Gewerbearten umfassen können.

e) Verfassung und Organe, Aufsicht.

α) Die Verfassung der Innung wird durch ein Statut geregelt (§ 83).

β) Die Hauptorgane der Innung sind der Vorstand und die Innungsversammlung.

γ) Gesellenausschuß.
Die Gesellen sollen einen Gesellenausschuß errichten (§ 25).

δ) Die Innungen unterliegen der Aufsicht des Bezirksamts, in dessen Bezirk sie ihren Sitz haben (§ 86). Die Oberaufsicht führt das Staatsministerium für Handel, Industrie und Gewerbe.

2. **Handwerkskammern.**

Zur Vertretung der Interessen des gesamten Handwerks sind in den einzelnen Regierungsbezirken Handwerkskammern errichtet. Ihre Mitglieder werden von den Handwerkerinnungen und den Gewerbevereinen des Kreises gewählt (§§ 103 ff. GewO.).

3. **Handelskammern und Handelsgremien.**

Zur Förderung von Handel, Gewerbe, Industrie und Bergbau besteht für jeden Regierungsbezirk mindestens eine Industrie- und Handelskammer.

Für Orte und Bezirke, in denen ein Bedürfnis besteht, können Handelsgremien errichtet werden (V. vom 25. Februar 1908 in der Fassung der Bek. vom 5. Februar 1927).

IV. Handwerksmeister, Handwerkslehrlinge.

1. Meistertitel.
Den Meistertitel in Verbindung mit der Bezeichnung eines Handwerks dürfen nur Handwerker führen, welche für dieses Handwerk die Meisterprüfung bestanden und das 24. Lebensjahr zurückgelegt haben (§ 133 Abs. I GewO.).

2. Anleiten von Lehrlingen.
In Handwerksbetrieben steht die Befugnis zur Anleitung von Lehrlingen nur denjenigen Personen zu, die das 24. Lebensjahr vollendet und eine Meisterprüfung bestanden haben (§ 129 Abs. I GewO.).

V. **Einrichtungen zur Förderung von Handel und Gewerbe.**

1. Fachschulen.
   a) allgemeiner Art (Technische Hochschule München, Höhere technische Staatslehranstalten Nürnberg und Kaiserslautern usw.),
   b) besonderer Art (Kunstgewerbeschule München, Klöppelschulen, Gewerbeschulen usw.).
2. Berufsfortbildungsschulen, in denen die volksschulentlassenen Gewerbe- und Handelslehrlinge fachliche und allgemeine Ausbildung neben ihrer beruflichen Tätigkeit erhalten.
3. Die Bayerische Landesgewerbeanstalt in Nürnberg ist als Körperschaft des öffentlichen Rechts berufen, alle Gebiete der gewerblichen und industriellen Tätigkeit zu fördern.

23. Landwirtschaft.

I. **Aufhebung der Grundlasten.**

Die Leibeigenschaft wurde in Bayern im Jahre 1808 aufgehoben. Doch blieben die Bauern in großer Abhängigkeit. Erst im Jahre 1848 wurden die Naturalfrondienste, das Besthaupt und der Blutzehent ohne Entschädigung aufgehoben und die übrigen Grundlasten in jährlich zu zahlende Bodenzinse umgewandelt. Seit dem Jahre 1920 werden auch diese nicht mehr erhoben.

II. **Weiderecht.**

Die Ausübung und Ablösung des Weiderechts auf fremden Grund und Boden ist durch das Weidegesetz vom 28. Mai 1852 geregelt. Hienach ist das Weiderecht auf Aeckern während ihrer Bebauung und auf Wiesen während ihrer Hegezeit ohne Entschädigung aufgehoben. Bestehende Weidedienstbarkeiten können abgelöst, neue dürfen nicht mehr bestellt werden.

III. **Abmarkungsgesetz vom 30. Juni 1900.**

1. Die Abmarkung hat die Aufgabe, die Grenzen der Grundstücke in der Natur zu bezeichnen.
2. Die Abmarkung geschieht durch das Vermessungsamt oder durch Feldgeschworene. Die Feldgeschworenen werden vom Gemeinderat gewählt. Sie können beim Setzen der Grundstücke geheime Zeichen anbringen, damit diese nicht verrückt werden können (Siebenergeheimnis).
3. Eine öffentlichrechtliche, erzwingbare Abmarkungspflicht besteht, wenn
   a) die Grenzen unbestritten feststehen,
   b) aber nicht durch Grenzzeichen gesichert sind,

c) ein Abmarkungsfall gegeben ist (z. B. angeordnete Neuvermessung, Abtrennung eines Teils von einem Grundstück [Art. 1]).

4. Streitigkeiten über die Abmarkungspflicht und die Art der Abmarkung sind Verwaltungsrechtsachen (Art. 19).

IV. Landwirtschaftliche Kulturgesetze.

1. **Flurbereinigungsgesetz** vom 5. August 1922.

a) Flurbereinigungen sind Unternehmen, die eine bessere landwirtschaftliche Benützung von Grund und Boden durch Zusammenlegung von Grundstücken oder durch Regelung von Feldwegen bezwecken (Art. 1).

Jeder Beteiligte muß möglichst Grund und Boden gleicher Kulturart zugewiesen erhalten, wie er vor der Bereinigung besaß. Entschädigung in Geld ist nur ausnahmsweise zulässig (Art. 10).

b) Stimmen nicht alle beteiligten Eigentümer der Flurbereinigung zu, so kann sie zwangsweise durchgeführt werden, wenn

α) ein größerer Teil der Beteiligten zustimmt und

β) der Zweck der Flurbereinigung nur durch Ausdehnung auf die Grundstücke der Widersprechenden erreicht werden kann (Art. 3).

c) Die Durchführung der Flurbereinigung obliegt den Flurbereinigungsgenossenschaften, die durch die beteiligten Grundbesitzer gebildet werden (Art. 26),

die Leitung und Ueberwachung den Flurbereinigungsämtern (Art. 49).

d) Streitigkeiten.

α) Entscheidung durch den Spruchausschuß des Flurbereinigungsamts (z. B. Streitigkeiten über die zwangsweise Ersetzung der Zustimmung des Eigentümers zur Verlegung oder Aenderung gewisser Grundstücke).

In bestimmten Fällen ist gegen den Bescheid des Spruchausschusses Beschwerde zum Verwaltungsgerichtshof zulässig.

β) Entscheidung durch ein Schiedsgericht (z. B. Streitigkeiten über die Wertsermittlung eines Grundstücks).

2. Nach dem **Oedlandgesetz** vom 6. März 1923 können zur planmäßigen Verbesserung von Oedland

a) öffentliche Oedlandgenossenschaften gebildet (Art. 3 ff.),

b) zwangsweise Dienstbarkeiten für den Staat, für eine Gemeinde oder eine Oedlandgenossenschaft an dem Grundstücke bestellt werden (Art. 41 ff.),

wenn die Verbesserung der Oedung aus Gründen des Gemeinwohls geboten ist, der Eigentümer sie aber trotz Aufforderung nicht durchführt.

3. **Abwehr von Schädigungen der Landwirtschaft.**
Zur Bekämpfung landwirtschaftlicher Schädlinge sind mehrere Gesetze, zahlreiche Verordnungen und oberpolizeiliche Vorschriften ergangen. Besondere Erwähnung verdient das Reblausgesetz vom 6. Juli 1904.

Nach diesem unterliegen alle Rebpflanzungen einer amtlichen Beaufsichtigung. Der Verkehr mit Reben kann Beschränkungen unterworfen werden. Das Auftreten der Reblaus ist sofort der Ortspolizeibehörde anzuzeigen.

V. **Verkehr mit landwirtschaftlichen Grundstücken.**

1. Die Veräußerung von Grundstücken von über 3 ha Größe bedarf in der Regel der Genehmigung der Bezirksverwaltungsbehörde (Bundesratsverordnung vom 15. März 1918, Bek. v. 5. September 1919, Bek. v. 16. März 1925).
2. Personen, die den Handel mit ländlichen Grundstücken gewerbsmäßig betreiben, haben dies dem Gemeinderat und der Bezirksverwaltungsbehörde anzuzeigen (§§ 14, 35 Abs. VII GewO.).

   Liegen Tatsachen vor, die die Unzuverlässigkeit des Gewerbetreibenden in bezug auf den Güterhandel dartun, so ist dieser durch die Bezirksverwaltungsbehörde zu untersagen (§ 35 Abs. III GewO.).
3. **Güterzertrümmerungsgesetz** vom 13. August 1910.

   a) Begriff.
   Güterzertrümmerung ist die stückweise Veräußerung bisher geschlossen bewirtschafteter landwirtschaftlicher Grundstücke (Art. 5 Abs. I). Sie zu erschweren ist der Zweck des Gesetzes.

   Als geschlossen bewirtschaftete Grundstücke gelten landwirtschaftliche Anwesen oder Grundstücke von mindestens 5 ha Flächeninhalt, die innerhalb der letzten drei Jahre vor der Veräußerung zusammen bewirtschaftet worden sind (Art. 10).

   b) Vorkaufsrecht.
   Beim Verkauf geschlossen bewirtschafteter landwirtschaftlicher Grundstücke an einen gewerbsmäßigen Güterhändler sind die Gemeinde, gemeinnützige landwirtschaftliche Darlehensvereine und sonstige vom Staatsministerium des Innern bezeichnete juristische Personen binnen drei Wochen nach Abschluß des Vertrages zum Vorkaufe berechtigt (Art. 1).

   c) Anzeigepflicht.
   Güterhändler haben den Abschluß von Kaufverträgen binnen drei Tagen der Bezirksverwaltungsbehörde anzuzeigen (Art. 2).

d) Rücktrittsrecht.
Der Verkäufer ist berechtigt, innerhalb einer Woche vom Vertrage zurückzutreten (Art. 5 Abs. I).
Erfolgt die Wiederveräußerung stückweise (Zertrümmerung), so steht auch dem, der die Grundstücke vom Güterhändler erwirbt, innerhalb fünf Tagen nach dem Abschluß des Vertrags das Rücktrittsrecht zu (Art. 5 Abs. II).

e) Abmarkungspflicht.
Sind die vom Güterhändler veräußerten Grundstücksteile noch nicht abgemarkt, so obliegt diesem die Abmarkungspflicht (Art. 7).

VI. Viehzucht.

1. **Hengstkörgesetz** vom 10. Juli 1922 in der Fassung der Bek. vom 7. Februar 1927.

a) Hengste in Privatbesitz dürfen zum Beschälen von Stuten nur verwendet werden, wenn sie vorher angekört, d. h. durch den Körausschuß untersucht und als zur Zucht tauglich erklärt wurden.
Ueber die Ankörung wird ein Körschein ausgestellt. Die angekörten Hengste werden durch ein besonderes Brandzeichen gekennzeichnet.

b) Der Gauritt, d. h. das Umherziehen mit Zuchthengsten zur Beschälung von Stuten, ist untersagt (§ 56 b Abs. III GewO., § 47 der Gestütsordnung vom 7. Februar 1927).

2. **Zuchttierhaltung**. Gesetz über die Haltung und Körung der Bullen, Eber, Ziegen- und Schafböcke vom 13. August 1910.

a) Bullen und Eber dürfen zur Paarung nur dann verwendet werden, wenn sie angekört sind (Art. 9).

b) Die Haltung der erforderlichen Bullen und Eber obliegt der Gemeinde (Art. 1). Die Gemeinde kann die Haltung an verlässige Viehzüchter abgeben (Art. 2).
Der Aufwand für die Haltung der männlichen Zuchttiere ist von den Besitzern zuchtfähiger weiblicher Tiere der entsprechenden Gattung aufzubringen (Art. 4).

c) Für Gemeinden, in denen die Ziegenzucht oder die Schafzucht von erheblicher Bedeutung ist, können diese Vorschriften auf Ziegenböcke oder Schafböcke ausgedehnt werden (Art. 16).

3. **Hufschmiede.**

Der Betrieb des Hufbeschlaggewerbes ist von der Beibringung eines Prüfungszeugnisses abhängig, das nach Besuch einer staatlichen Hufbeschlagschule erlangt werden kann (§ 30 a GewO., Ges. vom 1. März 1884, V. vom 25. März 1927).

VII. **Einrichtungen zur Förderung der Landwirtschaft.**

1. Oberste Aufsicht: Staatsministerium für Landwirtschaft, dem auch die oberste Leitung des Gestütswesens obliegt.
2. Außenstellen:
   Landwirtschaftsstellen zur landwirtschaftlichen Berufsberatung;
   Kulturbauämter zur Anregung und Leitung von Bodenkulturunternehmungen (Entwässerung von Wiesen usw.);
   Flurbereinigungsämter zur Durchführung der Flurbereinigung.
3. Schulen:
   Technische Hochschule in München, Abteilungen für Landwirtschaft in Weihenstephan und in München;
   Höhere Landwirtschaftsschulen, Ackerbauschulen und landwirtschaftliche Winterschulen, sowie zahlreiche Fachschulen.
4. Untersuchungsanstalten:
   Landesanstalt für Pflanzenbau und Pflanzenschutz in München, Landesanstalt für Moorwirtschaft in München, Staatliche Saatzuchtanstalt in Weihenstephan, Anstalt für Bienenzucht in Erlangen.

VIII. **Landwirtschaftliches Kreditwesen.**

1. Die bayerische Landwirtschaftsbank gewährt Darlehen an Grundbesitzer und an Gemeinden.
2. Die landwirtschaftlichen Genossenschaften befassen sich meist neben der Befriedigung des ländlichen Kredits auch mit der Verwertung landwirtschaftlicher Erzeugnisse und mit dem Bezuge landwirtschaftlicher Bedarfsgegenstände.
3. Die Landeskulturrentenanstalt, Ges. vom 21. April 1884 in der Fassung der Bek. vom 31. März 1908, hat den Zweck, die Beschaffung von Kapitalien zur Ausführung von Kulturunternehmungen, zur Versorgung der Landwirtschaft mit elektrischer Kraft und zur Ansiedlung landwirtschaftlicher Arbeiter zu erleichtern.

   Sie gewährt hiezu gering verzinsliche Darlehen, die durch Bezahlung einer „Kulturrente" zu tilgen und zu verzinsen sind.

IX. **Landwirtschaftliche Berufsvertretungen.**

1. **Die Bauernkammern** (Gesetz vom 20. März 1920).
   a) Die Bauernkammern sind Körperschaften des öffentlichen Rechts mit dem Rechte der Selbstverwaltung nach Maßgabe der Gesetze (Art. 3).

      Ihre Aufgabe ist, die Angelegenheiten der Landwirtschaft in wirtschaftlicher und fachlicher Hinsicht wahrzunehmen und zu vertreten (Art. 5).

b) Es bestehen:
1. die Landesbauernkammer,
2. die Kreisbauernkammern für jeden Kreis,
3. die Bezirksbauernkammern für jeden Bezirk und jede kreisunmittelbare Stadt (Art. 2).

c) Zusammensetzung:
Die Bezirksbauernkammer besteht aus 15—20, die Kreisbauernkammer aus 30 Mitgliedern (Art. 18, 20).
Diese werden von den über 20 Jahre alten, selbständigen, ausübenden Landwirten des Bezirks gewählt (Art. 7 ff.).
Die Landesbauernkammer besteht aus je sechs von den Kreisbauernkammern gewählten Mitgliedern (Art. 21).
Die Kammern können sich durch Zuwahl um je ein Fünftel der Zahl der gewählten Mitgliedern verstärken.

d) Die Bauernkammern können zur Bestreitung der Ausgaben Umlagen von den Grundsteuerpflichtigen ihres Bezirks erheben (Art. 29, 31).

2. **Der Landwirtschaftliche Verein.**
Neben den Bauernkammern besteht als freie landwirtschaftliche Berufsvertretung der Landwirtschaftliche Verein in Bayern, der die Förderung und Vertretung aller Angelegenheiten der bayerischen Landwirtschaft zum Ziele hat.
Seine Organe sind: die Landwirtschaftlichen Bezirksausschüsse, die Landwirtschaftlichen Kreisausschüsse und der Bayerische Landwirtschaftsrat.

24. Verkehrswesen.

A. Eisenbahnen.

I. Verfassungsrechtliche Bestimmungen, Reichsbahn, Reichsbahngesellschaft.

Nach Art. 7 Ziff. 19 RV. steht dem Reich die (konkurrierende) Zuständigkeit zur Gesetzgebung über die Eisenbahnen zu. Gemäß Art. 171 RV. gingen die Staatseisenbahnen der Länder am 1. April 1920 auf das Reich über. Vgl. hiezu das bayer. Gesetz vom 30. März 1920 über den Uebergang der bayer. Staatseisenbahnen auf das Reich, dann das Reichsgesetz vom 30. April 1920, betr. den Staatsvertrag über den Uebergang der Staatseisenbahnen auf das Reich vom 31. März 1920, ferner Art. 90—94 RV. Im Vollzug des Art. 92 RV. wurde durch V. vom 12. Februar 1924 ein selbständiges, eine juristische Person darstellendes Unternehmen unter der Bezeichnung „Deutsche Reichsbahn" geschaffen, das die im Eigentum des Reichs stehenden Eisenbahnen zu betreiben und zu verwalten hatte.

Nach § 5 des Reichsbahngesetzes vom 30. August 1924 („Dawes-Plan") hat das Reich der Reichsbahngesellschaft den Betrieb der Reichsbahnen bis zum 31. Dezember 1964 übertragen. Der Reichsregierung bleibt gegenüber der Reichsbahngesellschaft ein gewisses Aufsichtsrecht gewahrt, das sich auf die Sicherheit des Betriebs, die Tarife, Fahrpläne usw. erstreckt. Die Aufsicht wird durch das Reichsverkehrsministerium ausgeübt.

Die Reichsbahngesellschaft hat nach § 4 des Reichsbahngesetzes 11 Milliarden Goldmark Reparationsschuldverschreibungen auszugeben; Vertreter der Inhaber der Schuldverschreibungen ist ein Treuhänder, der von der Reparationskommission ernannt wird.

Organe der Reichsbahngesellschaft sind der Verwaltungsrat und der Vorstand. Ein Teil der Mitglieder des Verwaltungsrats sind Ausländer. Zur Wahrung der Rechte aus den Reparationsschuldverschreibungen wird ein Eisenbahnkommissar bestellt, dem weitgehende Befugnisse zukommen und der von den ausländischen Mitgliedern des Verwaltungsrats gewählt wird. Vgl. auch die Satzung der Deutschen Reichsbahngesellschaft, die einen Bestandteil des Reichsbahngesetzes bildet.

II. Privatbahnen.

Nach Art. 95 RV. unterliegen Eisenbahnen des allgemeinen Verkehrs, die nicht vom Reich verwaltet werden, der Beaufsichtigung durch das Reich. Sie wird durch den Reichsverkehrsminister ausgeübt, der gegenüber den Privateisenbahnen dieselben Befugnisse besitzt, welche den Aufsichtsbehörden der Länder zustehen (§§ 1 und 3 des Reichsgesetzes über die Eisenbahnaufsicht vom 3. Januar 1920). Die dem Reich zustehende Aufsicht wird nach den Gesetzen, Genehmigungsurkunden und Staatsverträgen der Länder ausgeübt (§ 13 des oben I erwähnten Staatsvertrags).

Eisenbahnen, die nicht dem allgemeinen Verkehr dienen, unterliegen der Konzession und Beaufsichtigung durch die Länder (Art. 8 Ziff. 1 des bayerischen Gewerbegesetzes vom 30. Januar 1868, V. vom 20. Juni 1855 und Min.Bek. vom 25. März 1910). Die Aufsicht wird teils vom Staatsministerium für Handel, Industrie, teils vom Staatsministerium des Innern ausgeübt (V. vom 6. Mai 1923).

III. Landesverteidigung.

Alle Eisenbahnen haben den Anforderungen des Reichs auf Benützung der Eisenbahnen zum Zweck der Landesverteidigung Folge zu leisten (Art. 96 RV.).

IV. Monopol des Reichs.

Dem Reich steht nach Art. 94 RV. eine gewisse Monopolstellung hinsichtlich der Erbauung neuer Eisenbahnen zu.

V. **Zwangsenteignung.**

Zwangsabtretung von unbeweglichem Eigentum kann beansprucht werden zur „Errichtung von Eisenbahnen zur Förderung des inneren oder äußeren Handels und Verkehrs" (Art. I A Ziff. 11 des bayerischen Zwangsabtretungsgesetzes vom 17. November 1837). Auch § 38 des Reichsbahngesetzes vom 30. August 1924 verleiht der Reichsbahngesellschaft ein Enteignungsrecht, wobei über die Zulässigkeit der Enteignung im Einzelfall der Reichspräsident endgültig entscheidet.

B. Schiffahrt.

I. **Oeffentliche Flüsse und staatliche Kanäle.**

Die Benützung der öffentlichen Flüsse und staatlichen Kanäle zur Schiff- und Floßfahrt steht nach Art. 29 des bayerischen Wassergesetzes vom 23. März 1907 jedermann frei, vorbehaltlich der Bestimmungen der Staatsverträge und der Schiffahrts-, Floß- oder Kanalordnungen. Wegen des Uebergangs der Schiffahrtsstraßen auf das Reich vgl. Abschnitt 19 I des Grundrisses.

II. **Staatliche Flüsse und Seen.**

Die im Staatseigentum stehenden Seen dürfen mit Dampfschiffen oder sonstigen durch eigene Triebkraft bewegten Schiffen nur auf Grund besonderer Erlaubnis befahren werden (Art. 30 Abs. I des bayer. Wassergesetzes vom 23. März 1907).

Die Bodenseedampfschiffahrt ist auf das Reich übergegangen (§ 1 Abs. III des oben A I genannten Staatsvertrags). Den Betrieb der staatlichen Dampfschiffahrt auf dem Würmsee, Ammersee und der Amper führt die Deutsche Reichsbahngesellschaft auf Rechnung des bayerischen Staats (§ 4 der V. vom 7. August 1920 über die Aufhebung des Staatsministeriums für Verkehrsangelegenheiten mit Vollzugsbekanntmachung vom gleichen Tag).

III. **Fähren.**

Nach Art. 78 des bayerischen Wassergesetzes vom 23. März 1907 bedarf die Errichtung von Ueberfahrtsanstalten (Fähren) über öffentliche Gewässer, Staatsprivatflüsse und Privatflüsse mit erheblicher Hochwassergefahr der Erlaubnis der Kreisregierung oder der Bezirksverwaltungsbehörde (§§ 3 und 5 der V. vom 1. Dezember 1907, den Vollzug des Wassergesetzes betreffend).

C. Post, Telegraph, Telephon.

I. **Verfassungsrechtliche Bestimmungen, Reichspost.**

Nach Art. 6 Ziff. 7 RV. hat das Reich die ausschließliche Gesetzgebung über das Post-, Telegraphen- und Fernsprechwesen. Nach Art. 88 RV. ist das Post-, Telegraphen- und Fernsprechwesen ausschließlich Sache des Reichs.

Im Vollzug des Art. 170 RV. ging ab 1. April 1920 durch Reichsgesetz vom 27. April 1920 und bayer. Gesetz vom 19. März 1920 die Postverwaltung Bayerns auf das Reich über. Gemäß Reichspostfinanzgesetz vom 18. März 1924 ist der Reichspost- und -telegraphenbetrieb als ein selbständiges Unternehmen unter der Bezeichnung „Deutsche Reichspost" zu verwalten.

II. Postregal, Postzwang.

Dem Reich steht das ausschließliche Recht zur Errichtung von Postanstalten und zur Errichtung und zum Betrieb von Fernmeldeanlagen, nämlich Telegraphen-, Fernsprech- und Funkanlagen zu (Postregal); Privatpersonen ist dies nicht gestattet (Art. 3 des Reichsgesetzes vom 20. Dezember 1899, § 1 des Reichsgesetzes über Fernmeldeanlagen in der Fassung vom 14. Januar 1928). Die Befugnis zur Errichtung und zum Betrieb einzelner Fernmeldeanlagen kann vom Reichspostminister verliehen werden. Genehmigungsfrei sind Telegraphenanlagen für den inneren Dienst der Landes- und Gemeindebehörden, der Verkehrsanstalten usw. Wegen des Funkrechts s. unten D.

Die Beförderung von Briefen usw. auf andere Weise als durch die Reichspost ist verboten (Postzwang). Ausnahmen sind nur bei Beförderung durch besondere Boten in gewissem Umfang zulässig (§§ 1, 1a, 2, 2a des Gesetzes über das Postwesen des Deutschen Reichs vom 28. Oktober 1871 / 20. Dezember 1899 [Reichspostgesetz]). Andererseits ist die Post verpflichtet, Postsendungen anzunehmen und zu befördern (§ 3 des eben genannten Gesetzes); dasselbe gilt für die Beförderung von Telegrammen und für die Zulassung zu einem Ferngespräch (§ 7 des Gesetzes über Fernmeldeanlagen).

Das Postregal verbietet die Konkurrenz anderer Beförderungsinstitute, der Postzwang enthält ein Verbot gegenüber dem Publikum.

III. Telegraphenwegegesetz.

Nach § 1 des Reichsgesetzes vom 18. Dezember 1899 (Telegraphenwegegesetz) ist die Telegraphenverwaltung befugt, die Verkehrswege (öffentliche Wege, Plätze, Brücken und öffentliche Gewässer) für ihre Telegraphen- und Fernsprechlinien zu benützen, ohne daß jedoch der Gemeingebrauch der Verkehrswege hiedurch beschränkt werden darf. Zulässig ist auch die Führung von Telegraphenlinien über den Luftraum von Grundstücken, die nicht Verkehrswege sind, soweit nicht dadurch die Benutzung des Grundstücks beeinträchtigt wird.

IV. **Postgeheimnis.**

Die Postverwaltung hat das Post-, Telegraphen- und Fernsprechgeheimnis zu wahren (Art. 117 RV.).

V. **Post und Eisenbahn.**

Nach dem Reichsgesetz vom 20. Dezember 1875 (Eisenbahnpostgesetz) war die Eisenbahn verpflichtet, auf Verlangen der Postverwaltung die von dieser gestellten Postwagen unentgeltlich zu befördern; diese Verpflichtung ist durch § 13 des Reichsbahngesetzes vom 30. August 1924 für die Reichsbahn weggefallen. Die Reichsbahn hat Anspruch auf eine entsprechende Vergütung für die Beförderung der Postwagen.

VI. **Zwangsenteignung.**

Für die Herstellung staatlicher Telegraphen- und Telephonanlagen besteht ein Zwangsenteignungsrecht (Art. I A Ziff. 12 des bayerischen Zwangsabtretungsgesetzes vom 17. November 1837).

D. Funkrecht.

Nach § 1 des Gesetzes über Fernmeldeanlagen (s. oben C II) steht dem Reich ausschließlich das Recht zu, Funkanlagen zu errichten und zu betreiben. Funkanlagen sind „elektrische Sendeeinrichtungen sowie elektrische Empfangseinrichtungen, bei denen die Uebermittlung oder der Empfang von Nachrichten, Zeichen, Bildern oder Tönen ohne Verbindungsleitungen oder unter Verwendung elektrischer, an einem Leiter entlang geführter Schwingungen stattfinden kann".

Die Befugnis zur Errichtung und zum Betrieb von Funkanlagen kann verliehen werden.

Beim Unterhaltungsrundfunk ist die Reichspost Eigentümerin der Sendeanlagen; sie überläßt diese Anlagen den Sendegesellschaften zur Benutzung. Die Empfangsanlagen sind im Eigentum des Rundfunkteilnehmers, der für seine Empfangsanlage eine „Verleihung" der Reichspost benötigt. Zwischen ihm und der Sendegesellschaft besteht kein Vertragsverhältnis.

Der internationale Funkverkehr ist durch Verträge geregelt.

E. Kraftfahrzeugwesen.

I. **Kraftfahrzeugverkehr.**

1. Das Reichsgesetz über den Verkehr mit Kraftfahrzeugen vom 3. Mai 1909 / 21. Juli 1923 mit V. vom 5. und 6. Februar 1924 enthält Verkehrsvorschriften, insbesondere über die Zulassung von Kraftfahrzeugen zum Verkehr, über die Erteilung der Erlaubnis zum Führen von Kraftfahrzeugen, den Entzug und die Versagung des Führerscheins; es enthält ferner Bestimmungen über die Haftpflicht des Kraftfahrzeughalters und Strafvorschriften.

2. Auf Grund des § 6 des Gesetzes vom 3. Mai 1909 ist eine Verordnung über Kraftfahrzeugverkehr in der Fassung der Bek. vom 16. März 1928 ergangen, in der Vorschriften über die Beschaffung und Ausrüstung der Kraftfahrzeuge, die Zulassung zum Verkehr, die Erteilung des Führerscheins, die Straßenpolizei usw. enthalten sind. Den internationalen Kraftfahrzeugverkehr regelt die V. über internationalen Kraftfahrzeugverkehr vom 5. Dezember 1925 / 31. Januar 1928.

Für Kleinkrafträder gelten besondere Bestimmungen.

II. Kraftfahrlinien.

Wer über die Grenzen eines Gemeindebezirks hinaus die Beförderung von Personen oder Sachen mit Kraftfahrzeugen auf bestimmten Strecken betreiben will, bedarf hiezu der Genehmigung; der Reichspost obliegt lediglich eine Anzeige (Reichsgesetz über Kraftfahrlinien vom 26. August 1925 [Kraftfahrliniengesetz]).

Zuständig zur Erteilung der Genehmigung sind die Kreisregierungen (V. vom 12. Februar 1924).

III. Kraftfahrzeugsteuer.

Die Benützung von Kraftfahrzeugen unterliegt einer Steuer nach Maßgabe des Kraftfahrzeugsteuergesetzes vom 21. Dezember 1927. Die Steuer ist eine Reichssteuer; jedoch werden zugunsten der Länder Zuschläge nach § 19 des Gesetzes erhoben.

F. Luftrecht.

Nach Art. 7 Ziff. 19 RV. hat das Reich das Gesetzgebungsrecht über den Verkehr mit Kraftfahrzeugen in der Luft. Darüber hinaus regelt das Luftverkehrsgesetz vom 1. August 1922, geändert durch V. vom 5. und 6. Februar 1924, den Verkehr nicht nur mit Luftschiffen und Flugzeugen, sondern auch mit Ballonen, Drachen und ähnlichen für eine Bewegung im Luftraum bestimmten Geräten.

Grundsätzlich ist die Benutzung des Luftraums durch Luftfahrzeuge frei, vorbehaltlich der nachstehenden Einschränkungen.

Luftfahrzeuge dürfen nur verkehren, wenn sie in die Luftfahrzeugrolle eingetragen und behördlich zugelassen sind. Wer ein Luftfahrzeug führen will, bedarf der Erlaubnis (Luftfahrerschein).

Die Anlage von Flughäfen ist ebenfalls genehmigungspflichtig. Einer Genehmigungspflicht unterliegen auch Unternehmen, die gewerbsmäßig Personen oder Sachen durch Luftfahrzeuge befördern (Luftfahrtunternehmen) und öffentliche Veranstaltungen, an denen Luftschiffe, Flugzeuge oder Ballone beteiligt sind (Luftfahrtveranstaltungen). Luftfahrtunternehmungen mit einem flugplanmäßigen Betrieb müssen auf Verlangen der Postverwaltung Postsendungen gegen angemessene Vergütung befördern.

Ferner bestehen bestimmte Verkehrsvorschriften, Bestimmungen über die Enteignung für Zwecke der Luftfahrt und Vorschriften über die Haftpflicht.

Anordnungen über Luftfahrzeugbau, Flugausbildung u. dgl. enthalten vier Verordnungen der Reichsregierung vom 13. Juli 1926.

G. Brieftauben.

Art. 22a PolStGB. stellt die Uebertretung der Bestimmungen über den Brieftaubenverkehr unter Strafe. Vgl. hiezu das Reichsgesetz vom 28. Mai 1894, betr. den Schutz der Brieftauben und den Brieftaubenverkehr im Krieg.

H. Oeffentliche Wege.

S. den Abschnitt 20 des Grundrisses.

I. Fremdenverkehr.

Dem Staatsministerium für Handel, Industrie und Gewerbe ist zur Beratung in Angelegenheiten des Fremdenverkehrs ein Landes-Fremdenverkehrsrat beigegeben (V. vom 27. Mai 1926).

25. Maße und Gewichte; Münzwesen, Papiergeld.

A. Maße und Gewichte.

Rechtsquelle:

Maß- und Gewichtsordnung (Reichsgesetz) vom 30. Mai 1908.

I. **Grundlagen des Maßes und Gewichts.**

Grundlage für das Längenmaß ist das Meter, für das Flächenmaß das Quadratmeter, für das Körpermaß das Kubikmeter und für das Gewicht das Kilogramm.

II. **Wirtschaftliche Bedeutung der Maße und Gewichte.**

Zum Messen und Wägen im öffentlichen Verkehr, sofern dadurch der Umfang von Leistungen bestimmt werden soll, dürfen nur geeichte Maße, Gewichte und Wagen verwendet werden. Dasselbe gilt für den faßweisen Verkauf von Wein, Obst und Bier, für die entgeltliche Abgabe von Gas (§§ 6—9 der Maß- und Gewichtsordnung). Das gleiche trifft zu nach § 8 des Reichsgesetzes über die elektrischen Meßeinheiten vom 1. Juni 1898 für die gewerbsmäßige Abgabe von elektrischer Arbeit.

III. **Eichung.**

Die Eichung besteht in der Prüfung und Stempelung der Meßgeräte durch die zuständige Behörde. Als Meßgeräte sind nur die oben I genannten Maße und Gewichte, deren Vielfaches und deren Teile zugelassen. Zuständig sind die staatlichen Eichämter, die in technischer Hinsicht dem Landesamt für Maß und Gewicht unterstehen.

Neu in den Verkehr kommende Meßgeräte sind neu zu eichen, vorhandene Meßgeräte innerhalb bestimmter Fristen nachzueichen.

IV. **Raumgehalt für Schankgefäße.**

Das Reichsgesetz, betreffend die Bezeichnung des Raumgehalts für Schankgefäße vom 20. Juli 1881/24. Juli 1909 trifft Bestimmungen über die zulässigen Ausmaße der zur Verabreichung von Wein, Obstwein, Most und Bier in Wirtschaften verwendeten Schankgefäße, sowie über den erforderlichen Abstand zwischen dem oberen Rand der Gefäße und dem Füllstrich.

V. **Maß- und Gewichtspolizei.**

Die Ortpolizeibehörden haben die im öffentlichen Verkehr befindlichen Meßgeräte jährlich mindestens einmal zu mustern (§ 25 der V. vom 29. März 1912).

B. Münzwesen, Papiergeld.

I. **Reichsrechtliche Grundlage.**

Nach Art. 6 Ziff. 5 RV. hat das Reich die ausschließliche Gesetzgebung über das Münzwesen, nach Art. 7 Ziff. 14 RV. die (mit der Landesgesetzgebung konkurrierende) Gesetzgebung über die Ausgabe von Papiergeld.

II. **Rechtsquellen.**

Münzgesetz vom 30. August 1924,
Bankgesetz vom 30. August 1924,
Privatnotenbankgesetz vom 30. August 1924,
Gesetz über die Liquidierung des Umlaufs an Rentenmarkscheinen vom 30. August 1924.

III. **Münzwesen.**

1. Goldwährung.

Im Deutschen Reich gilt die Goldwährung, jedoch zur Zeit (s. unten IV 3) keine reine Goldwährung, sondern nur eine sog. Goldkernwährung. Rechnungseinheit: Reichsmark, Reichspfennig (§ 1 des Münzgesetzes).

2. Prägung der Reichsmünzen.

Das Gesetz trifft Bestimmungen über die Art und den Feingehalt der zu prägenden Reichsmünzen. Die Prägung erfolgt auf Rechnung des Reichs durch die Münzstätten der Länder (§§ 2, 3, 7 des Münzgesetzes).

Der Gesamtbetrag der Münzen zu 5 Reichsmark und darunter darf 20 Mk. für den Kopf der Bevölkerung des Reichs nicht übersteigen (§ 8 des Münzgesetzes).

3. Gesetzliches Zahlungsmittel.

Gesetzliche Zahlungsmittel sind unbeschränkt (§ 5 des Münzgesetzes) die Goldmünzen (deren Prägung bis heute nicht erfolgt ist) und die Reichsbanknoten (s. unten IV), beschränkt (§ 9 des Münzgesetzes) die Silbermünzen und die auf Pfennige lautenden Münzen.

IV. **Papiergeld.**

1. Notenprivileg der Reichsbank.

Die Reichsbank hat auf die Dauer von 50 Jahren das ausschliessliche Recht (s. aber unten 4), Banknoten in Deutschland auszugeben (§ 2 des Reichsbankgesetzes).

2. Notenausgabe, Notendeckung.

Die Notenausgabe erfolgt unter Kontrolle eines Kommissars, der Ausländer sein muß und vom Generalrat der Reichsbank gewählt wird (§§ 19, 27 des Reichsbankgesetzes). Die im Umlauf befindlichen Noten der Bank müssen mindestens zu 40% durch Gold oder Devisen, der Rest durch diskontierte Wechsel oder Schecks gedeckt sein. Ausnahmsweise kann der Satz von 40% durch Beschluß des Generalrats herabgesetzt werden (§§ 28, 29 des Reichsbankgesetzes).

3. Einlösung der Reichsbanknoten.

§ 31 des Reichsbankgesetzes verpflichtet die Reichsbank, ihre Noten in Goldmünzen, Goldbarren, durch Schecks oder Auszahlung in ausländischer Währung einzulösen; diese Bestimmung tritt aber erst in Kraft auf Grund übereinstimmender Beschlüsse der Reichsregierung, des Reichsbankdirektoriums und des Generalrats der Reichsbank (§ 52 des Reichsbankgesetzes).

4. Privatnotenbanken.

Die bestehenden Notenbanken — Bayerische Notenbank, Württembergische Notenbank, Sächsische Notenbank, Badische Notenbank — dürfen auch weiterhin Banknoten bis zum Gesamtbetrag von 194 Millionen Reichsmark (hievon die Bayer. Notenbank 70 Millionen) ausgeben. Für die Deckung und Einlösung dieser Banknoten gelten ähnliche Bestimmungen wie für die der Reichsbanknoten. Die Noten der Privatnotenbanken sind kein gesetzliches Zahlungsmittel.

5. Deutsche Rentenbank.

Die durch Reichsverordnung vom 15. Oktober 1923 errichtete Deutsche Rentenbank ist verpflichtet, die von ihr ausgegebenen Rentenbankscheine bis zum Jahre 1934 einzulösen (§ 5 des Gesetzes über die Liquidierung des Umlaufs an Rentenbankscheinen vom 30. August 1924).

26. Versicherungswesen
(ausschließlich der Sozialversicherung).

A. Private Versicherungsunternehmungen.

I. **Rechtsquelle.**

Art. 7 Ziff. 17 RV.;
Reichsgesetz über die privaten Versicherungsunternehmungen vom 12. Mai 1901 (mit mehrfachen Aenderungen).

II. **Oeffentliches und privates Recht.**

Das Reichsgesetz vom 12. Mai 1901 behandelt die öffentlich-rechtliche Seite des Versicherungswesens; die privatrechtliche Seite ist durch das Reichsgesetz über den Versicherungsvertrag vom 30. Mai 1908 geregelt.

III. **Reichs- und Landesrecht.**

Die auf Grund landesgesetzlicher Vorschriften errichteten öffentlichen Versicherungsanstalten (s. unten B) unterliegen den Vorschriften des Reichsgesetzes nicht, sie müssen jedoch bestimmte statistische Nachweise an das Reichsaufsichtsamt für Privatversicherung einreichen (§ 119 des Gesetzes). Durch Landesgesetz kann der Betrieb bestimmter Versicherungsgeschäfte öffentlichen Anstalten vorbehalten werden (§ 120 des Gesetzes).

IV. **Zulassung zum Geschäftsbetrieb.**

Versicherungsunternehmungen bedürfen zum Geschäftsbetrieb der Erlaubnis. Die Erlaubnis kann unter gewissen Voraussetzungen versagt werden. Zuständig zur Erteilung der Erlaubnis ist das Reichsaufsichtsamt für Privatversicherung; ist jedoch der Geschäftsbetrieb auf Bayern beschränkt, so ist zur Erteilung der Erlaubnis die Kreisregierung zuständig, gegen deren Bescheid der Verwaltungsgerichtshof angerufen werden kann (bayerisches Gesetz vom 20. Dezember 1901).

V. **Aufsicht.**

Die Aufsicht über die privaten Versicherungsunternehmungen wird durch die unter IV genannten Behörden (Reichsaufsichtsamt bezw. Kreisregierung) ausgeübt. In gewissen Fällen (§ 73 des Gesetzes) entscheidet das Reichsaufsichtsamt auf Grund mündlicher Beratung unter Zuziehung von Mitgliedern eines Beirats; ist die Kreisregierung zur Handhabung der Aufsicht zuständig, so ist in den gleichen Fällen eine Beschwerde an den Verwaltungsgerichtshof zulässig (bayer. Gesetz vom 20. Dezember 1901).

VI. **Einzelheiten.**

Besondere Bestimmungen gelten für die „Versicherungsvereine auf Gegenseitigkeit“ (§§ 15—53 des Reichsgesetzes), für die

Prämienreserve bei der Lebensversicherung (§§ 56—62 des Reichsgesetzes) und für ausländische Versicherungsunternehmungen (§§ 85—91 des Reichsgesetzes).

B. Oeffentliche Versicherungsunternehmungen.

I. Allgemeines.

In Wahrung öffentlicher Interessen hat der bayerische Staat für eine Reihe von Versicherungszweigen öffentlichrechtliche Versicherungsanstalten errichtet, die sämtlich von der bayerischen Versicherungskammer verwaltet werden, jede auf eigene Rechnung. Für die Versicherungen besteht zum Teil Beitrittszwang, zum Teil ist die Versicherung völlig freiwillig, zum Teil ist die Versicherung zwar freigegeben, doch ist eine Versicherung bei privaten Unternehmungen unzulässig.

Es bestehen zur Zeit u. a. folgende Versicherungen:

Gebäudebrandversicherung,
Fahrnisfeuerversicherung,
Waldbrandversicherung,
Hagelversicherung,
Tierversicherung einschl. der Schlachtviehversicherung,
Haftpflichtversicherung,
Versorgungsverband (s. Abschnitt 31 II K des Grundrisses),
Staatsbeamtenkrankenkasse,
Bühnenversorgung,
Aerzteversorgung (s. Abschnitt 6 C IV des Grundrisses [S. 40]),
Apothekerversorgung (s. Abschnitt 6 D V des Grundrisses [S. 42]) usw.

Einer näheren Besprechung können hier nur die ersten 5 Versicherungen unterzogen werden.

II. Die Gebäudebrandversicherung.

1. Das Gesetz über die Brandversicherungsanstalt für Gebäude (Brandversicherungsgesetz) vom 3. April 1875 (mit mehrfachen Aenderungen) versichert auf dem Grundsatz der Gegenseitigkeit Gebäude gegen Brandschaden.

Die Teilnahme an der Versicherung ist zwar fakultativ, doch ist die Versicherung bei anderen Anstalten verboten.

Die Höhe der Versicherung ist dem Teilnehmer ebenfalls freigestellt, doch ist eine Ueberversicherung verboten.

Im Brandfall hat der Versicherte einen Rechtsanspruch auf Schadensvergütung; jedoch muß die Entschädigung zur Wiederherstellung des abgebrannten Gebäudes verwendet werden. Die Entschädigung wird von der Versicherungskammer festgesetzt. Gegen deren Bescheid kann Einspruch bei der Bezirksverwaltungsbehörde eingelegt und gegen deren

11*

Entscheidung der Verwaltungsgerichtshof angerufen werden. Das Verfahren ist Verwaltungsrechtssache nach Art. 8 Ziff. 40 VGG. Im gleichen Verfahren werden Streitigkeiten über die Aufnahme in die Anstalt entschieden.

Die Versicherungsbeiträge, die nach Gefahrenklassen gestaffelt sind, werden von den Gemeindebehörden eingehoben und beigetrieben.

2. Das Ergänzungsgesetz zum Brandversicherungsgesetz vom 8. April 1920 (Baunotversicherungsgesetz) bezweckt eine Deckung der Brandschäden in einer der jeweiligen Ueberteuerung der Baukosten entsprechenden Höhe. Der Beitritt ist freiwillig. Die Teilnehmer an der Baunotversicherung zahlen außer den gewöhnlichen Brandversicherungsbeiträgen besondere Umlagen.

III. **Die Fahrnisfeuerversicherung.**

Der „Bayerische Feuerversicherungsverband" versichert auf Gegenseitigkeit Fahrnisse. Er ist eine Körperschaft des öffentlichen Rechts. Mitglieder können Gemeinden und andere juristische Personen öffentlichen Rechts, gemeinnützige Vereine und Anstalten sein. Die Satzung des Verbands wurde am 10. Juli 1920 genehmigt (MABl. S. 206).

IV. **Die Waldbrandversicherung.**

Die unter III genannten Körperschaften können dem Verband „Bayerische Waldversicherung" beitreten und hiedurch ihre Wälder gegen Brandschäden versichern. Ruht auf dem Waldgrundstück eine Hypothek, so kann auch eine Hypothekversicherung mit der Waldbrandversicherung verbunden werden. Die Satzung des Verbands wurde am 26. Mai 1920 genehmigt (MABl. S. 161).

V. **Die Hagelversicherung.**

Das Hagelversicherungsgesetz vom 13. Februar 1884 (mit mehrfachen Aenderungen) regelt die Versicherung gegen Hagelschaden auf dem Grundsatz der Gegenseitigkeit. Der Beitritt ist freiwillig, die Aufnahme in die Anstalt kann nicht verweigert werden. Die Entschädigung erfolgt auf Grund von Schätzungen durch beeidigte Sachverständige. Gegen die von der Anstaltsverwaltung erfolgte Festsetzung der Entschädigung kann der Versicherte Beschwerde zu einem Schiedsgericht erheben, dessen Entscheidung endgültig ist. Die Anstalt versichert auch gegen Frostschäden.

VI. **Viehversicherung** (einschließlich der Schlachtviehversicherung).

Das Viehversicherungsgesetz vom 11. Mai 1896 in der Fassung der Bekanntmachung vom 23. April 1910 (mit zahlreichen Aenderungen) bezweckt die Versicherung gegen Verluste, die durch Umstehen, Notschlachten oder Diebstahl von Pferden und anderen

Einhufern, ferner von Rindern, Ziegen und Schafen dem Eigentümer der Tiere erwachsen.

Trägerin der Versicherung, die auf Gegenseitigkeit beruht, ist die Landesanstalt für öffentliche Tierversicherung; diese wird gebildet durch die in einem Landesverband vereinigten Tierversicherungsvereine, die die Mustersatzung angenommen haben und in die Anstalt aufgenommen wurden. Der Beitritt zur Versicherung ist freiwillig.

Die Schadensfestsetzung erfolgt durch die Vereine nach Maßgabe der Mustersatzung, über die Entschädigung selbst entscheidet die Landesanstalt. Gegen die Entscheidung der Landesanstalt kann Beschwerde zu dem bei ihr bestehenden Schiedsgericht erhoben werden. Die Landesanstalt schlägt ihren Aufwand auf sämtliche Vereine aus, der Aufwand der Vereine wird von diesen auf die Mitglieder umgelegt.

Eine besondere Art der Viehversicherung ist die Schlachtviehversicherung (Art. 13a des Viehversicherungsgesetzes). Sie ist bestimmt zur Versicherung gegen Verluste, die dadurch entstehen, daß zur Schlachtung bestimmte Tiere umstehen oder daß die Körper geschlachteter Tiere bei der Fleischbeschau als zum menschlichen Genuß ganz oder teilweise untauglich, bedingt tauglich oder minderwertig erklärt werden. Die Teilnahme an der Versicherung ist für alle beschaupflichtigen Rinder, Schweine, Schafe und Ziegen obligatorisch, eine anderweitige Versicherung unzulässig (Min.Bek. vom 24. September 1920; MABl. S. 352). An der Versicherung haben sich der Tierhalter, der Händler und der Schlachtende zu beteiligen.

27. Bankwesen, Börse.

A. Bankwesen.

I. Verfassungsrecht.

Das Bankwesen unterliegt nach Art. 7 Ziff. 14 RV. der reichsgesetzlichen Regelung (konkurrierende Zuständigkeit des Reichs).

II. Reichsbank.

Die Rechtsverhältnisse der Reichsbank sind durch das Bankgesetz vom 30. August 1924 geregelt. Hienach ist die Reichsbank eine von der Reichsregierung unabhängige Bank mit juristischer Persönlichkeit; sie hat die Aufgabe, den Geldumlauf im Reichsgebiet zu regeln, Zahlungsausgleichungen zu erleichtern und für die Nutzbarmachung verfügbaren Kapitals zu sorgen.

Die Reichsbank wird verwaltet von einem Direktorium, das insbesondere die Währungs-, Diskont- und Kreditpolitik der Bank bestimmt. Die Mitglieder des Direktoriums müssen Deutsche sein.

Der Präsident wird vom Generalrat auf 4 Jahre gewählt. Der Generalrat besteht aus 14 Mitgliedern, von denen die Hälfte Ausländer sind. Dem Generalrat steht ein gewisses Aufsichtsrecht über die Reichsbank zu.

Die Geschäfte, die die Reichsbank betreiben darf, sind im Gesetz genau umschrieben. An dem Reingewinn der Bank ist das Reich beteiligt.

Wegen der Ausgabe der Banknoten durch die Reichsbank vgl. Abschnitt 25 B IV des Grundrisses (S. 161).

III. **Bayerische Staatsbank.**

Die Bayerische Staatsbank ist das Bankinstitut des Bayerischen Staats. Ihre Organisation beruht auf der V. vom 13. Dezember 1878. Sie betreibt außer den staatlichen Bankgeschäften Bankgeschäfte aller Art.

IV. **Sparkassen.**

Die Sparkassen dienen vor allem zur Anlage kleinerer Geldbeträge. Neben privaten Sparkassen von Vereinen, gewerblichen Betrieben usw. sind besonders hervorzuheben die öffentlichen Sparkassen.

In Bayern gibt es Sparkassen der Gemeinden und der Bezirke. Die Errichtung von Sparkassen durch Gemeinden oder Bezirke bedarf nach Art. 61 Abs. 1 Ziff. 2 der Gemeindeordnung und Art. 34 Abs. I Ziff. 2 der Bezirksordnung der staatsaufsichtlichen Genehmigung. Für den Geschäftsbetrieb der Sparkassen bestehen sog. Grundbestimmungen. Ihr Geschäftsbetrieb wird von der Staatsaufsichtsbehörde überwacht.

Die bayerischen Sparkassen sind zusammengeschlossen im Bayerischen Sparkassen- und Giroverband.

V. **Private Notenbanken.**

Vgl. Abschnitt 25 B IV 4 des Grundrisses.

VI. **Hypothekenbanken.**

Das Hypothekenbankgesetz vom 13. Juli 1899 (mit mehrfachen Aenderungen) regelt die Verhältnisse der Hypothekenbanken. Sie bedürfen der Zulassung durch den Reichsrat (bezw. durch die Landeszentralbehörde, wenn der Geschäftsbetrieb der Bank über das Gebiet eines Landes nicht hinausgeht).

Ihr Geschäftsbetrieb unterliegt der staatlichen Beaufsichtigung, die durch einen Kommissar ausgeübt wird.

Die Hypothekenbanken dürfen außer der Gewährung hypothekarischer Darlehen und der Ausgabe von Hypothekpfandbriefen, deren Gesamtbetrag in Höhe des Nennwerts durch Hypotheken von gleicher Höhe und gleichem Zinsertrag gedeckt sein muß, nur gewisse Geschäfte betreiben, z. B. die Ausgabe von Schuldverschreibungen, die durch Darlehen an inländische Körperschaften des öffentlichen Rechts gedeckt sind, ferner die Ausgabe von Schuldverschreibungen, die durch Darlehen an inländische Kleinbahnunternehmungen gedeckt sind. Auch bestehen Vorschriften über die Höhe der zulässigen Beleihnung.

VII. **Landeskulturrentenanstalt.**

Vgl. Abschnitt 23 VIII 3 des Grundrisses.

VIII. **Depotgeschäfte.**

Depotgeschäfte (d. h. die Verwahrung und Verwaltung von Wertpapieren) und Depositengeschäfte (d. h. die Annahme, Verwahrung und Verwaltung von Geldbeträgen) dürfen nach dem Reichsgesetz über Depot- und Depositengeschäfte vom 26. Juni 1925 geschäftsmäßig nur von Depositenbanken betrieben werden. Gewissen Unternehmungen kommt diese Eigenschaft kraft Gesetzes zu, andere bedürfen der Zulassung durch die oberste Landesbehörde, wenn sie Depot- oder Depositengeschäfte betreiben wollen. Vgl. die bayerische Ausführungsbestimmung vom 12. September 1925.

Das Gesetz gilt bis 31. Dezember 1929 (Reichsgesetz vom 24. Dezember 1927).

B. Börse.

I. **Verfassungsrecht.**

Das Reich hat nach Art. 7 Ziff. 14 RV. die Gesetzgebung über das Börsenwesen.

II. **Börsenwesen.**

Das Börsenwesen ist geregelt durch das Reichsgesetz vom 22. Juni 1896 (Börsengesetz) in der Fassung der Bekanntmachung vom 27. Mai 1908 (mit mehrfachen Aenderungen).

Die Errichtung einer Börse bedarf der Genehmigung der Landesregierung, die auch die Aufsicht über die Börse ausübt. Bei jeder Börse ist ein Staatskommissar bestellt, dem gewisse Ueberwachungsbefugnisse zukommen. Für jede Börse ist eine Börsenordnung zu erlassen, die der Genehmigung durch die Landesregierung unterliegt. Auch besteht an der Börse ein Ehrengericht.

28. Zwangsenteignung.

I. **Begriff.**

Zwangsenteignung ist die gesetzlich geregelte, zwangsweise Entziehung oder Belastung des Eigentums im öffentlichen Interesse.

II. **Rechtsquelle.**

Art. 7 Ziff. 12, Art. 153 Abs. II RV; bayer. Zwangsabtretungsgesetz vom 17. November 1837 / 13. August 1910 / 9. Mai 1918; Art. 17—26 des bayer. AG. zur ZPO.; für besondere Fälle (s. unten IX) bestehen zahlreiche reichs- und landesgesetzliche Vorschriften.

III. Grundsätzliches.

Art. 153 Abs. II RV. stellt mit bindender Wirkung für das Landesrecht (Art. 13 Abs. I RV.) folgende Grundsätze für die Enteignung auf:

1. Die Enteignung kann nur zum Wohl der Allgemeinheit erfolgen;
2. für die Enteignung muß eine gesetzliche Grundlage gegeben sein;
3. für die Enteignung muß eine angemessene Entschädigung gewährt werden, soweit nicht ein Reichsgesetz etwas anderes bestimmt;
4. wegen der Höhe der Entschädigung muß der Rechtsweg bei den ordentlichen Gerichten offen gehalten werden, soweit Reichsgesetze nicht anders bestimmen;
5. gegenüber Ländern, Gemeinden und gemeinnützigen Verbänden darf eine Enteignung durch das Reich nur gegen Entschädigung erfolgen.

IV. Das bayerische Zwangsabtretungsgesetz.

1. Arten der Zwangsenteignung:
   a) Entziehung des Eigentums,
   b) Entziehung dinglicher Rechte mit Ausnahme der Hypotheken, Grund- und Rentenschulden (Art. II des Zwangsabtretungsgesetzes),
   c) Belastung mit einer Dienstbarkeit; diese kann von dem Grundstückseigentümer abgelehnt werden und der Grundstückseigentümer kann verlangen, daß der Unternehmer das Eigentum erwirbt, wenn die Belastung eine Erschwerung der Benützung des Grundstücks bedeuten würde (Art. III des Zwangsabtretungsgesetzes).
2. Gegenstand der Zwangsabtretung.
   Nach dem bayerischen Zwangsabtretungsgesetz unterliegt nur unbewegliches Eigentum der Zwangsenteignung (Art. I des Zwangsabtretungsgesetzes).

V. Voraussetzungen der Zwangsenteignung.

1. Vorliegen eines der in Art. I A 1—18 des Zwangsabtretungsgesetzes aufgezählten (Enumerationsprinzip) Unternehmungen (Erbauung von Eisenbahnen, Elektrizitätswerken, Staatsstraßen, Bezirksstraßen, Kanälen, Anlage von Friedhöfen, Erschließung von Baugelände usw.);
2. Nachweis der Gemeinnützigkeit des Zwecks;

3. Notwendigkeit der Heranziehung des Grundstücks zu dem Unternehmen;
4. Ermächtigung durch das Staatsministerium des Innern (sog. Weisung).

VI. **Entschädigung.**

Die Entschädigung muß — abgesehen von Fällen öffentlichen Notstandes — vor der Enteignung gewährt werden. Ihrem Umfang nach umfaßt die Entschädigung (Art. V—XII des Zwangsabtretungsgesetzes)

1. den gemeinen Wert des abzutretenden Gegenstands,
2. die Vergütung für die dem Eigentümer durch die Abtretung zugehenden sonstigen Nachteile, z. B. Erschwerungen des Betriebs,
3. die Vergütung für das Erlöschen von Pacht- und sonstigen Nutzungsrechten.

VII. **Verfahren.**

1. Einreichung des Antrags bei der Kreisregierung, die die Ermächtigung des Ministeriums zu erholen hat (s. oben V 4).
2. Tagfahrt der Bezirksverwaltungsbehörde unter Beiziehung der Beteiligten; wird hier die Abtretungspflicht bestritten, dann erfolgt
3. Entscheidung über die Abtretungspflicht in 1. Instanz durch die Kreisregierung, in 2. Instanz durch den Verwaltungsgerichtshof, in beiden Fällen im verwaltungsgerichtlichen Verfahren (Art. 8 Ziff. 10 VGG.).
4. Wird die Abtretungspflicht nicht bestritten oder ist hierüber rechtskräftig entschieden (s. 3), so erfolgt die Festsetzung der Entschädigung durch die Bezirksverwaltungsbehörde auf Grund einer Tagfahrt unter Zuziehung der Beteiligten und nach Anhörung von Schätzleuten.
5. Einweisung in den Besitz der Abtretungsgegenstände nach Hinterlegung der festgesetzten Entschädigung.
6. Gegen die Festsetzung der Entschädigung (s. oben 4) kann binnen 1 Monat die Entscheidung der ordentlichen Gerichte angerufen werden.

VIII. **Rechtsfolgen.**

Nach durchgeführtem Verfahren erwirbt der Abtretungsberechtigte das Eigentum oder (je nach der getroffenen Entscheidung) eine Dienstbarkeit an dem Grundstück. Die Hypotheken, Grund- und Rentenschulden, die auf dem Abtretungsgegenstand beruhten, erlöschen; den Gläubigern der Hypotheken, Grund- und Rentenschulden haftet für ihre Ansprüche die Entschädigungssumme.

IX. **Besondere Fälle.**

In einer großen Zahl von Reichs- und Landesgesetzen (z. B. Reichsviehseuchengesetz, Gewerbeordnung, Berggesetz, Wassergesetz usw.) finden sich besondere Fälle, die eine Zwangsenteignung beweglicher oder unbeweglicher Gegenstände zulassen. Die materiellen Voraussetzungen der Enteignung, die Zuständigkeit und das Verfahren bestimmen sich nach diesen besonderen Gesetzen.

III. Die Verwaltungstätigkeit in bezug auf das geistige Leben.

29. Schulrecht.

A. Allgemeines.

I. **Geschichtliches.**

Bis tief in das Mittelalter waren in Deutschland die Schulen Einrichtungen der Kirche. Erst allmählich traten an ihre Seite die von Städten und Fürsten eingerichteten weltlichen Schulen. Gegen Ende des 18. Jahrhunderts gewann die Ueberzeugung die Oberhand, daß das Schulwesen eine Angelegenheit des Staats (und der Gemeinden) und daß die Organisation, Beaufsichtigung und Leitung des Schulwesens eine der wichtigsten Staatsaufgaben sei. Im Laufe des 19. Jahrhunderts wurde in Bayern das Schulwesen durch eine große Anzahl von Gesetzen, Verordnungen und Ministerialentschließungen geregelt, insbesondere das Finanzrecht der Volksschulen durch das Gesetz vom 10. November 1861, die Aufbringung des Bedarfs für die deutschen Schulen betreffend, an dessen Stelle das Schulbedarfsgesetz vom 28. Juli 1902 trat, das wieder durch das Schulbedarfsgesetz vom 14. August 1919 (s. unten VI) abgelöst wurde.

Das Verhältnis von Kirche und Schule wurde neuerdings geregelt durch das Konkordat und die Verträge mit den evangelischen Kirchen (Gesetz vom 15. Januar 1925).

II. **Verfassungsrechtliches.**

1. Nach Art. 10 Ziff. 2 RV. kann das Reich im Wege der Gesetzgebung Grundsätze aufstellen für das Schulwesen einschließlich des Hochschulwesens und das wissenschaftliche Büchereiwesen.
2. In Art. 142—149 RV. hat das Reich eine Reihe von Bestimmungen über das Schulwesen getroffen, die aber meist bloße Programmsätze sind und nicht unmittelbar rechtserzeugend wirken, vielmehr der Ausfüllung durch die Reichs- oder Landesgesetzgebung bedürfen. Zu nennen sind:
   a) Grundsatz der freien Kunst, Wissenschaft und Lehre (Art. 142 RV.). Uebereinstimmend ist § 20 BayVU.;

b) Oeffentliche Anstalten für die Bildung der Jugend, einheitliche Lehrerbildung, Staatsbeamteneigenschaft der Lehrer an öffentlichen Schulen (Art. 143 RV.). Uebereinstimmend § 21 Abs. I BayVU.;
c) Aufsicht des Staats über das Schulwesen (Art. 144 RV.);
d) Allgemeine Schulpflicht, Aufbau des Schulwesens auf einer simultanen Grundschule, Einrichtung von Bekenntnisschulen, bekenntnisfreien (weltlichen) Schulen und Weltanschauungsschulen auf Antrag der Erziehungsberechtigten durch die Landesgesetzgebung nach den Grundsätzen eines (noch nicht erlassenen) Reichsgesetzes; bis zu dessen Erlaß bleibt es bei der bestehenden Rechtslage (Art. 146, 147, 174 RV.). Uebereinstimmend § 21 Abs. II BayVU.;
e) Private Schulen bedürfen der staatlichen Genehmigung und unterliegen weitgehenden Beschränkungen (Art. 147 RV.);
f) Als Ziel der Schulen gilt sittliche Bildung, staatsbürgerliche Gesinnung, persönliche und berufliche Tüchtigkeit (Art. 148 RV.);
g) Der Religionsunterricht ist ordentliches Lehrfach, ausgenommen an den bekenntnisfreien (weltlichen) Schulen (Art. 149 RV.).

III. **Organisatorisches.**

Die oberste Aufsicht über das gesamte Schulwesen hat das Staatsministerium für Unterricht und Kultus, dem zur fachmännischen gutachtlichen Beratung wichtiger Angelegenheiten ein Landesschulbeirat zur Seite steht (V. vom 29. Juli 1917, die Bildung von Schulbeiräten betreffend).

Unter dem Staatsministerium steht die Beaufsichtigung und Leitung des Volksschulwesens in den Kreisen den Regierungen, Kammern des Innern, zu (V. vom 29. Juli 1920, betreffend die Aufsicht über das Volksschulwesen an den Kreisregierungen). Wegen der dienstlichen Aufsicht der Bezirks- oder Stadtschulbehörde s. unten B V 3.

Die höheren Lehranstalten stehen unter der allgemeinen Aufsicht des Staatsministeriums für Unterricht und Kultus; hinsichtlich der baulichen und hygienischen Verhältnisse werden die aufsichtlichen Befugnisse von den Kreisregierungen wahrgenommen (§ 42 der Schulordnung vom 30. Mai 1914).

Die Hochschulen stehen unter der Aufsicht des Staatsministeriums für Unterricht und Kultus.

B. Die Volksschulen.

I. Arten der öffentlichen Volksschulen.

1. Nach dem Lehrstoff unterscheidet man Volkshauptschulen und Volksfortbildungsschulen (§ 2

der V. vom 22. Dezember 1913 über die Schulpflicht). Nicht zu den öffentlichen Volksschulen gehören die Berufsfortbildungsschulen, deren Besuch von der Verpflichtung zum Besuch der Volksschule befreit (§ 17 der eben genannten V.). Wegen der Berufsfortbildungsschulen s. unten III.

Die 4 untersten Jahrgänge der Volkshauptschule gelten als die Grundschule im Sinne des Art. 146 Abs. I Satz 2 RV. (Reichsgesetz vom 28. April 1920 / 26. Februar 1927 und vom 18. April 1925).

2. Nach dem Zusammenhang mit dem religiösen Bekenntnis unterscheidet man
   a) Bekenntnisschulen (konfessionelle Schulen),
   b) Konfessionell gemischte Schulen (Simultanschulen),
   c) Weltanschauungsschulen, d. h. Schulen einer bestimmten, nicht christlichen Weltanschauung,
   d) weltliche Schulen, d. h. Schulen ohne religiöse oder Weltanschauung.

   In Bayern bestehen nur die unter a und b genannten öffentlichen Volksschulen. Außerdem gibt es Schulen, die von Angehörigen eines christlichen Bekenntnisses aus eigenen Mitteln freiwillig unterhalten werden (christliche Bekenntnissonderschulen), ferner Schulen von Stiftungen und gemeinnützigen Unternehmungen und israelitische Volksschulen; hierüber vgl. Art. 33, 35 und 36 des Schulbedarfsgesetzes vom 14. August 1919. Wegen der privaten Volksschulen s. unter E.

   Ob eine Schule eine konfessionelle oder eine Simultanschule ist, bestimmt sich nach der V. vom 26. August 1883, die Errichtung der Volksschulen und die Bildung der Schulsprengel betreffend. Hienach ist die konfessionelle Schule die Regel, die Simultanschule die Ausnahme. Diese V. wurde vorübergehend abgeändert (zum Zwecke der Erleichterung der Bildung von Simultanschulen) durch die V. vom 1. August 1919 (Simultanschul-V.), deren Vollzug jedoch mit V. vom 22. Juni 1920 eingestellt wurde, da im Hinblick auf Art. 174 Satz 1 RV. die Zulässigkeit einer Aenderung der bestehenden Rechtslage vor dem Erlaß des in Art. 146 Abs. II R.V. vorgesehenen Reichsschulgesetzes zweifelhaft erschien.

   Die Konfessionsschulen sind allgemeine Volksschulen für Kinder des Schulsprengels, gleichviel welchem Bekenntnis sie angehören (s. unten II 2 e); ihr Gepräge erhalten die Konfessionsschulen dadurch, daß an ihr nur Lehrer derselben Konfession angestellt werden dürfen (§ 12 der V. vom 26. August 1883; Art. 5 § 1 des Konkordats; Art. 5 des Vertrags zwischen dem bayerischen Staat und der evangelisch-lutherischen Kirche). Auch bei Simultanschulen sollen die Lehrer der verschiedenen Konfessionen im Verhältnis der Konfession der Schüler angestellt werden.

Ein Zwang zum Besuch einer Simultanschule darf insolange nicht eintreten, als der Besuch einer konfessionellen Schule möglich gemacht werden kann. Andererseits muß Kindern, die nach dem Willen der Erziehungsberechtigten nicht die allgemeine Konfessionsschule eines anderen Bekenntnisses besuchen sollen, der Besuch einer benachbarten Volksschule ihrer Konfession gestattet werden, wenn die gesetzliche Vertretung dieser benachbarten Volksschule zustimmt und die Schulraumverhältnisse nicht hindernd im Wege stehen (§ 11 der ebengenannten V.).

II. Errichtung von Volksschulen; Schulsprengel.

1. Die Errichtung von Volksschulen.

Die Errichtung von Volksschulen ist ein Ausfluß des staatlichen Organisationsrechts. Dieses Organisationsrecht ist aber im Hinblick auf die Beteiligung der Gemeinde an der Aufbringung des Schulbedarfs (s. unten VI) beschränkt durch die Bestimmungen in Art. 9, 10 und 10a des Schulbedarfsgesetzes vom 14. August 1919, wonach die Errichtung einer Schule an gewisse Voraussetzungen (weiter Schulweg, konfessionelle Verhältnisse, sonstige besondere Verhältnisse) geknüpft ist.

2. Schulsprengel.

Schulsprengel ist das Gebiet, für das eine Schule bestimmt ist. Die Bildung der Schulsprengel ist ein Ausfluß des staatlichen Organisationsrechts; sie ist in der V. vom 26. August 1883 geregelt.

a) Regel ist, daß jede Gemeinde wenigstens eine Volksschule besitzt und mit ihrer Markung einen Schulsprengel bildet.
b) Bei geringer Schülerzahl und geringer Leistungsfähigkeit der Gemeinden kann für mehrere Gemeinden eine gemeinsame Schule errichtet werden.
c) Bei großer Entfernung oder Beschwerlichkeit des Schulwegs können Bestandteile einer Gemeinde zum Schulsprengel einer Nachbargemeinde zugeteilt werden. Eine solche Schule heißt Sprengelschule und der Schulsprengel heißt zusammengesetzter Schulsprengel.
d) In größeren Gemeinden können mehrere Volksschulen errichtet und der Schulsprengel in eine entsprechende Zahl von Schulbezirken abgeteilt werden.
e) Der Sprengel oder Bezirk einer Volksschule erstreckt sich auf Kinder aller Konfessionen; wo jedoch für die verschiedenen Glaubensbekenntnisse Konfessionsschulen

bestehen, erstrecken sich die Schulbezirke nur auf die der betreffenden Konfession angehörenden Kinder.

3. Lehrstellen.
Auch die Bestimmung der Zahl der Lehrstellen an öffentlichen Volksschulen ist ein Ausfluß des staatlichen Organisationsrechts. Wenn jedoch die Voraussetzungen des Art. 8 des Schulbedarfsgesetzes gegeben sind (entsprechende Schülerzahl), sind die Mittel zur Errichtung einer neuen Lehrstelle bereitzustellen.

4. Streitigkeiten.
Bei Beschwerden gegen Beschlüsse oder Verfügungen der Kreisregierungen über die Zugehörigkeit zu einem Schulverband, über Schulsprengelgrenzen und über die Verpflichtung zur Errichtung neuer Schulen oder Lehrstellen entscheidet in letzter Instanz der Verwaltungsgerichtshof (Art. 10 Ziff. 17 und 18 VGG. in der Fassung des Art. 78 Abs. II Ziff. 2 des Schulbedarfsgesetzes).

III. Schulpflicht.

1. Die Schulpflicht ist geregelt durch die V. vom 22. Dezember 1913 (abgeändert durch V. vom 16. August 1926 und 16. April 1927). Sie dauert 10 Jahre, hievon treffen 7 auf die Hauptschule und 3 auf die Fortbildungsschule.
Ein 8. Schuljahr kann durch die Regierung eingerichtet werden, wenn die Gemeinde die erforderlichen Mittel bereitstellt. Der Besuch der 8. Schulklasse ist freiwillig; er kann jedoch auf Antrag der Gemeindeverwaltung durch die Regierung zur Pflicht gemacht werden. Der Besuch des 8. Schuljahres wird auf die Dauer der Fortbildungsschulpflicht angerechnet.
Von der Verpflichtung zum Besuch der Volksschule sind befreit die Schüler höherer Lehranstalten, Schüler einer sonstigen behördlich anerkannten Unterrichtsanstalt, Schulpflichtige, die mit Genehmigung der Bezirks- oder Stadtschulbehörde (s. unten V. 3) einen vollständigen Privatunterricht erhalten und Schulpflichtige, die eine Berufsfortbildungsschule besuchen.
Berufsfortbildungsschulen sind Unterrichtsanstalten, in denen die Schüler unter besonderer Berücksichtigung ihrer beruflichen Ausbildung nach Einzelberufen oder Berufsgruppen getrennt unterrichtet werden. Sie sind hauptsächlich von Gemeinden errichtet. Ihre Verhältnisse sind durch die V. vom 22. Dezember 1913 über die Berufsfortbildungsschulen geregelt.
Die Schulpflicht erstreckt sich auf alle Schulpflichtigen ohne Rücksicht auf ihre Staatsangehörigkeit.

2. Von der die Schüler treffenden Schulpflicht zu unterscheiden ist die Verpflichtung der Erziehungsberechtigten, die

Kinder zur Erfüllung der Schulpflicht anzuhalten. Vgl. hierüber § 21 Abs. II BayVU. Verletzung dieser Verpflichtung ist strafbar nach Art. 58 Abs. II PolStGB. in der Fassung des § 33 des Schulaufsichtsgesetzes vom 1. August 1922. Die Verfolgung tritt auf Antrag der zuständigen Schulbehörde ein. Dem Antrag der Schulbehörde auf gerichtliche Bestrafung hat ein Verwaltungsstrafverfahren vor der Schulpflegschaft (s. unten V 1) vorauszugehen (Art. 58 Abs. IV PolStGB., V. vom 30. September 1922 über die Behandlung der Schulversäumnisse).

3. Schulversäumnisse.

Schulversäumnisse von Fortbildungsschülern (einschließlich der Berufsfortbildungsschüler) sind durch Art. 58 Abs. III PolStGB. unter Strafe gestellt. Wegen des Strafantrags und des Verwaltungsstrafverfahrens gilt das zu 2 Gesagte auch hier.

IV. Die Volksschullehrer.

Man unterscheidet (Art. 1 des Volksschullehrergesetzes vom 14. August 1919)

ständige Volksschullehrer, d. h. die Volksschullehrer, die einer in der Besoldungsordnung für die bayerischen Staatsbeamten aufgeführten Gruppen angehören,

unständige Volksschullehrer,

Volksschulfachlehrer, d. h. Personen, die von der Anstellungsbehörde zur Erteilung des Unterrichts in bestimmten Lehrgegenständen hauptamtlich angestellt sind (Art. 144 des Volksschullehrergesetzes).

Wegen der Dienstverhältnisse der Volksschullehrer vgl. im übrigen Abschnitt 13 VI 1 (S. 99) des Grundrisses.

V. Schulaufsicht.

Schulaufsicht (im weiteren Sinne) ist die Leitung und Ueberwachung des Volksschulwesens. Sie ist in Bayern geregelt durch das Gesetz über Schulpflege, Schulleitung und Schulaufsicht an den Volksschulen (Schulaufsichtsgesetz) vom 1. August 1922. Die Schulaufsicht steht ausschließlich dem Staat zu, während bis zum 1. Januar 1919 auch eine Schulaufsicht durch Geistliche bestand.

1. Schulpflege.

Aufgabe der Schulpflege ist die Förderung der Beziehungen zwischen Schule und Elternhaus, die Anteilnahme an der Erziehung der schulpflichtigen Jugend, die Förderung der äußeren Schulverhältnisse und die Mitwirkung bei der Behandlung der Schulversäumnisse (s. oben III 3); sie erstreckt sich nicht auf die Unterrichtserteilung und auf die Angelegenheiten der Schulleitung und Schulaufsicht.

Für jede Schule wird eine Schulpflegschaft gebildet, die aus Lehrern, Gemeindevertretern, Elternvertretern und einem Pfarrer besteht. In kreisunmittelbaren Städten, in denen 2 oder mehr Schulpflegschaften bestehen, wird zur Wahrnehmung von Aufgaben, die über den Wirkungskreis der Schulpflegschaften hinausgreifen oder mehreren Schulen gemeinsam dienen, die Stadtschulpflegschaft gebildet, die in ähnlicher Weise wie die einfache Schulpflegschaft zusammengesetzt ist.

2. Schulleitung.

Die Schulleitung umfaßt die Anordnung und Durchführung aller Maßnahmen, die der Aufrechterhaltung der Ordnung, dem gedeihlichen Zusammenwirken der Lehrerschaft einer Schule und der Durchführung der Vorschriften und behördlichen Anordnungen dienen. Jede Schule untersteht einem Schulleiter. Ist an einer Schule nur ein Volksschullehrer vorhanden, so ist dieser Schulleiter; sind mehrere vorhanden, so wird der Schulleiter von der Anstellungsbehörde ernannt. Dem Schulleiter steht ein Lehrerrat zur Seite.

3. Schulaufsicht.

Schulaufsicht (im engeren Sinne) ist die Förderung des Unterrichts und die Ueberwachung der Tätigkeit der Lehrer.

Schulaufsichtsbehörde erster Instanz ist die in jedem Bezirksamt bestehende Bezirksschulbehörde, in kreisunmittelbaren Städten die Stadtschulbehörde. Die Bezirksschulbehörde besteht aus dem Vorstand des Bezirksamts und einem ihm gleichgeordneten, vom Staatsministerium für Unterricht und Kultus ernannten Bezirksschulrat. Die Stadtschulbehörde besteht aus dem 1. Bürgermeister und dem Bezirksschulrat; ist in einer kreisunmittelbaren Stadt ein berufsmäßiges, fachmännisch vorgebildetes Stadtratsmitglied für das Schulwesen aufgestellt, so kann ihm die Dienstesaufgabe des Bezirksschulrats übertragen werden.

Die Bezirksschulräte sind, da sie keine Lehrtätigkeit ausüben, nicht Lehrer im Sinne des Volksschullehrergesetzes, sondern Staatsbeamte im Sinne des Beamtengesetzes.

Wegen der höheren Schulaufsichtsbehörden (Kreisregierung und Staatsministerium für Unterricht und Kultus) s. oben A III.

4. Bezirksoberlehrer.

Die Bezirksoberlehrer sind zur Leitung der Fortbildung der Schulamtsbewerber und Hilfslehrer aufgestellt. Sie sind Volksschullehrer.

VI. Der Schulbedarf.

Schulbedarf ist der persönliche und sachliche Aufwand für die Errichtung und die Unterhaltung einer Volksschule.

Während nach dem Schulbedarfsgesetz vom 28. Juli 1902 die Bestreitung des gesamten Schulbedarfs Aufgabe der Gemeinde war, kommt nach dem seit dem 1. Januar 1920 in Kraft stehenden Schulbedarfsgesetz vom 14. August 1919 (mit mehrfachen Aenderungen) die Aufbringung des sachlichen Bedarfs den Gemeinden, die Aufbringung der persönlichen Bedarfs dem Staat zu (Art. 11). Hievon gibt es aber Ausnahmen; so haben die Gemeinden unter 2500 Einwohnern für die Volksschullehrer Dienstwohnungen bereitzustellen (Art. 14, 15, 17, 18 des Schulbedarfsgesetzes), die Besoldung für die Volksschulfachlehrer ist von den Gemeinden aufzubringen (Art. 62a des Schulbedarfsgesetzes).

Die Kreise haben bedürftigen Gemeinden zur Aufbringung des Schulbedarfs Zuschüsse zu geben und erhalten ihrerseits Zuschüsse vom Staat (Art. 27, 28 des Schulbedarfsgesetzes).

Die Gemeinden bestreiten den ihnen obliegenden Aufwand für die Volksschulen in derselben Weise wie den Aufwand für sonstige Gemeindebedürfnisse. Sache der staatlichen Aufsichtsbehörden der Gemeinden ist es, darüber zu wachen, daß die Gemeinden ihren Verpflichtungen nachkommen. Ein Schulgeld darf nicht erhoben werden (Art. 145 Satz 3 RV., Art. 77 des Schulbedarfsgesetzes). Die vermögensrechtliche Verwaltung und Vertretung der öffentlichen Volksschulen obliegt den Gemeinden (Art. 1 des Schulbedarfsgesetzes).

Besonderes gilt für die Sprengelschulen (s. oben II 2c). Hier kommt die Verwaltung und Vertretung der durch Vertreter der anderen beteiligten Gemeinden verstärkten Gemeindeverwaltung der Schulsitzgemeinde zu (Art. 2—6 des Schulbedarfsgesetzes). Der Bedarf für die Sprengelschule wird auf die am Schulsprengel beteiligten Gemeinden nach dem Verhältnis der Steuerbeträge verteilt, mit denen die Beteiligten im Schulsprengel zur Einkommensteuer veranlagt sind.

Streitigkeiten über die Verbindlichkeit zur Teilnahme an den Gemeindelasten, Diensten und anderen Leistungen für Schulzwecke sind Verwaltungsrechtssachen (Art. 8 Ziff. 38 VGG.). In letzter Instanz unterliegen der Zuständigkeit des Verwaltungsgerichtshofs Beschwerden gegen Beschlüsse der Kreisregierungen

a) über die Verpflichtung der Gemeinden zur Aufbringung des Schulbedarfs, wenn die Gemeinde geltend macht, daß sie mit einer gesetzlich nicht begründeten Leistung belastet wird (Art. 10 Ziff. 2 VGG., Art. 60 Abs. VI GO.),

b) bei Streitigkeiten über die Verteilung und Aufbringung des Schulbedarfs in Sprengelschulen (Art. 10 Ziff. 20 VSG.).

C. Kirche und Schule.

Auch heute noch (s. oben A I) bestehen enge Beziehungen zwischen Kirche und Schule.

I. Die Einrichtung des Religionsunterrichts.

Nach Art. 149 RV. ist der Religionsunterricht ordentliches Lehrfach der Schulen mit Ausnahme der bekenntnisfreien (weltlichen) Schulen.

Bayern hat sich in Art. 7 § 1 des Konkordats, in Art. 10 Abs. I des Vertrags mit der rechtsrheinischen und in Art. 8 des Vertrags mit der pfälzischen evangelischen Landeskirche verpflichtet, den Religionsunterricht als ordentliches Lehrfach aufrecht zu erhalten und zwar in dem im Einvernehmen mit der kirchlichen Oberbehörde festgesetzten und gegenüber dem gegenwärtigen Stand nicht gekürzten Umfang.

Die Beaufsichtigung und Leitung des Religionsunterrichts ist Sache der kirchlichen Organe, die staatliche Aufsicht über die Erteilung des Religionsunterrichts an den Volksschulen beschränkt sich auf die Ueberwachung der äußeren Schulordnung, der Schulzucht und des Schulbesuchs (Art. 8 § 1 des Konkordats, Art. 12 des Vertrags mit der rechtsrheinischen und Art. 7 des Vertrags mit der pfälzischen evangelischen Landeskirche; § 28 Abs. I des Schulaufsichtsgesetzes vom 1. August 1922).

Die Erteilung des Religionsunterrichts an Volksschulen ist zwar Sache der Kirche, der Staat stellt hiefür jedoch die Volksschullehrer zur Verfügung, soweit die Kirche nicht Geistliche zu diesem Zweck abordnet. Wegen der Erteilung des Religionsunterrichts durch die Volksschullehrer s. die folgenden Ausführungen.

II. Beziehungen der Kirche zum Lehrer.

1. Wegen der Anstellung von Lehrern an Bekenntnisschulen s. oben B I 2 am Ende.
2. Die Erteilung des Religionsunterrichts ist für die Volksschullehrer ein Teil ihrer Dienstesaufgaben (s. oben C I am Ende). Jedoch kann sich der Volksschullehrer dieser Verpflichtung gemäß Art. 149 Abs. II RV. und Min.Bek. vom 5. Oktober 1922/24. Februar 1923/6. Mai 1923 dadurch entziehen, daß er erklärt, den Religionsunterricht nicht mehr erteilen zu wollen. „Die Niederlegung des Religionsunterrichts für sich allein ist nicht in jedem Fall ein genügender Beweis“ dafür, daß die betreffende Lehrperson den Bestim-

mungen des Konkordats bezw. der Verträge mit den evangelischen Kirchen über die Eignung zum Unterricht an Bekenntnisschulen nicht mehr entspricht (Regierungserklärung mit Gesetzeskraft vom 14. Januar 1925 [GVBl. S. 68]).

3. Die Erteilung des Religionsunterrichts durch Volksschullehrer setzt die Missio Canonica (bei evangelischen Lehrern die Bevollmächtigung durch den Landeskirchenrat) voraus (Art. 5 § 2 Satz 3 des Konkordats, Art. 6 Abs. I Satz 2, Art. 4 Abs. I Satz 2 der Verträge mit den evangelischen Kirchen). Den kirchlichen Oberbehörden kommen bei der Ausübung des Rechts zum Besuch des Religionsunterrichts und des Rechts zu Beanstandungen des Unterrichts in den weltlichen Fächern keine dienstaufsichtlichen Befugnisse gegenüber den Lehrern zu (§ 28 Abs. II des Schulaufsichtsgesetzes vom 1. August 1922 und Regierungserklärung mit Gesetzeskraft vom 14. Januar 1925).

4. Ein Zwang zur Teilnahme an religiösen Veranstaltungen darf gegenüber Lehrern nicht ausgeübt werden (Art. 136 Abs. IV RV.).

III. Beziehungen der Kirche zum Schüler.

Die Teilnahme am Religionsunterricht ist nach Art. 149 Abs. II RV. der Willenserklärung desjenigen überlassen, der über die religiöse Erziehung des Kindes zu bestimmen hat. Hiefür ist das Reichsgesetz über die religiöse Kindererziehung vom 15. Juli 1921 (s. Abschnitt 30 II des Grundrisses) maßgebend. Die Erklärung des Erziehungsberechtigten ist nur bei Schülern unter 14 Jahren maßgebend, Schüler über 14 Jahre können selbst die Erklärung über die Teilnahme am Religionsunterricht abgeben.

Ein Zwang zur Teilnahme an religiösen Handlungen oder Feierlichkeiten (außerhalb des Religionsunterrichts) darf auch gegenüber Schülern nicht ausgeübt werden (Art. 136 Abs. IV RV.).

Dem Bischof sowie den Vertretern der evangelischen Kirchen steht das Recht zu, Mißstände im religiös-sittlichen Leben der Schüler, ebenso nachteilige und ungehörige Beeinflussungen in der Schule bei der staatlichen Unterrichtsbehörde zu beanstanden, die für entsprechende Abhilfe Sorge tragen wird (Art. 8 § 2 des Konkordats, Art. 14 und 8 der Verträge mit den evangelischen Kirchen).

Vermögensauseinandersetzung anläßlich der Trennung des weltlichen Kirchendienstes vom Schuldienst.

Art. 181 Abs. II des Volksschullehrergesetzes vom 14. August 1919 bestimmt, daß die Verbindung des weltlichen Kirchendienstes mit dem Schuldienst aufgehoben sei. Der Durchführung dieser Auseinandersetzung dienen die Bestimmungen in

Art. 39—54 des Schulbedarfsgesetzes vom 14. August 1919, wo u. a. eine schiedsrichterliche Entscheidung darüber vorgesehen ist, ob einzelne Bestandteile des Schulstelleneinkommens zum Einkommen aus dem Schuldienst oder zum Einkommen aus dem Kirchendienst gehören. In 2. und letzter Instanz entscheidet der Verwaltungsgerichtshof.

D. Mittel- und Hochschulen.

Eine Verpflichtung zum Besuch von Mittel- und Hochschulen besteht nicht; jedoch befreit der Besuch höherer Lehranstalten von der Verpflichtung zum Besuch der Volksschule (s. oben B III 1).

Die Schulverhältnisse in den staatlichen höheren Lehranstalten sind durch die Schulordnungen vom 30. Mai 1914 und vom 22. März 1928 geregelt. Wegen der Aufsicht über die höheren Lehranstalten s. oben A III.

Die 3 Universitäten sind Körperschaften des öffentlichen Rechts (V. vom 26. Januar 1904); dies gilt nicht für andere Hochschulen.

E. Private Schulen.

Die Erteilung von Unterricht ist kein Monopol des Staates. Deshalb sind nach § 17 der V. vom 22. Dezember 1913 über die Schulpflicht von der Verpflichtung zum Besuch der Volksschule befreit (s. oben B III 1) die Schüler einer behördlich anerkannten Unterrichtsanstalt und Schulpflichtige, die mit Genehmigung der Bezirksschul- oder Stadtschulbehörde einen vollständigen Privatunterricht in den sämtlichen Gegenständen der Volksschule erhalten.

Private Schulen als Ersatz für öffentliche Schulen bedürfen der Genehmigung des Staats und unterstehen den Landesgesetzen (Art. 147 Abs. I Satz 2 RV.). Ebenso bestimmt § 1 der V. vom 10. Mai 1905 (abgeändert durch V. vom 8. April 1919), daß derjenige, der eine Erziehungs- oder Unterrichtsanstalt gründen oder leiten will, der Genehmigung bedarf. Zur Erteilung der Genehmigung ist je nach dem Charakter der Schule das Staatsministerium für Unterricht und Kultus, die Kreisregierung oder die Bezirksverwaltungsbehörde zuständig.

Private Unterrichts- und Erziehungsanstalten unterstehen der Oberaufsicht des Staats (§ 11 der V. vom 10. Mai 1905).

30. Jugendrecht, religiöse Kindererziehung.

I. Jugendwohlfahrt.

Rechtsquelle: Reichsgesetz für Jugendwohlfahrt vom 9. Juli 1922 (RJWG.), bayerisches Gesetz zur Ausführung des Reichsgesetzes für Jugendwohlfahrt (Jugendamtsgesetz) vom 20. Juli 1925 (JAG.), bayerische Vollzugsvorschriften hiezu vom 21. Dezember 1925.

1. **Allgemeines.**

a) Jedes deutsche Kind hat ein **Recht auf Erziehung** zur leiblichen, seelischen und gesellschaftlichen Tüchtigkeit. Insoweit der Anspruch des Kindes auf Erziehung von der Familie nicht erfüllt wird, tritt, unbeschadet der Mitarbeit freiwilliger Fürsorge, öffentliche Jugendhilfe ein. Gegen den Willen des Erziehungsberechtigten ist ein Eingreifen nur zulässig, wenn ein Gesetz es erlaubt (§ 1 RJWG.).

b) Die **öffentliche Jugendhilfe** umfaßt alle behördlichen Maßnahmen zur Förderung der Jugendwohlfahrt (Jugendpflege und Jugendfürsorge).

2. **Organe.**

Organe der öffentlichen Jugendhilfe sind die **Jugendwohlfahrtsbehörden**: Jugendämter, Landesjugendämter, Reichsjugendamt (§ 2 Abs. I RJWG.).

a) **Jugendamt.**

α) **Träger** der Jugendämter sind die Bezirke (Bezirksjugendämter) und kreisunmittelbaren Städte (Stadtjugendämter). Die Aufgaben der Jugendwohlfahrt sind Angelegenheiten des übertragenen Wirkungskreises (Art. 1 Abs. II JAG.).

β) **Zusammensetzung**:
Leiter des Stadtjugendamts ist der erste Bürgermeister, des Bezirksjugendamts der Vorstand des Bezirksamts. Als Mitglieder, deren Zahl beim Bezirksjugendamt 15, beim Stadtjugendamt 20 nicht übersteigen darf, gehören dem Jugendamte insbesondere der Bezirksarzt, ein Vormundschafts- oder Jugendrichter, der Bezirksschulrat, je ein Geistlicher der im Bezirke vertretenen Konfessionen und Vertreter der Jugendbewegung und Jugendpflege an (Art. 4, 5 JAG.).

γ) Die **Aufgaben** des Jugendamts sind insbesondere der Schutz der Pflegekinder und die Mitwirkung im Vormundschaftswesen, bei der Schutzaufsicht und der Fürsorgeerziehung (§ 3 RJWG.).

b) **Landesjugendamt.**

α) **Organisation.**
Die Aufgaben des Landesjugendamts verwaltet für Bayern ein Landesausschuß beim Staatsministerium des Innern.

Diesem Ausschuß gehören Vertreter der beteiligten Ministerien, der Jugendämter, der Religionsgesellschaften, ein Arzt, ein Schulfachmann, ein Vormundschafts- oder Jugendrichter und sonstige in der Jugendwohlfahrt erfahrene Personen an (Art. 17 JAG.).

β) **Aufgaben.**

Aufgabe des Landesjugendamts ist es, eine gleichmäßige Erfüllung der den Jugendämtern obliegenden Aufgaben zu sichern und diese in ihren Arbeiten zu unterstützen (§ 12 RJWG.).

γ) **Zweigstellen des Landesjugendamts.**

Für die Kreise sind als Zweigstellen des Landesjugendamts bei den Regierungen, Kammern des Innern, Ausschüsse gebildet, die aus einem Vertreter der Kreisregierung und Mitgliedern bestehen, die vom Staatsministerium des Innern im Einvernehmen mit dem Staatsministerium für Unterricht und Kultus berufen werden (Art. 18 JAG.).

Sie haben bei der Ausführung der Fürsorgeerziehung mitzuwirken. Außerdem obliegt ihnen unter anderem die Aufsicht der Pflege der Kinder in Pflegeanstalten (Art. 30 Abs. II u. III JAG.; § 33 Abs. III, § 114 Abs. II und III der VV.), sowie die Verbescheidung der Beschwerden gegen Entscheidungen der Jugendämter.

δ) **Geschäftsordnung.**

Den Geschäftsgang des Landesjugendamts und der Zweigstellen regelt die Geschäftsordnung für das Bayerische Landesjugendamt und seine Zweigstellen vom 17. Februar 1928.

c) **Reichsjugendamt.**

Ein solches besteht nicht. An seiner Stelle kann die Reichsregierung mit Zustimmung des Reichsrats Ausführungsvorschriften erlassen, um eine tunlichst gleichmäßige Erfüllung der Aufgaben der Jugendämter für das gesamte Reichsgebiet herbeizuführen (§§ 15 ff. RJWG., Art. 8 Ziff. 2 EG. zum RJWG.).

3. **Schutz der Pflegekinder.**

a) **Begriff.**

Pflegekinder sind Kinder unter 14 Jahren, die sich dauernd oder nur für einen Teil des Tages, jedoch regelmäßig, in fremder Pflege befinden, es sei denn, daß von vornherein feststeht, daß sie unentgeltlich in vorübergehende Verwahrung genommen werden (§ 19 RJWG.).

b) **Erlaubnis zur Annahme.**

Wer ein Pflegekind aufnimmt, bedarf dazu der vorherigen Erlaubnis des Jugendamts (§ 20 RJWG.).

c) **Aufsicht.**

Pflegekinder unterstehen der Aufsicht des Jugendamts. Das gleiche gilt für uneheliche Kinder, die sich bei der Mutter befinden (§ 24 RJWG.).

4. **Stellung des Jugendamts im Vormundschaftswesen.**

a) **Amtsvormundschaft.**

α) **Gesetzliche** Amtsvormundschaft.

Mit der Geburt eines unehelichen Kindes erlangt das Jugendamt des Geburtsorts die Vormundschaft (§ 35 RJWG.).

Das Vormundschaftsgericht hat das Jugendamt auf seinen Antrag als Amtsvormund zu entlassen und einen Einzelvormund zu bestellen, soweit dies dem Wohl des Mündels nicht entgegensteht (§ 40 RJWG.).

Auf Antrag können die Jugendämter von der Durchführung der gesetzlichen Amtsvormundschaft befreit werden (Art. 8 Ziff. 6 EG. zum RJWG.).

β) **Bestellte** Amtsvormundschaft.

In bestimmten Fällen kann das Jugendamt zum Vormund eines Minderjährigen bestellt werden, soweit kein geeigneter anderer Vormund vorhanden ist (§ 41 RJWG.).

b) **Gemeindewaisenrat.**

Das Jugendamt ist Gemeindewaisenrat (§ 42 RJWG.).

5. **Schutzaufsicht und Fürsorgeerziehung.**

Die Schutzaufsicht **ergänzt** die Familienerziehung, die Fürsorgeerziehung **ersetzt** sie.

A. **Schutzaufsicht.**

a) **Begriff.**

Die Schutzaufsicht besteht in dem Schutze und der Ueberwachung des Minderjährigen. Derjenige, der die Schutzaufsicht ausübt **(Helfer)**, hat den Erziehungsberechtigten bei der Sorge für die Person des Minderjährigen zu unterstützen und zu überwachen (§ 58 RJWG.).

b) **Voraussetzung.**

Ein Jugendlicher ist unter Schutzaufsicht zu stellen, wenn die Schutzaufsicht zur Verhütung seiner körperlichen, geistigen oder sittlichen Verwahrlosung geboten und ausreichend erscheint (§ 56 RJWG.).

c) **Verfahren.**

Die Schutzaufsicht wird vom Vormundschaftsgerichte von Amts wegen oder auf Antrag angeordnet. Antragsberechtigt sind die Eltern, die gesetzlichen Vertreter und das Jugendamt (§ 57 RJWG.). Gegen den Anordnungsbeschluß ist Beschwerde zum Landgericht zulässig (§ 57 Ziff. 9 des Gesetzes über die Angelegenheiten der freiw. Gerichtsbarkeit).

d) **Beendigung.**

Die Schutzaufsicht erlischt mit der Volljährigkeit des Minderjährigen oder durch die rechtskräftige Anordnung der Fürsorgeerziehung. Sie ist aufzuheben, wenn ihr Zweck erreicht ist oder die Erreichung anderweit sicher gestellt ist (§ 59 RJWG.).

B. **Fürsorgeerziehung.**

a) **Begriff.**

Die Fürsorgeerziehung dient der Verhütung oder Beseitigung der Verwahrlosung und wird in einer geeigneten Familie oder Erziehungsanstalt unter öffentlicher Aufsicht und auf öffentliche Kosten durchgeführt (§ 62 RJWG.).

b) **Voraussetzungen.**

Ein Minderjähriger, der das 18. Lebensjahr noch nicht vollendet hat, ist durch Beschluß des Vormundschaftsgerichts der Fürsorgeerziehung zu überweisen,

1. wenn die Voraussetzungen des § 1666 oder des § 1838 BGB. vorliegen und die Entfernung des Minderjährigen aus seiner bisherigen Umgebung zur Verhütung der Verwahrlosung erforderlich ist, eine nach dem Ermessen des Vormundschaftsgerichts geeignete Unterbringung aber anderweit nicht erfolgen kann **(vorbeugende Fürsorgeerziehung),**
2. wenn die Fürsorgeerziehung zur Beseitigung der Verwahrlosung wegen Unzulänglichkeit der Erziehung erforderlich ist **(heilende Fürsorgeerziehung).**

   Besteht Aussicht auf Erfolg der Fürsorgeerziehung, so kann sie auch für Minderjährige zwischen 18 und 20 Jahren angeordnet werden (§ 63 RJWG.).

c) **Verfahren.**

α) Das Vormundschaftsgericht beschließt von Amts wegen oder auf Antrag.

β) Antragsberechtigt sind das Jugendamt, die Schulbehörde, die geistliche Behörde und die Jugendfürsorgevereine (§ 65 Abs. I RJWG., Art. 28 JAG.).

γ) Beschwerde.
Gegen den Beschluß steht den Antragsberechtigten, der Fürsorgeerziehungsbehörde (siehe unten e) und, wenn der Beschluß auf Fürsorgeerziehung lautet, auch dem gesetzlichen Vertreter, den Eltern und dem Minderjährigen, wenn er das 14. Lebensjahr vollendet hat, das Recht der sofortigen Beschwerde zu (§ 65 Abs. VI RJWG.).

Ueber die Beschwerde entscheidet das dem Vormundschaftsgerichte übergeordnete Landgericht (§ 19 Abs. II FGG.). Gegen dessen Entscheidung ist bei Gesetzesverletzung die sofortige weitere Beschwerde an das Oberste Landesgericht zulässig (§§ 27, 28, 199 FGG., Art. 42 Abs. III AG. zum GVG.).

d) **Vorläufige Fürsorgeerziehung.**

Diese ist bei Gefahr im Verzuge vom Vormundschaftsgericht anzuordnen (§ 67 RJWG.).

e) **Ausführung der Fürsorgeerziehung.**

α) Die Ausführung der Fürsorgeerziehung obliegt grundsätzlich dem Jugendamte als **Fürsorgeerziehungsbehörde** (Art. 30 Abs. II JAG.). Diese entscheidet insbesondere darüber, ob Anstalts- oder Familienerziehung stattzufinden habe.

β) Anstaltserziehung ist insbesondere dann anzuordnen, wenn der Minderjährige nach seiner körperlichen oder geistigen Beschaffenheit oder nach der Art und dem Grade seiner Verwahrlosung zur Unterbringung in einer Familie nicht oder nicht ohne vorherige Anstaltserziehung geeignet ist (Art. 33 JAG.).

γ) Die Fürsorgeerziehungsbehörde gilt für den Abschluß von Dienst- und Lehrverträgen als gesetzlicher Vertreter des Minderjährigen (§ 70 Abs. III RJWG.). Im übrigen ist die **Vertretungs**befugnis des gesetzlichen Vertreters durch die Fürsorgeerziehung nicht eingeschränkt, sondern nur das Recht der **Sorge.**

f) **Die Kosten der Fürsorgeerziehung.**

Die Kosten der Fürsorgeerziehung sind zu tragen:

vorläufig von dem Kreis als Landesfürsorgeverband, in dessen Bezirk der Ort liegt, der die Zuständigkeit des Vormundschaftsgerichts zur Anordnung der Fürsorgeerziehung begründet, also meist der Wohn- oder Aufenthaltsort des Mündels zu der Zeit, zu der die Anordnung der Fürsorgeerziehung erforderlich wird (Art. 38 Abs. I JAG., §§ 36 ff., FGG.);

endgültig, wenn sie nicht vom Minderjährigen beigebracht werden können, zu $^5/_{10}$ vom Staat, $^3/_{10}$ vom Kreis als Landesfürsorgeverband und zu $^2/_{10}$ vom Träger des Jugendamts, also dem Bezirk oder der kreisunmittelbaren Stadt. Der Bezirk kann Ersatz des ihn treffenden Anteils von der Gemeinde verlangen, in der der die Zuständigkeit des Vormundschaftsgerichts begründende Ort liegt (Art. 38 Abs. II JAG., §§ 36 ff. FGG.).

Streitigkeiten über den Ersatz der Fürsorgeerziehungskosten sind Verwaltungsstreitsachen zweiter Ordnung, die in 1. Instanz von der Bezirksverwaltungsbehörde, in 2. Instanz vom Verwaltungsgerichtshof entschieden werden (Art. 39 JAG., Art. 45 VGG.).

g) **Beendigung.**

Die Fürsorgeerziehung endigt mit dem Eintritt der Volljährigkeit. Sie ist vorher aufzuheben, wenn ihr Zweck erreicht oder anderweit sichergestellt ist (§ 72 RJWG.).

6. **Beschwerde.**

Gegen Entscheidungen des Jugendamts steht jedem, der ein berechtigtes Interesse hat, die Beschwerde zum Landesjugendamt — Zweigstelle — zu.

Das Landesjugendamt entscheidet endgültig vorbehaltlich der Rechtsbeschwerde zum Reichsverwaltungsgericht, bis zu dessen Errichtung zum Reichsgericht (§ 18 RJWG., Art. 22 JAG., Art. 9 EG. zum RJWG.).

II. Die religiöse Kindererziehung.

Die religiöse Kindererziehung war in Bayern früher durch die II. Beilage zur Verfassungsurkunde vom 26. Mai 1818 (Religionsedikt) geregelt. Vom Inkrafttreten der bayer. Verfassung vom 14. August 1919 ab waren deren Bestimmungen in § 17 Abs. II maßgebend. Jetzt gilt das **Reichsgesetz über die religiöse Kindererziehung** vom 15. Juli 1921, das das Recht der religiösen Kindererziehung für das gesamte Reichsgebiet einheitlich geregelt hat.

1. **Bestimmung der religiösen Erziehung des Kindes.**

a) Freie Einigung der Eltern.

Ueber die religiöse Erziehung eines Kindes bestimmt die freie Einigung der Eltern, soweit ihnen das Recht und die Pflicht zusteht, für die Person des Kindes zu sorgen. Die Einigung ist jederzeit widerruflich und wird durch den Tod eines Ehegatten gelöst (§ 1).

b) Fehlen einer Einigung.

Besteht eine solche Einigung nicht oder nicht mehr, so

gelten auch für die religiöse Erziehung die Vorschriften des bürgerlichen Gesetzbuchs über das Recht und die Pflicht, für die Person des Kindes zu sorgen.

Es kann jedoch während bestehender Ehe von keinem Elternteil ohne die Zustimmung des andern bestimmt werden, daß das Kind in einem anderen als dem zur Zeit der Eheschließung gemeinsamen Bekenntnis oder in einem anderen Bekenntnis als bisher erzogen oder daß ein Kind vom Religionsunterricht abgemeldet werden soll. Wird die Zustimmung nicht erteilt, so kann die Vermittlung oder Entscheidung des Vormundschaftsgerichts beantragt werden (§ 2).

2. **Verträge** über die religiöse Erziehung sind, soweit sie nach der Verkündung des Gesetzes vom 15. Juli 1921 abgeschlossen wurden, ohne bürgerliche Wirkung (§ 4).

3. **Selbstbestimmungsrecht des Kindes.**

Nach der Vollendung des 14. Lebensjahres steht dem Kinde die Entscheidung darüber zu, zu welchem religiösen Bekenntnis es sich halten will.

Hat das Kind das 12. Lebensjahr vollendet, so kann es gegen seinen Willen in einem anderen Bekenntnis als bisher nicht erzogen werden (§ 3).

4. **Streitigkeiten** entscheidet das Vormundschaftsgericht (§ 7).

IV. Das Recht der Gemeinden und öffentlichen Stiftungen.

31. Gemeinderecht.

I. Geschichtliches.

Die Gemeinde ist die „Urzelle" der öffentlichen Verwaltung. Sie ist älter als der Staat selbst, jedoch hat sie ihre heutige Gestaltung von der staatlichen Gesetzgebung erhalten.

Die Einverleibung großer Gebietsteile im Anfang des 19. Jahrhunderts gab Bayern Veranlassung, in den neuen wie in den alten Gebietsteilen das Gemeinderecht neu zu regeln. Die Neuordnung erfolgte, den damaligen Anschauungen entsprechend (Minister Montgelas), im Sinne straffer Zentralisation und unter Vernichtung jeder Selbständigkeit und Freiheit der Gemeindeverwaltung. Die sich in dieser Richtung bewegende Gemeindegesetzgebung der französischen Revolution wurde zum Muster genommen.

Grundlegend war das Gemeindeedikt vom 24. Sept. 1808, das eine umfassende Kodifikation des Gemeinderechts für den ganzen Umfang des damaligen Königreichs brachte. Sein Grundsatz war, daß die Gemeinden unter beständiger Kuratel des Staates stehen.

Nach dem Sturz des Ministers Montgelas und kurz vor Erlaß der Verfassungsurkunde erschien am 17. Mai 1818 ein neues Gemeindeedikt, das einen völligen Bruch mit der bisherigen Rechtsentwicklung darstellte: Den Gemeinden wurde die freie Wahl ihrer Vertretungskörper und die Verwaltung des Gemeinde- und Stiftungsvermögens zurückgegeben, ferner wurde ihnen die Erledigung der ortspolizeilichen Geschäfte übertragen. Dagegen verblieben sie unter der „Kuratel der Staatspolizei". Da die Befugnisse der Kuratelbehörde nicht scharf abgegrenzt waren, machten sich im Laufe der Zeit in steigendem Maß Eingriffe der staatlichen Organe auf die Gemeindeverwaltung bemerkbar. Laut gewordene Klagen führten im Jahre 1834 zu einer Revision des Gemeindeedikts, das von da ab die Bezeichnung „revidiertes Gemeindeedikt" führte.

Lebhafte Beschwerden über den kleinlichen Vollzug des Gemeindeedikts und über die Bevormundung der Gemeindeverwaltung durch die Staatsbehörden führten im Jahre 1866 zur Vorlage eines neuen Entwurfs einer Gemeindeordnung an den Landtag, der nach dreijährigen, überaus sorgfältigen Beratungen und nach mannigfachen Aenderungen Gesetz wurde.

Das Gemeinderecht wurde durch 2 Gesetze geregelt: die rechtsrheinische Gemeindeordnung und die pfälzische Gemeindeordnung. In der Pfalz galt bis zum Jahre 1869 die Gemeindegesetzgebung der französischen Revolution, wenn auch in der Folgezeit durch eine Reihe von Gesetzen und Verordnungen abgeändert. Die Schaffung einer eigenen Gemeindeordnung für die Pfalz im Jahre 1869 ist darauf zurückzuführen, daß die pfälzischen Mitglieder der Abgeordnetenkammer auf gewisse Eigentümlichkeiten des pfälzischen Gemeinderechts (Einkammersystem und einheitliches Gemeinderecht für Stadt und Land) nicht verzichten wollten. Abgesehen hievon stimmen die beiden Gemeindeordnungen des Jahres 1869 in vielen Punkten wörtlich überein.

Die Gemeindegesetzgebung des Jahres 1869 war von modernem Geist erfüllt. Sie gab den Gemeinden das Recht der Selbstverwaltung. Die Staatskuratel wurde bis auf geringe Reste beseitigt, an ihre Stelle trat die Staatsaufsicht, deren Rechte genau festgesetzt wurden. Hinsichtlich der Verfassung unterscheidet die rechtsrheinische Gemeindeordnung zwischen Gemeinden mit städtischer Verfassung einerseits und Gemeinden mit Landgemeindeverfassung andererseits. Jene haben das „Zweikammersystem", denn ihre Angelegenheiten werden zwar von dem Magistrat besorgt, der jedoch für gewisse Angelegenheiten die Zustimmung des Kollegiums der Gemeindebevollmächtigten einzuholen hat. In den Gemeinden mit Landgemeindeverfassung kommt die Erledigung der Gemeindeangelegenheiten dem Gemeindeausschuß zu, für gewisse Angelegenheiten tritt jedoch an seine Stelle die Beschlußfassung der Gemeindeversammlung.

In der Folgezeit wurde dieses Gesetzgebungswerk verschiedentlich ergänzt. Hervorzuheben ist insbesondere das Verwaltungsgerichtsgesetz vom Jahre 1878, das in Art. 10 Ziff. 2 das gemeindliche Selbstverwaltungsrecht mit verwaltungsrichterlichem Schutz bekleidete, ferner das Gemeindewahlgesetz vom Jahre 1908, das das Verhältniswahlrecht für die Gemeinden einführte, das Umlagengesetz vom Jahre 1910 und das Gemeindebeamtengesetz vom Jahre 1916.

Die Gesetzgebung des Jahres 1919, verursacht durch die Staatsumwälzung des Jahres 1918, hat an dem Gemeinderecht durchgreifende Veränderungen vorgenommen. Das von der Staatsregierung auf Grund einer Ermächtigung des Landtags erlassene Selbstverwaltungsgesetz vom 22. Mai 1919 beseitigte das Zweikammersystem und brachte an Stelle des Magistrats und des Kollegiums der Gemeindebevollmächtigten den Stadt- oder Gemeinderat. Die Gemeindeversammlung wurde aufgehoben, das Ortschaftsrecht wesentlich umgestaltet. Die Tätigkeit der Staatsaufsicht wurde auf einige grundlegende Fälle beschränkt, das Gemeindewahlrecht den neuen Vorschriften der Reichs- und Landesverfassung angepaßt.

Es mag dahingestellt sein, ob, wie vielfach behauptet wird, die neue Gemeindegesetzgebung das Bestehende zu wenig schonte und deshalb reformbedürftig war. Das eine steht jedoch fest, daß die Bestimmung in Art. 1 des Selbstverwaltungsgesetzes, wonach die Gemeindeordnungen des Jahres 1869 nur noch insoweit Geltung zu beanspruchen haben, „als sich mit diesem Gesetz verträgt", so ziemlich allen Zweifeln und Meinungsverschiedenheiten Tür und Tor ließ. Eine Neuregelung des Gemeinderechts erschien kaum mehr aufschiebbar.

Ein im Jahre 1921 im Auftrag des Staatsministeriums des Innern ausgearbeiteter Entwurf einer neuen Gemeindeordnung fand fast überall einmütige Ablehnung. Dasselbe gilt von einem im Jahre 1925 ausgearbeiteten neuen Entwurf. Ein auf dem letzteren Entwurf aufbauender, jedoch wesentlich veränderter Regierungsentwurf ging im März 1926 dem Landtag zu und wurde — wieder nach erheblichen Abänderungen — nach einer nur wenige Monate dauernden Beratung am 14. Juli 1927 vom Landtag angenommen und unterm 17. Oktober 1927 als Gesetz verkündet.

Eine wesentliche, wenn auch notwendige Lücke enthält die neue Gemeindeordnung insofern, als das gemeindliche Finanzrecht angesichts der Abhängigkeit der gemeindlichen Finanzwirtschaft von der Reichsgesetzgebung in der Gemeindeordnung nur teilweise (insbesondere ohne das gemeindliche Besteuerungsrecht) niedergelegt werden konnte.

II. Geltendes Recht.

Rechtsquelle: Gemeindeordnung vom 17. Okt. 1927, in Kraft seit 1. April 1928.

A. Gemeinde und Gemeindemarkung.

1. Begriff der Gemeinde.
Die Gemeinde ist eine einen Teil des Staatsgebiets umfassende Körperschaft des öffentlichen Rechts, also juristische Person. Sie ist rechtsfähig, prozeßfähig und handlungsfähig (Art. 1).

2. Recht der Selbstverwaltung.
Die Gemeinde hat das Recht der Selbstverwaltung (Art. 1 der Gemeindeordnung und § 22 BayVU.), d. h. sie kann nach Gutdünken alles tun, was nicht verboten ist; sie kann insbesondere durch ihre Organe ihr Vermögen verwalten und ihre sonstigen Angelegenheiten nach ihrem Ermessen regeln. Im allgemeinen erstreckt sich das Selbstverwaltungsrecht nur auf die eigentlichen Gemeindeangelegenheiten (s. unten C 1). Das Recht der Selbstverwaltung ist aber nicht unbeschränkt, sondern besteht nur „nach Maßgabe der Gesetze"; Gesetz in diesem Sinne sind nicht nur die Bestimmungen der Gemeindeordnung, sondern auch die anderer Landes- und Reichsgesetze. Das Recht der Selbstverwaltung ist verwaltungsgerichtlich geschützt dadurch, daß eine Gemeinde wegen Verletzung ihres Selbstverwaltungsrechts Beschwerde zum Verwaltungsgerichtshof erheben kann (Art. 60 Abs. VI). Die Vermutung spricht für das Selbstverwaltungsrecht der Gemeinde.

3. Geltungsbereich der Gemeindeordnung.
Die Gemeindeordnung gilt einheitlich für das ganze Land. Für die Pfalz bestehen jedoch einige Sonderbestimmungen hinsichtlich der Gemeindeeinnehmer (Art. 49) und der gemeindlichen Nutzungsrechte (Art. 144—149).

4. Name der Gemeinde.

Städte und Märkte heißen die Gemeinden, die diese Bezeichnung beim Inkrafttreten des Gesetzes führen oder künftig durch das Staatsministerium des Innern erhalten (Art. 2 Abs. II). Alle anderen heißen „Gemeinde" schlechthin. Für die Verfassung oder Verwaltung einer Gemeinde ist ihre Bezeichnung ohne Bedeutung.

Dagegen unterscheidet das Gesetz zwischen kreisunmittelbaren Gemeinden (Art. 54), d. h. solchen Gemeinden, hinsichtlich deren die Staatsaufsicht der Kreisregierung zusteht, und den (mittelbaren) Gemeinden, die der Staatsaufsicht des Bezirksamts unterstehen. Außerdem enthält die Gemeindeordnung zahlreiche nach der Einwohnerzahl abgestufte Unterschiede hinsichtlich der Verfassung und Verwaltung.

5. Gemeindemarkung.

Zum Begriffe der Gemeinde gehört ein räumlich abgegrenztes Gebiet. Andererseits muß jeder Teil des Staatsgebiets einer Gemeindemarkung angehören (Art. 2 Abs. I, Art. 3).

Im rechtsrheinischen Bayern gibt es Ausnahmen von dem Grundsatz, daß jedes Grundstück einer Gemeindemarkung angehören muß. Die nicht einer Gemeindemarkung angehörenden Gebiete heißen „abgesonderte Markungen" (Art. 4). Hiezu gehören größere Waldungen, Gebirge und Seen, die beim Inkrafttreten der Gemeindeordnung keiner Gemeindemarkung zugeteilt waren; da aber die Gemeindeordnung vom Jahre 1869 und das Gemeindeedikt vom Jahre 1818 dieselbe Bestimmung enthielten, muß die ausmärkische Eigenschaft eines Grundstückes schon vor dem Jahre 1818 bestanden haben. Neue abgesonderte Markungen können nicht mehr entstehen, dagegen ist der Verlust der ausmärkischen Eigenschaft durch Verfügung der Staatsregierung zulässig.

Dem Eigentümer ausmärkischer Grundstücke obliegt die Erfüllung der sonst den Gemeinden zukommenden öffentlichrechtlichen Verpflichtungen, insbesondere die Unterhaltung der Wege. Andererseits ist er frei von Gemeindeumlagen und ähnlichen Lasten, die auf den Angehörigen einer Gemeinde ruhen.

Streitigkeiten über die ausmärkische Eigenschaft eines Grundstückes und über die Gemeindemarkungsgrenzen sind Verwaltungsrechtssachen (Art. 8 Ziff. 25 VGG.). Zuständig zur Entscheidung ist in erster Instanz die Bezirksverwaltungsbehörde, in deren Gebiet das im Streit befangene Grundstück gelegen ist, in 2. Instanz der Verwaltungsgerichtshof.

Aenderungen im Bestand von Gemeinden sind erst zulässig, wenn entweder alle Beteiligten einverstanden sind oder wenn die Kreisregierung ein dringendes öffentliches Bedürfnis dafür festgestellt hat. Handelt es sich um Grundstücke geringeren Umfangs, so ist die Entscheidung der Kreisregierung endgültig, andernfalls ist Beschwerde an den Verwaltungsgerichtshof zulässig. Die Aenderung selbst wird vom Staatsministerium des Innern oder von der hiezu ermächtigten Kreisregierung verfügt (Art. 5 Abs. I, Art. 7). Die Aenderungen können zwischen den Beteiligten eine Vermögensauseinandersetzung notwendig machen. Kommt eine Uebereinkunft nicht zustande, so entscheidet die Kreisregierung, auf Beschwerde der Verwaltungsgerichtshof, durch Schiedsspruch nach billigem Ermessen (Art. 6). Aus Anlaß von Gemeindebezirksveränderungen kann eine Neuwahl des Gemeinderats und die Uebernahme von Gemeindebeamten notwendig werden (Art. 8, 10). Die öffentlichrechtlichen Vorschriften einer einverleibenden Gemeinde erstrecken sich vom Tag der Einverleibung eo ipso auch auf die einverleibten Gebiete (Art. 9).

6. Bürgerrecht.
Die Gemeindeordnung kennt das Institut des Bürgerrechts nicht mehr. Auch das in § 11 Abs. I BayVU. genannte Gemeindebürgerrecht ist inhaltslos. Jedem Gemeindeangehörigen stehen die gleichen Rechte und Pflichten zu.

Aufrechterhalten ist das Ehrenbürgerrecht, das die Gemeinden verleihen können, an Ausländer nur mit Genehmigung des Staatsministeriums des Innern. Das Ehrenbürgerrecht stellt lediglich eine Auszeichnung dar, die die Gemeinde zu vergeben hat. Rechte und Pflichten sind damit nicht verknüpft.

B. Gemeindeverfassung.

1. Die Gemeindeordnung hat das Einkammersystem, d. h. ein Kollegium hat die Verwaltung der Gemeinde zu führen.
2. Die Gemeindeverwaltung ist kollegial organisiert, d. h. nicht ein einzelner hat die Gemeindeangelegenheiten zu besorgen, sondern ein Kollegium, der Gemeinderat. Dessen Vorstand, der Bürgermeister, hat, soweit ihm das Gesetz nicht besondere Rechte zuweist, nicht mehr Rechte als die übrigen Mitglieder des Kollegiums. Er ist „primus inter pares".

   In Städten heißt der Gemeinderat „Stadtrat", in Marktgemeinden „Marktgemeinderat".
3. Der Gemeinderat besteht aus wenigstens einem, höchstens 3 Bürgermeistern und — je nach der Größe der Gemeinde — 5 bis 50 ehrenamtlichen Gemeinderatsmitgliedern. Gemeinden mit mehr als 3000 Einwohnern können eine oder mehrere Personen als berufsmäßige Mitglieder des Gemeinderats aufstellen (Art. 13). Kreisunmittelbare Gemeinden müssen wenigstens ein berufsmäßiges Mitglied des Gemeinde-

rats anstellen, das die Prüfung für den höheren Justiz- und Verwaltungsdienst in Bayern abgelegt hat. Gemeinden mit mehr als 2000 Einwohnern müssen für die Geschäftsstelle der Gemeinde einen Gemeindebeamten (früher „Gemeindeschreiber" genannt) anstellen, der die Prüfung für den mittleren Staats- und Gemeindeverwaltungsdienst in Bayern abgelegt hat (Art. 15).

Mehrere Gemeinden können sich zur Bestellung eines gemeinsamen Bürgermeisters vereinigen (Bürgermeisterei). Ein korporativer Zusammenschluß der Gemeinden wird dadurch nicht bewirkt (Art. 56—68). Das Institut der Bürgermeisterei hat nur in der Pfalz größere Verbreitung erfahren.

4. Auf Antrag von $^1/_3$, in Gemeinden mit mehr als 2000 Einwohnern auf Antrag von $^1/_5$ der Wahlberechtigten ist eine Volksabstimmung darüber abzuhalten, ob sich die ehrenamtlichen Mitglieder des Gemeinderats einer Neuwahl zu unterziehen haben. Haben sich bei der Volksabstimmung $^3/_5$ der abgegebenen Stimmen für die Neuwahl ausgesprochen, so hat eine Neuwahl stattzufinden (Art. 14).

5. Dem 1. Bürgermeister kommt die Leitung und Verteilung der Geschäfte, der Vorsitz im Gemeinderat und die Vorberatung der Beratungsgegenstände, ferner der Vollzug der gefaßten Beschlüsse zu. In eigener Zuständigkeit (im Büroweg) erledigen kann er dringende Angelegenheiten, einfache Geschäfte der laufenden Verwaltung und solche Geschäfte, die sich zur Behandlung im Gemeinderat nicht eignen. Eingeschränkt sind die Befugnisse des ersten Bürgermeisters, soweit Gegenstände zu den Geschäftsaufgaben eines berufsmäßigen Mitglieds des Gemeinderats gehören (Art. 17 Abs. I).

Der 1. Bürgermeister hat Beschlüsse des Gemeinderats, die er für rechtswidrig hält (nicht solche, die er für unzweckmäßig hält), zu beanstanden und den Vollzug bis zur Entscheidung der Staatsaufsichtsbehörde zu unterlassen (Art. 17 Abs. II).

Die allgemeine Stellvertretung des 1. Bürgermeisters kommt den weiteren Bürgermeistern, dann den berufsmäßigen und den ehrenamtlichen Mitgliedern des Gemeinderats nach näherer Bestimmung des Gemeinderats zu. Mit seiner besonderen Stellvertretung für bestimmte Geschäftszweige kann der 1. Bürgermeister die weiteren Bürgermeister, Gemeinderatsmitglieder oder Gemeindebeamte betrauen (Art. 18).

6. Der Gemeinderat beschließt in Sitzungen (Abstimmung im „Zirkularweg" ist unzulässig). Er ist beschlußfähig, wenn mehr als die Hälfte seiner stimmberechtigten Mitglieder anwesend ist. Wenn ein Mitglied selbst oder gewisse nahe Verwandte des Mitglieds von dem Beschluß einen Vorteil oder Nachteil haben

können, ist das betreffende Mitglied von der Beratung und Abstimmung ausgeschlossen. Der Gemeinderat beschließt in offener Abstimmung, d. h. jeder Abstimmende muß den andern Abstimmenden erkenntlich machen, wie er abstimmt, eine Ausnahme ist nur bei Wahlen zulässig (Art. 19—21).

7. Ausschüsse. Der Gemeinderat kann „vorberatende" und „beschließende" Ausschüsse bilden, letztere heißen auch Senate. Alle wichtigeren Angelegenheiten sollen in Gemeinden mit mehr als 3000 Einwohnern in einem vorberatenden Ausschuß vorbehandelt werden. Den Senaten kann der Gemeinderat die endgültige Erledigung aller Angelegenheiten übertragen, ausgenommen Beschlüsse, die der Genehmigung der Staatsaufsichtsbehörde bedürfen, und Beschlüsse über die allgemeine Regelung der Bezüge der Gemeindebeamten (Art. 22).

8. Die Sitzungen des Gemeinderats sind in der Regel öffentlich. Gegen Mitglieder und Zuhörer, die die Ordnung der Sitzungen stören, steht dem Vorsitzenden das Recht der Sitzungspolizei zu (Art. 23).

C. Gemeindeverwaltung.

1. Den Gemeinden obliegt eine große Anzahl von Aufgaben, von denen ein Teil in der Gemeindeordnung selbst (insbesondere in Art. 28), ein Teil in anderen Gesetzen aufgezählt ist. Insbesondere sind die Gemeinden verpflichtet zur Herstellung und Unterhaltung der Gemeindewege, Brücken und Stege, der nötigen Begräbnisplätze und Bestattungsanstalten, der erforderlichen Feuerlöschanstalten und Löschgeräte, der notwendigen Wasserleitungen und Kanäle, ferner zur Unterhaltung und Reinhaltung der Ortsstraßen nebst den erforderlichen Sicherheitsvorrichtungen usw.

   Ihrem Wesen nach sind die von der Gemeinde zu besorgenden Angelegenheiten entweder „eigentliche Gemeindeangelegenheiten", d. h. die den eigentlichen Lebenszweck der Gemeinde umfassenden Angelegenheiten oder „Angelegenheiten des übertragenen Wirkungskreises", d. h. den Angelegenheiten, die an sich staatliche Aufgaben darstellen, deren Erledigung aber aus Zweckmäßigkeitsgründen vom Staat den Gemeinden übertragen wird. Zu der ersten Kategorie gehört insbesondere die Verwaltung des Gemeindevermögens, zur letzten Kategorie insbesondere die Polizeiverwaltung. Wichtig ist die Unterscheidung vor allem wegen des staatlichen Aufsichtsrechts (s. unten unter F.).

2. Das Vermögen der Gemeinde muß ordnungsgemäß verwaltet und ungeschmälert erhalten werden. Seine Nutzungen fließen in die Gemeindekasse. Eine anderweitige Regelung ist

nur ausnahmsweise und nur mit Zustimmung der Staatsaufsichtsbehörde zulässig (Art. 30—32).

3. Gemeindenutzungen. Gemeindenutzungen sind im öffentlichen Recht wurzelnde, aus früheren Rechtsverhältnissen stammende Ansprüche auf Teilnahme an den Erträgnissen des Gemeindevermögens. Die Neubegründung solcher Rechte ist unzulässig. Bestehende Rechte werden nur anerkannt, wenn und soweit hiefür ein besonderer Rechtstitel oder rechtsbegründetes Herkommen besteht. Rechtsbegründetes Herkommen liegt vor, wenn die Nutzungen kraft Rechtsüberzeugung ununterbrochen wenigstens 30 Jahre bis zum Inkrafttreten der GO. von 1927 ausgeübt worden sind. Liegt ein besonderer Rechtstitel oder rechtsbegründetes Herkommen vor, so können die Nutzungen am Gemeindevermögen auch dann bezogen werden, wenn die Gemeinde Umlagen oder sonstige Abgaben erhebt (Art. 33—35).

4. Für die Erfüllung gesetzlicher Aufgaben der Gemeinde, insbesondere für die Wegunterhaltung, kann der Gemeinderat Gemeindedienste (Hand- und Spanndienste) anordnen (Art. 41).

5. Die Aufnahme von Anlehen durch die Gemeinden ist nur zulässig, wenn die Anlehen zu werbenden Zwecken oder für Einrichtungen von dauerndem Nutzen bestimmt sind (Art. 42). Die Anlehensaufnahme bedarf der staatsaufsichtlichen Genehmigung, wenn der Betrag der aufzunehmenden Schuld bestimmte, nach der Größe der Gemeinde abgestufte Höchstbeträge überschreitet. Dasselbe gilt ohne Rücksicht auf die Höhe des Darlehens, wenn der Geldgeber ein Ausländer ist (vgl. hiezu das Reichsgesetz vom 21. März 1925 [RGBl. I S. 27]).

6. Finanzwirtschaft der Gemeinde (Art. 43—48). Die Gemeinden haben alljährlich einen Voranschlag aufzustellen und ihn nach Verabschiedung desselben öffentlich aufzulegen. Er bildet die Grundlage des Haushalts (Art. 46).

   a) Für die Ueberweisung von Reichs- und Landessteuern an die Gemeinden, für die örtlichen Abgaben und Steuern aller Art gelten die besonderen Gesetze. In Betracht kommt insbesondere das Reichsfinanzausgleichgesetz in der Fassung der Bek. vom 27. April 1926 und Gesetz vom 9. April 1927 und das bayer. Vollzugsgesetz hiezu in der Fassung der Bek. vom 5. September 1927. Durch diese Gesetze sind die Gemeinden an dem Ertrag der Einkommen-, Körperschafts-, Grunderwerb- und Umsatzsteuer des Reichs beteiligt.

   b) Die Gemeinden sind berechtigt, Umlagen, d. h. Zuschläge zu der Grund-, Haus-, Gewerbsteuer und zur Steuer von Gewerbebetrieben im Umherziehen zu erheben, jedoch nur im Rahmen der Bestimmungen des bayer. Vollzugsgesetzes zum Finanzausgleichgesetz.

c) Die Gemeinden können ferner örtliche Verbrauchssteuern, d. h. Steuern auf den Verbrauch bestimmter Gegenstände innerhalb des Gemeindebezirkes erheben. In Betracht kommt insbesondere eine gemeindliche Steuer auf Bier.

d) Endlich können die Gemeinden örtliche Abgaben mit Genehmigung der Regierung, Kammer des Innern, erheben. Als solche kommen insbesondere in Betracht die Hundeabgabe, Zuwachssteuer, Vergnügungssteuer, Warenhaussteuer, Verwaltungskostenabgabe (Art. 2—7 des VG. zum Finanzausgleichgesetz).

Die unter b—d genannten Abgaben stellen die „subsidiären" Deckungsmittel der Gemeinde dar, auf die erst dann zurückgegriffen werden darf, wenn die sonstigen Gemeindeeinnahmen („primäre" Deckungsmittel) nicht ausreichen.

e) Für die Benützung ihrer Wege können die Gemeinden Pflaster-, Wege- und Brückenzölle erheben, ausgenommen für Kraftfahrzeuge.

f) Für die Benützung ihres Eigentums, ihrer Anstalten und Unternehmungen (z. B. Krankenhäuser, Straßenbahnen, Gaswerke, Schlachthöfe) können die Gemeinden Gebühren erheben und die Benützung der Anstalten durch örtliche Satzungen regeln. Geschieht dies, so bestimmen sich die rechtlichen Beziehungen zwischen der Gemeinde und dem Benützer der Anstalt nicht nach dem bürgerlichen Recht, sondern nach dem öffentlichen Recht. Streitigkeiten sind Verwaltungsrechtssachen, zuständig zur Entscheidung ist in erster Instanz die Aufsichtsbehörde der Gemeinde, in zweiter Instanz der Verwaltungsgerichtshof.

Die Gemeinden können durch Satzung die Benützung gewisser Anstalten, insbesondere der Wasserleitungen, Kanäle, Schlachthöfe, zur Zwangspflicht machen, mit der Wirkung, daß die Inanspruchnahme oder Benützung nichtgemeindlicher Anstalten oder Einrichtungen verboten ist.

Um die Durchführung der Satzung über die Benützung von Gemeindeanstalten zu sichern, können die Gemeinden ortspolizeiliche Vorschriften erlassen.

7. Den Gemeinden steht, wenn auch in beschränktem Umfange, das Recht der Gesetzgebung (Autonomie) zu. Abgesehen von Polizeivorschriften, zu deren Erlassung die Gemeinden nach Maßgabe des Polizeistrafgesetzbuches berechtigt sind, können sie Satzungen erlassen, wenn das Gesetz dies ausdrücklich vorsieht oder wenn die Gemeinden im Rahmen ihrer

Aufgaben Vorschriften zu geben berechtigt sind (s. die Einleitung des Grundrisses). Die Satzung muß in ortsüblicher Weise bekanntgemacht werden (Art. 26).

D. Gemeindliche Polizeiverwaltung.

1. Umfang.
Den Gemeinden obliegt die Sorge für die öffentliche Ruhe, Ordnung und Sicherheit und der Vollzug der die Polizei betreffenden Gesetze und Vorschriften innerhalb des Gemeindebezirks (Ortspolizei). Die Polizei gehört zum übertragenen Wirkungskreis der Gemeinden.

2. Zuständigkeit.
Die Handhabung der Ortspolizei ist in mittelbaren Gemeinden (wegen der kreisunmittelbaren Gemeinden s. unten E) dem ersten Bürgermeister, nicht dem Gemeinderat übertragen. Dem Gemeinderat kommt nur die Erlassung der ortspolizeilichen Vorschriften und die Bereitstellung der Mittel für die Ortspolizei einschließlich der Anstellung der erforderlichen Beamten zu. Für Orte, in denen der Bürgermeister nicht seinen Wohnsitz hat, kann der Gemeinderat einen Ortsführer bestellen.

Die Handhabung der Ortspolizei unterliegt der Ueberwachung durch die Aufsichtsbehörde der Gemeinde, nicht nur hinsichtlich der Gesetzmäßigkeit, sondern auch hinsichtlich der Zweckmäßigkeit der von der Gemeinde getroffenen Maßnahmen („Sachaufsicht"). Die Gemeinde steht bei Besorgung polizeilicher Geschäfte zu der staatlichen Aufsichtsbehörde im Verhältnis der Unterordnung (Art. 50, 51). Siehe auch unten F 2.

Bei Gefährdung der öffentlichen Sicherheit kann durch Anordnung des Staatsministeriums des Innern die Polizeigewalt in Gemeinden vorübergehend ganz oder teilweise durch staatliche Beamte ausgeübt werden, denen die gemeindlichen Polizeibeamten zum Gehorsam verpflichtet sind (Art. 52).

E. Kreisunmittelbare Gemeinden (s. oben unter A 4).

1. Begriff.
Kreisunmittelbare Gemeinden sind die Gemeinden, die beim Inkrafttreten des Gesetzes unmittelbar der Staatsaufsicht der Kreisregierung unterstanden oder denen diese Eigenschaft später auf ihren Antrag durch das Staatsministerium des Innern beigelegt worden ist.

2. Polizei.
Den kreisunmittelbaren Gemeinden kommt außer der Ortspolizei auch die Verwaltung der Bezirkspolizei zu, im allgemeinen in demselben Umfang wie einem Bezirksamt. Die

Handhabung der Orts- und Bezirkspolizei kommt dem Gemeinderat zu, nur die Sicherheitspolizei ist von dem 1. Bürgermeister allein zu besorgen, der sich hiebei durch einen besonderen Stellvertreter vertreten lassen kann. Die kreisunmittelbare Gemeinde hat die Kosten der Orts- und Bezirkspolizei zu tragen (Art. 54).

3. Bezirksverwaltung.
Die Stadträte der kreisunmittelbaren Städte sind nicht nur Bezirkspolizeibehörden, sondern auch Bezirksverwaltungsbehörden und in dieser Eigenschaft zur Behandlung und Entscheidung aller in die Zuständigkeit der Bezirksverwaltungsbehörden fallenden Verwaltungssachen, streitigen und nichtstreitigen, zuständig.

4. Ausnahmen von der Zuständigkeit.
Die Staatsregierung kann die Sicherheitspolizei und sonstige mit der Sicherheitspolizei in Zusammenhang stehende Geschäfte staatlichen Behörden übertragen (Art. 55). Das hauptsächlichste Mittel hiefür ist die Errichtung sogen. Polizeidirektionen. Solche bestehen z. Zt. in München und in Nürnberg, letztere für die Städte Nürnberg und Fürth.

Die Handhabung der Baupolizei ist in München einer eigenen gemeindlichen Behörde, der Lokalbaukommission, übertragen.

F. Staatsaufsicht.

1. Zuständigkeit.
Zuständig zur Handhabung der Staatsaufsicht ist bei kreisunmittelbaren Gemeinden die Regierung, Kammer des Innern, bei mittelbaren Gemeinden das Bezirksamt. In oberster Instanz ist das Staatsministerium des Innern Staatsaufsichtsbehörde (Art. 59).

2. Umfang der Staatsaufsicht.
Die Staatsaufsichtsbehörde kann
- gesetzwidrige Beschlüsse aufheben oder ändern (Rechtsaufsicht),
- die Erfüllung der gesetzlichen und übernommenen Verpflichtungen der Gemeinde erzwingen (Pflichtaufsicht),
- bei gewissen Rechtshandlungen der Gemeinde die erforderliche Genehmigung erteilen oder versagen.

Die letztgenannten Fälle, ein Rest des alten Kuratelrechts (s. oben I 2), sind in einzelnen Bestimmungen der Gemeindeordnung aufgezählt. Die Vermutung spricht dafür, daß die Gemeinde zu ihren Rechtshandlungen eine Genehmigung der Staatsaufsichtsbehörde nicht benötigt. Als Fälle, in denen die Gemeinde der staatsaufsichtlichen Genehmigung bedarf, seien beispielsweise (vgl. Art. 61) genannt: Errichtung von Sparkassen und Banken, Errichtung und Betrieb von Erwerbsunternehmungen, Ausleihung und Anlegung von Geldern unter Abweichung von den gegebenen Vorschriften, Belastung von Grundstücken mit einer Hypothek, Grundschuld oder Rentenschuld.

Während die Staatsaufsicht die Ueberwachung der Gemeinden bei Erledigung der eigentlichen Gemeindeangelegenheiten (s. oben C 1) bezweckt und sich (abgesehen von den Fällen, in denen eine Genehmigung von Rechtshandlungen der Gemeinde in Frage kommt) nur auf die Prüfung der Gesetzmäßigkeit, nicht der Zweckmäßigkeit der gemeindlichen Beschlüsse erstrecken darf, prüft die bei Angelegenheiten des übertragenen Wirkungskreises tätige Sachaufsicht (s. oben D 2) auch die Zweckmäßigkeit der gemeindlichen Tätigkeit.

3. Begrenzung der Staatsaufsicht.
Gegen die Handhabung der Staatsaufsicht steht der Gemeinde Beschwerde zur nächsthöheren Staatsbehörde zu. Gegen den Bescheid der Staatsaufsichtsbehörde kann aber die Gemeinde auch Beschwerde zum Verwaltungsgerichtshof einlegen, wenn sie behauptet, daß der Bescheid der Aufsichtsbehörde ihr gesetzliches Selbstverwaltungsrecht verletze oder sie mit einer gesetzlich nicht begründeten Leistung belaste (Art. 60 Abs. VI). Auch steht der Gemeinde letzten Endes der Weg der Verfassungsbeschwerde an den Staatsgerichtshof offen (§ 93 BayVU.).

G. Ortschaftsrecht (Art. 62).

1. Begriff.
Ortschaften sind innerhalb einer Gemeinde bestehende gemeindliche Verbände mit der Eigenschaft einer juristischen Person und mit gewissen Verwaltungsbefugnissen. Zum Begriffe einer Ortschaft ist das Vorhandensein einer eigenen Ortsflur unerläßlich.

2. Verfassung.
Die Verwaltung wird durch einen Pfleger und einen aus höchstens drei weiteren Mitgliedern bestehenden Ortsausschuß besorgt. Sind nicht wenigstens drei wählbare Ortseinwohner vorhanden, so bestimmt die Staatsaufsichtsbehörde einen Ortsverwalter.

3. Aufgaben der Ortschaft.
Wenn Ortschaften vor dem Inkrafttreten des Selbstverwaltungsgesetzes (s. oben I) aus ihrem Finanzvermögen (z. B. Waldungen, Weideland) die Unterhaltung der Wege, Straßen, Brücken, öffentlichen Brunnen usw. nach Herkommen oder aus einem anderen Rechtsgrund bestritten haben, so haben die Ortschaften diese Aufgaben auch in Zukunft zu erfüllen oder der Gemeinde

(Gesamtgemeinde) die entsprechenden Aufwendungen zu ersetzen, soweit die Erträgnisse des Ortsvermögens hiezu ausreichen. Im übrigen obliegt der Ortschaft die Verwaltung ihres Vermögens.

4. Verwaltung der Ortschaft.

Die Verwaltung der Ortschaft erfolgt nach denselben Grundsätzen wie die Verwaltung der Gemeinde. Staatsaufsichtsbehörde ist die Staatsaufsichtsbehörde der Gemeinde.

H. Gemeindewahlen (Art. 63—77).

1. Wahl des ersten Bürgermeisters. In Gemeinden mit mehr als 3000 Einwohnern wird der erste Bürgermeister von den stimmberechtigten Mitgliedern des Gemeinderats, in Gemeinden bis zu 3000 Einwohnern unmittelbar von den wahlberechtigten Einwohnern gewählt.
2. Die Wahl der weiteren Bürgermeister, wenn solche aufgestellt werden, erfolgt durch den Gemeinderat.
3. Berufsmäßige Gemeinderatsmitglieder werden gleichfalls durch den Gemeinderat gewählt.
4. Die ehrenamtlichen Gemeinderatsmitglieder werden durch die wahlberechtigten Einwohner gewählt.
   a) Wahlberechtigt (aktives Wahlrecht) sind alle reichsdeutschen Männer und Frauen, die das 20. Lebensjahr vollendet haben und sich seit wenigstens 12 Monaten in der Gemeinde aufhalten. Ausgeschlossen sind entmündigte Personen, ferner solche, die durch Richterspruch die bürgerlichen Ehrenrechte verloren haben usw.
   b) Wählbar (passives Wahlrecht) sind die nach **a)** wahlberechtigten Personen, wenn sie das 25. Lebensjahr zurückgelegt haben.
   c) Wahlverfahren. In der Regel findet Verhältniswahl auf Grund von Wahlvorschlägen statt. Mehrere Wahlvorschläge können miteinander verbunden werden und gelten dann gegenüber anderen Wahlvorschlägen als ein Wahlvorschlag. In Gemeinden mit mehr als 20000 Einwohnern sind die Wähler an die eingereichten Vorschlagslisten gebunden (System der gebundenen Listen), in Gemeinden von weniger als 20000 Einwohnern können die Wähler in den Listen Aenderungen vornehmen, z. B. einzelne Kandidaten streichen (System der freien Listen). Dagegen dürfen sie auch hier nicht solche Personen wählen, die auf keinem Wahlvorschlag enthalten sind („Wilde"), ebensowenig ist die Vereinigung von Namen aus verschiedenen Wahlvorschlägen (sogen. Panachieren) zulässig.

Wenn nur ein einziger gültiger Wahlvorschlag oder kein Wahlvorschlag eingereicht wurde, findet nicht Verhältniswahl, sondern Mehrheitswahl statt.

d) Die Wahlzeit dauert 5 Jahre.

e) Gleichzeitig mit den ehrenamtlichen Gemeinderatsmitgliedern sind Ersatzmänner zu wählen für den Fall, daß ein Gewählter die Wahl ablehnt oder während der Wahlzeit aus dem Amt ausscheidet. Die Ablehnung der Wahl ist nur aus den im Gesetz niedergelegten Gründen zulässig.

f) Die Staatsaufsichtsbehörde hat die Wahlverhandlungen zu prüfen. Bei besonders schweren, im Gesetz aufgezählten Verstößen hat die Aufsichtsbehörde entweder die Nichtigkeit einer ganzen Wahl oder die Nichtigkeit der Wahl einer Einzelperson festzustellen. Außerdem kann jeder Wahlberechtigte eine Wahl aus bestimmten im Gesetz aufgezählten Gründen anfechten. Die Entscheidung über die Nichtigkeit einer Wahl und über eine Wahlanfechtung erfolgt im verwaltungsrechtlichen Verfahren; in erster Instanz entscheidet die Aufsichtsbehörde der Gemeinde, in zweiter Instanz der Verwaltungsgerichtshof.

g) Im übrigen wird das Wahlverfahren durch eine vom Staatsministerium des Innern zu erlassende Wahlordnung geregelt.

h) Gegen die Wahl eines Bürgermeisters kann die Kreisregierung Verwahrung einlegen, wenn gegen ihn Tatsachen vorliegen, die seine Dienstentlassung begründen würden, wenn die Tatsachen nach Erlangung des Amts eingetreten wären. Bestreitet der Gewählte die Zulässigkeit der Verwahrung, so entscheidet hierüber der Disziplinarhof für nichtrichterliche Beamte.

I. Gemeindebeamte.

1. Begriff. Gemeindebeamte sind diejenigen Personen, die auf Grund eines öffentlichrechtlichen Dienstvertrags im Dienst der Gemeinde tätig sind. Die Gemeindeordnung stellt, wenn auch nur in Form einer Sollvorschrift, den Grundsatz des Berufsbeamtentums auch für die Gemeinde auf (Art. 79). Das Dienstverhältnis der Angestellten und Arbeiter der Gemeinde wird vom bürgerlichen Recht geregelt.

2. Satzung. Die Gemeinde kann die Rechtsverhältnisse ihrer Beamten durch eine Satzung regeln (Art. 86). Die Satzung kann alle möglichen Bestimmungen über Rechte und Pflichten der Gemeindebeamten enthalten. Die Gemeinde kann hiebei für ihre Beamten auch günstigere Vorschriften erlassen als sie der Staat für seine Beamten erlassen hat, ungünstigere aber

nur da, wo nicht soziale Schutzvorschriften für die Gemeindebeamten bestehen (s. unten 4, 5, 8).

3. Pflichten der Gemeindebeamten (Art. 80, 81). Gewissenhafte Erfüllung der Amtspflichten, achtungswürdiges Verhalten in und außer Dienst, Wahrung des Amtsgeheimnisses, Gehorsam gegenüber den dienstlichen Anordnungen der Vorgesetzten.

4. Dienstverhältnis. Das Dienstverhältnis ist widerruflich. Nach Ablauf von 3 Jahren darf jedoch das Dienstverhältnis nur gelöst werden, wenn ein wichtiger Grund hiefür vorliegt. Nach Ablauf von 10 Jahren ist Dienstunfähigkeit kein wichtiger Grund für die Lösung des Dienstverhältnisses. Die Gemeinde kann einzelnen vollbeschäftigten Gemeindebeamten die Unwiderruflichkeit gewähren, bei diesen ist eine Dienstentlassung nur im Wege des Disziplinarverfahrens (s. unten 11) möglich (Art. 88).

5. Bezüge der Gemeindebeamten. Der Gemeindebeamte hat Anspruch auf (Art. 89)
   angemessene Besoldung,
   Ruhegehalt nach Versetzung in den Ruhestand, wenn er 10 Dienstjahre zurückgelegt oder die Unwiderruflichkeit erlangt hat,
   Versorgung seiner Hinterbliebenen.

   „Angemessen" sind die Bezüge nur, wenn sie den Bezügen gleichzubewertender Stellen im Staatsdienst entsprechen. Entsteht Streit zwischen dem Gemeindebeamten und der Gemeinde darüber, ob die Bezüge angemessen sind, so entscheidet hierüber in erster Instanz das Kreisschiedsgericht, in zweiter Instanz das Landesschiedsgericht. In den Schiedsgerichten sind Vertreter der Gemeinden und der Gemeindebeamten (Art. 90).

6. Versetzung in den Ruhestand. Der Gemeindebeamte kann Versetzung in den Ruhestand beanspruchen und er kann ohne sein Verlangen in den Ruhestand versetzt werden, wenn er das 65. Lebensjahr zurückgelegt hat oder dienstunfähig geworden ist (Art. 89 Abs. II).

7. Haftung der Gemeindebeamten. Der Gemeindebeamte haftet der Gemeinde für vorsätzliche oder fahrlässige Verletzung seiner Amtspflichten. Hierüber kann eine Vorentscheidung der Staatsaufsichtsbehörde herbeigeführt werden, dagegen steht der Rechtsweg vor den ordentlichen Gerichten offen (Art. 82, 83).

8. Die Gemeindebeamten haben gleich den Staatsbeamten Anspruch auf Urlaub und Sonntagsruhe, sowie auf Unfallfürsorge (Art. 93, 94).

9. Streitigkeiten über vermögensrechtliche Ansprüche aus dem Dienstverhältnis entscheiden die ordentlichen Gerichte, Streitigkeiten über andere Ansprüche die Staatsaufsichtsbehörden (Art. 99, 100).

10. Für die berufsmäßigen Mitglieder des Gemeinderats, die Gemeindebeamte im weiteren Sinne sind, gelten besondere Bestimmungen. Sie werden auf höchstens 10 Jahre gewählt. Ihre Anstellung erfolgt auf Dienstvertrag. Mit ihrer Zustimmung kann ihnen der Gemeinderat die unwiderrufliche Anstellung gewähren (Art. 97, 98). Sie haben im allgemeinen dieselben Rechte wie die ehrenamtlichen Gemeinderatsmitglieder, jedoch Stimmrecht nur in Gegenständen ihrer Geschäftsaufgaben (Art. 13 Abs. IV); nur den berufsmäßigen Bürgermeistern kommt ein unbeschränktes Stimmrecht zu.

11. Dienststrafrecht (Art. 102—111).

Die Gemeindebeamten unterstehen einem Dienststrafrecht, das in seinen Grundzügen dem für Staatsbeamte geltenden Dienststrafrecht nachgebildet ist. Das materielle Dienststrafrecht unterscheidet zwischen Ordnungsstrafen (Verweis und Geldstrafe bis zum Betrage der Besoldung für 1 Monat) und Disziplinarstrafen (Geldstrafen bis zum Betrage der Besoldung für 3 Monate, Versetzung auf eine andere Amtsstelle mit gleichem oder geringerem Gehalt, Androhung der Dienstentlassung und Dienstentlassung).

Zuständig zur Verhängung der Ordnungsstrafen bei sämtlichen Gemeindebeamten und zur Verhängung der Disziplinarstrafen bei widerruflichen Gemeindebeamten ist der Gemeinderat; die Verhängung von Disziplinarstrafen bei unwiderruflichen Gemeindebeamten kommt jedoch in erster Instanz den Disziplinarkammern, in zweiter Instanz dem Disziplinarhof zu, wobei die nichtrichterlichen Mitglieder dieser Gerichte dem Kreis der Gemeindebeamten entnommen werden.

12. Ehrenamtliche Mitglieder des Gemeinderats (Art. 112—117).

Diese sind keine Gemeindebeamte, für sie gelten nur einige der Vorschriften, die für Gemeindebeamte bestehen. Besonders geregelt ist ihr Disziplinarrecht. Gegen Bürgermeister können zwar Ordnungsstrafen ausgesprochen werden, gegen andere ehrenamtliche Mitglieder des Gemeinderats nur die Strafe der Dienstentlassung, wenn die Verfehlung so schwer ist, daß diese Strafe begründet ist. Die Dienstentlassung schließt die Wahl für 5 Jahre aus. Die Aburteilung erfolgt durch die oben unter 11 genannten Disziplinargerichte, bei denen als nichtrichterliche Beisitzer ehrenamtliche Mitglieder des Gemeinderats mitwirken.

Ehrenamtliche Mitglieder des Gemeinderats können unter Umständen ihr Amt niederlegen, unter Umständen müssen sie es tun. Streitigkeiten über die Pflicht zur Niederlegung des Amts sind Verwaltungsrechtssachen, in erster Instanz entscheidet die Aufsichtsbehörde der Gemeinde, in zweiter Instanz der Verwaltungsgerichtshof.

K. Versorgungsverband und Zweckverbände.

1. Versorgungsverband (Art. 118—126).

Zum Ausgleich der Lasten, die den Gemeinden durch die Versorgung ihrer Beamten und deren Hinterbliebenen erwachsen, besteht ein Versorgungsverband, der die Eigenschaft einer juristischen Person des öffentlichen Rechts besitzt. Gemeinden mit weniger als 10000 Einwohnern müssen dem Versorgungsverband angehören, andere Gemeinden und sonstige juristische Personen des öffentlichen Rechts können ihm beitreten. Die Verwaltung des Versorgungsverbands wird von der staatlichen Versicherungskammer geführt. Streitigkeiten zwischen dem Verband und seinen Mitgliedern (den Gemeinden) werden durch ein Schiedsgericht entschieden.

2. Zweckverbände (Art. 133—141).

Eine Gemeinde kann sich mit anderen Gemeinden, Bezirken, Kreisen, Zweckverbänden und sonstigen Körperschaften des öffentlichen Rechts zur Erfüllung einzelner Aufgaben zu einem Zweckverband vereinigen. Hiezu bedarf die Gemeinde der Genehmigung des Staatsministeriums des Innern. Der Zweckverband wird mit der Genehmigung eine Körperschaft des öffentlichen Rechts. Der Zweckverband regelt seine Verfassung durch eine Satzung, die ebenfalls der ministeriellen Genehmigung bedarf. Streitigkeiten zwischen dem Verband und seinen Mitgliedern entscheidet im ersten Rechtszug die Aufsichtsbehörde, in zweiter Instanz der Verwaltungsgerichtshof.

Zwangsweise ist die Bildung eines Zweckverbands zulässig, wenn dies zur Erfüllung gemeinsamer, dem öffentlichen Bedürfnisse dienender Aufgaben notwendig ist und wenn $^2/_3$ der beteiligten Gemeinden zustimmen. Die zwangsweise Bildung erfolgt durch die Kreisregierung, gegen deren Entscheidung der Verwaltungsgerichtshof angerufen werden kann.

32. Das Recht der höheren Gemeindeverbände.

I. Begriff.

Höhere Gemeindeverbände sind mit korporativem Charakter ausgestattete Vereinigungen von Gemeinden. Als solche kommen in Betracht in Bayern die Bezirke und Kreise (in Preußen die Kreise, Regierungsbezirke, Provinzen). Streng genommen sind allerdings die bayerischen Bezirke und Kreise nach dem heutigen Recht keine Gemeindeverbände, da sie nicht auf den Gemeinden bezw. Bezirken, sondern auf den Einwohnern aufgebaut sind. Die bayerischen Bezirke und Kreise sind daher richtiger als „Gebietskörperschaften" zu bezeichnen.

II. Geschichtliches.

Die ersten Ansätze zur Bildung höherer, mehrere Gemeinden umfassender Gemeindeverbände gehen auf den Anfang des 19. Jahrhunderts zurück. Aus den gesteigerten Bedürfnissen für öffentliche Zwecke, insbesondere für Straßenbauten, Kriegslasten, ergab sich das Bestreben, sie auf leistungsfähigere Schultern als die der Gemeinden abzuwälzen. Man griff daher zur Zusammenfassung benachbarter Gemeinden in sogen. Konkurrenzverbände. Den so gebildeten „Distriktsgemeinden" fehlte der Charakter einer juristischen Person. Das gleiche gilt von den Kreisgemeinden, deren erste gesetzliche Grundlage eine Verordnung vom 1. Januar 1822 über die Einführung der Landräte darstellt.

Erst durch das Gesetz vom 28. Mai 1852, die Distriktsräte betreffend, und durch das Gesetz gleichen Datums, die Landräte betreffend, wurde für die Distrikts- und Kreisgemeinden eine feste gesetzliche Grundlage geschaffen. Sie waren beide juristische Personen des öffentlichen Rechts. Die Zusammensetzung ihrer Vertretungskörper — Distriktsrat und Distriktsratsausschuß, Landrat und Landratsausschuß — erfolgte nicht nach dem allgemeinen Wahlrecht, sondern sie bestanden aus Vertretern der Gemeinden, des großen Grundbesitzes usw. (ständische Vertretung). Das Recht der Selbstverwaltung stand den Distrikts- und Kreisgemeinden nicht zu. Durch das Gesetz waren ihnen bestimmte Aufgaben zur Erledigung zugewiesen, darüber hinaus konnten sie freiwillige Leistungen nur in beschränktem Umfang übernehmen.

Die unzeitgemäße Zusammensetzung der Vertretungskörper löste in steigendem Umfang den Wunsch nach einer durchgreifenden Reform der beiden Gesetze aus. Aber erst nach der Staatsumwälzung des Jahres 1918 wurde durch das Wahlgesetz vom 15. April 1919 und das Selbstverwaltungsgesetz vom 22. Mai 1919 auch für die Vertretungskörper der Distriktsgemeinden (nun Bezirke genannt) und der Kreisgemeinden (nun Kreise genannt) das allgemeine, gleiche und direkte Wahlrecht der Einwohner des Bezirkes und Kreises festgelegt und den Bezirken und Kreisen das Recht der Selbstverwaltung und der verwaltungsrechtliche Schutz dieses Selbstverwaltungsrechts gewährt. Dagegen krankte das neue Recht daran, daß es das Vorhandensein einer eigenen Bezirks- und Kreisverwaltung — ähnlich der der Gemeindeverwaltung — voraussetzte, zu deren Schaffung weder Neigung noch Mittel vorhanden waren. Auch löste die Fassung des Art. 1 des Selbstverwaltungsgesetzes, wonach die Gesetze über die Distriktsräte und über die Landräte „nur noch insoweit bestehen, als sich mit diesem Gesetz verträgt", die größten Auslegungsschwierigkeiten aus.

Dem Landtag wurden im März 1926, gleichzeitig mit dem Entwurf einer neuen Gemeindeordnung, Entwürfe einer neuen Bezirks- und Kreisordnung vorgelegt, vom Landtag am Anfang des Jahres 1927 der Beratung unterstellt und nach mannigfachen Aenderungen am 14. Juli 1927 zum Gesetz erhoben. Die Verkündigung der Bezirksordnung und der Kreisordnung erfolgte gleichzeitig mit der Gemeindeordnung am 17. Oktober 1927. Sie sind seit 1. April 1928 in Kraft.

III. Bezirksordnung.

Rechtsquelle: Bezirksordnung vom 17. Oktober 1927.

1. Umfang des Bezirks.

Der Bezirk umfaßt den Sprengel eines Bezirksamts (Art. 1). Daher gehören nicht zum Bezirk die kreisunmittelbaren Städte (Art. 54 GO.).

Ausnahmen:

a) Die kreisunmittelbaren Städte der Pfalz (Art. 43 Abs. III).

b) Wenn in Zukunft einer Gemeinde nach Art. 54 Abs. I GO. die Kreisunmittelbarkeit verliehen wird, kann bestimmt werden, daß sie im Bezirksverband zu verbleiben hat (Art. 39 Abs. I).

c) Bestehende kreisunmittelbare Gemeinden können mit ihrer Zustimmung in den Bezirk aufgenommen werden (Art. 39 Abs. II).

Wenn eine kreisunmittelbare Gemeinde auf ihren Antrag der Kreisunmittelbarkeit entkleidet und dem Verwaltungsbezirk eines Bezirksamts zugeteilt wird (Art. 54 Abs. I Satz 3 GO.), so gehört sie von nun an eo ipso dem Bezirk an.

2. Begriff des Bezirks.

Der Bezirk ist eine einen Teil des Staatsgebiets umfassende Körperschaft des öffentlichen Rechts. Der Bezirk deckt sich zwar (s. oben 1) mit dem Bezirksamtssprengel, ist aber begrifflich von ihm verschieden. Denn der Bezirk ist Selbstverwaltungskörper (s. unten 3), der Bezirksamtssprengel aber staatlicher Verwaltungsbezirk. Aenderungen des letzteren bewirken ohne weiteres auch eine Aenderung des Bezirks, weshalb, bevor eine solche Aenderung von den Verwaltungsbehörden verfügt wird, die Vertretungskörper des Bezirks zu hören sind (Art. 40).

3. Recht der Selbstverwaltung.

Der Bezirk hat wie die Gemeinde das Recht der Selbstverwaltung nach Maßgabe der Gesetze (Art. 1). Das Recht der Selbstverwaltung ist verwaltungsgerichtlich geschützt dadurch, daß der Bezirk wegen Verletzung seines Selbstverwaltungsrechts Beschwerde zum Verwaltungsgerichtshof erheben kann (Art. 33 Abs. VI).

4. Verfassung des Bezirks.

Die Organe des Bezirks sind: Bezirkstag, Bezirksausschuß, Bezirksamt.

Der Bezirksausschuß wird vom Bezirkstag aus seiner Mitte gewählt und besteht aus 5—7 Mitgliedern; die Verhandlungen des Bezirksausschusses werden durch den Bezirksamtsvorstand geleitet, der nicht Mitglied des Bezirksausschusses ist und auch kein Stimmrecht hat (Art. 16).

Der Bezirkstag besteht aus soviel Mitgliedern, daß auf je angefangene 1000 Einwohner (in der Pfalz 2000 Einwohner) ein Vertreter trifft, höchstens jedoch 45. Hiezu treten noch weitere 5 Vertreter, die den Wahlvorschlägen nach dem Verhältnis ihrer Stimmenzahl zugewiesen werden. Wegen der Wahl der Mitglieder des Bezirkstags vgl. unten 8.

Abgrenzung der Zuständigkeit zwischen den 3 Organen des Bezirks. Gewisse wichtigere Angelegenheiten sind der Beschlußfassung des Bezirkstags vorbehalten, insbesondere die Festsetzung des Voranschlags, Errichtung und Aufhebung von Anstalten des Bezirks usw. (Art. 21). Der Bezirksausschuß hat die Verhandlungen des Bezirkstags vorzubereiten, den Voranschlag vorzuberaten, Beamte und Angestellte des Bezirks anzustellen und zu entlassen (Art. 17). Darüber hinaus kann ihm der Bezirkstag die endgültige Erledigung weiterer Angelegenheiten übertragen, in dringenden Fällen kann der Bezirksausschuß auch endgültige Beschlüsse fassen, wenn die sofortige Einberufung des Bezirkstags unmöglich ist. Das Bezirksamt hat die laufende Verwaltung des Bezirks zu führen, die Verhandlungen des Bezirkstags und des Bezirksausschusses vorzubereiten und dort Anträge zu stellen, die gefaßten Beschlüsse zu vollziehen, die Aufsicht über die Anstalten des Bezirks zu führen und den Bezirk gerichtlich und außergerichtlich zu vertreten (Art. 5, 6).

Für den Geschäftsgang des Bezirkstags und des Bezirksausschusses gelten im wesentlichen dieselben Bestimmungen wie für die Gemeinden (s. den Abschnitt 31 II B 6—8 des Grundrisses [S. 192]). Jedoch können Beschlüsse des Bezirksausschusses ausnahmsweise durch schriftliche Abstimmung ohne Sitzung (Zirkularweg) gefaßt werden, wenn kein Mitglied widerspricht (Art. 18).

5. Verwaltung des Bezirkes.

a) Dem Bezirk obliegt eine Reihe bestimmter Aufgaben (Pflichtaufgaben), z. B. die Unterhaltung der Anstalten, Einrichtungen und Unternehmungen des Bezirks, die Uebernahme und Herstellung von Straßen, die „bestimmt und geeignet sind, einen über die nachbarliche Verbindung einzelner Gemeinden hinausgehenden Verkehr zu vermitteln" (Bezirksstraßen), die Errichtung von Bezirkskrankenhäusern usw. (Art. 2). Darüber hinaus steht es dem Bezirk frei, freiwillige Leistungen für solche Einrichtungen und Unternehmungen aufzuwenden, deren Durchführung einzelnen Gemeinden des Bezirks unmöglich oder erschwert ist (Art. 3).

b) Für die Verwaltung des Bezirksvermögens und die Aufnahme von Anlehen gelten ähnliche Bestimmungen wie für die Gemeinde (vgl. den Abschnitt 31 II C 2 und 5 des Grundrisses [S. 193].

c) Finanzwirtschaft des Bezirks.
Der Voranschlag des Bezirks ist alljährlich neu aufzustellen und nach Verabschiedung durch den Bezirkstag der Staatsaufsichtsbehörde vorzulegen. Er bildet die Grundlage des Haushalts des Bezirks (Art. 30).

An Einnahmen stehen dem Bezirk zur Verfügung:

α) Bezirksumlagen zu den Ertragssteuern des Landes nach Maßgabe des VG. zum Finanzausgleichgesetz.

β) Verbrauchssteuern, insbesondere die Biersteuer, aber nur dort, wo eine gemeindliche Biersteuer nicht besteht.

γ) Pflaster-, Weg- und Brückenzölle; bei außergewöhnlicher Abnützung einer Bezirksstraße durch einen Betrieb oder durch die Bewirtschaftung eines Grundstückes kann der Inhaber des Betriebs oder der Eigentümer des Grundstücks zu Vorausleistungen herangezogen werden (Art. 29, Abs. II).

δ) Durch Beschluß des Bezirkstags mit qualifizierter Mehrheit kann für einzelne Gemeinden je nach der Teilnahme an den Vorteilen einer Einrichtung des Bezirks (z. B. Bezirksstraßen) der Hundertsatz der steuerlichen Belastung bis zum $1^1/_2$ fachen des allgemeinen, gesetzlich zulässigen Satzes erhöht werden (Art. 29, Abs. IV). Diese Leistungen heißen erhöhte Leistungen.

ε) Der Bezirk kann durch Satzung für die Benützung seines Eigentums und seiner Anstalten (z. B. der Krankenhäuser) Gebühren festsetzen (vgl. hiezu den Abschnitt 31 II C 6 f des Grundrisses [S. 195]).

6. Staatsaufsicht (Art. 32—34).
Der Bezirk unterliegt der Staatsaufsicht der Kreisregierung. Für die Handhabung der Staatsaufsicht gelten im wesentlichen dieselben Bestimmungen wie für die Staatsaufsicht über die Gemeinden (vgl. den Abschnitt 31 II F 1 des Grundrisses [S. 197]).

7. Beamte des Bezirks und Mitglieder des Bezirkstags (Art. 36, 37, 14, 15).
Auch hier sind die für Gemeindebeamte und für ehrenamtliche Mitglieder der Gemeinderäte geltenden Vorschriften entsprechend anwendbar (vgl. den Abschnitt 31 II I des Grundrisses [S. 200]). Nur hinsichtlich des Disziplinarrechts für

Bezirksbeamte trifft das Gesetz (Art. 37) einige besondere Anordnungen.

8. Wahlen der Mitglieder des Bezirkstags (Art. 9—13). Wegen der Zahl der Mitglieder des Bezirkstags vgl. oben unter 4.

Für das Wahlverfahren gilt, wie bei den Gemeindewahlen, das Verhältniswahlsystem. Die Wahlvorschläge sind für den ganzen Wahlbezirk aufzustellen, jedoch kann der einzelne Bewerber für eine oder mehrere Gemeinden oder Stimmbezirke aufgestellt werden, die Verteilung der Bewerber auf die einzelnen Gemeinden (Stimmbezirke) obliegt dem Einreicher des Wahlvorschlags (Parteiorganisation). Hiedurch soll eine gewisse Lokalisierung der Wahl erreicht werden. Innerhalb der Wahlvorschläge werden die Sätze nach der Stimmenzahl, die der einzelne Bewerber erhalten hat, verteilt. Wird kein Wahlvorschlag eingereicht, so findet Mehrheitswahl statt.

Für das aktive Wahlrecht wird der 6monatige Aufenthalt in Bayern, für das passive Wahlrecht der 6monatige Aufenthalt im Bezirk erfordert.

IV. Kreisordnung.

Rechtsquelle: Kreisordnung vom 17. Oktober 1927, geändert durch Ges. v. 29. März 1928, Art. 2—6 des Gesetzes über Notmaßnahmen für die Kreisgemeinden vom 28. März 1924 (GVBl. S. 116).

1. Umfang des Kreises.
Der Kreis umfaßt den Regierungsbezirk.

2. Begriff des Kreises.
Der Kreis ist eine einen Teil des Staatsgebiets umfassende Körperschaft des öffentlichen Rechts wie der Bezirk (s. oben III 2).

3. Recht der Selbstverwaltung.
Der Kreis hat das Recht der Selbstverwaltung nach Maßgabe der Gesetze (s. oben III 3).

4. Verfassung und Verwaltung des Kreises.
Es gelten im wesentlichen dieselben Bestimmungen wie für die Verfassung und Verwaltung des Bezirks (s. oben III 4 und 5) mit der Maßgabe, daß an Stelle des Bezirkstags der Kreistag, an Stelle des Bezirksausschusses der Kreisausschuß und an Stelle des Bezirksamts die Kreisregierung tritt. Pflichtaufgabe des Kreises ist die Herstellung und Unterhaltung der erforderlichen Heil- und Pflegeanstalten, Blinden- und Taubstummenanstalten. Andere Aufgaben (Aufwand für Oberrealschulen usw.), die früher auf den Kreisen lasteten, sind ihnen durch das obengenannte Gesetz vom 28. März 1924 abgenommen worden.

Der Kreis kann Umlagen nach Maßgabe des VG. zum Finanzausgleichgesetz und Gebühren für die Benützung seiner Anstalten (Art. 32) erheben. Er nimmt ferner an den Ueberweisungen aus dem Ertrag der Reichseinkommen- und -körperschaftssteuer teil.

5. Staatsaufsicht.
Staatsaufsichtsbehörde für den Kreis ist das Staatsministerium des Innern. Gegen dessen Verfügungen genießt der Kreis verwaltungsgerichtlichen Schutz (Art. 35 Abs. VI).

6. Kreisbeamte.
Die Beamten des Kreises sind Staatsbeamte, jedoch richten sich ihre vermögensrechtlichen Ansprüche gegen den Kreis. Die Ernennung, Beförderung usw. der Kreisbeamten kommt der Staatsregierung nach Einvernahme des Kreisausschusses zu (Art. 38).

7. Zahl und Wahl der Kreisvertreter (Art. 9, 14).
In den Kreistag sind doppelt soviele Vertreter zu wählen, als Landtagsabgeordnete nach dem Landeswahlgesetz auf den Kreis treffen. Die Zahl der Kreistagsmitglieder schwankt daher zwischen 20 und 50. Dazu treten aber noch 5 bis 10 weitere Vertreter, die nach Analogie der „Landesabgeordneten" zu wählen sind.

Für die Wahl der Kreistagsmitglieder wird wie bei den Wahlen zu den Bezirkstagen eine „Lokalisierung" der gewählten Vertreter durch ein eigentümliches Wahlverfahren angestrebt. Dies besteht in der Hauptsache darin, daß für jeden Stimmkreis in jedem Wahlvorschlag 2 Bewerber aufgestellt werden können und daß einem Wahlvorschlag in einem Stimmkreis erst dann ein weiterer Sitz zufallen kann, wenn der Wahlvorschlag schon in sämtlichen übrigen Stimmkreisen einen Sitz erhalten hat. Für das passive Wahlrecht ist ein sechsmonatiger Aufenthalt im Kreis notwendig, für das aktive sechsmonatiger Aufenthalt in Bayern und der nicht nur vorübergehende Aufenthalt im Kreis.

33. Das Recht der öffentlichen Stiftungen.

I. Geschichtliches.

Die Errichtung von Stiftungen, insbesondere für kirchliche und wohltätige Zwecke, reicht bis tief ins Mittelalter zurück. Der bayerische Staat regelte die Verwaltung des Stiftungsvermögens durch ein Edikt vom 1. Oktober 1807; dieses wurde durch eine Verordnung vom 6. März 1817 abgelöst, die Verwaltung des örtlichen Stiftungsvermögens wurde der Gemeinde zurückgegeben. Daran haben das Gemeindeedikt vom Jahre 1818 und die Gemeindeordnungen der Jahre 1869 und 1927 nichts geändert.

§ 25 der bayerischen Verfassung besagt: „Das Gesamtvermögen der öffentlichen Stiftungen und die stiftungsgemäße Verwendung seiner Erträgnisse unterstehen dem besonderen Schutz des Staates. Stiftungsvermögen darf unter keinem Vorwande dem Staatsvermögen einverleibt werden. Verwaltung und Ausrichtung der öffentlichen Stiftungen werden staatlich beaufsichtigt. Ein besonderes Gesetz über das Stiftungswesen bleibt vorbehalten." Das am Schluß dieser Bestimmung genannte Gesetz ist bis jetzt nicht erschienen.

II. Begriff.

Stiftung ist eine mit Rechtspersönlichkeit ausgestattete Vermögensmasse. Keine Stiftung ist eine für einen bestimmten Zweck ausgeschiedene, jedoch nicht mit eigener Rechtspersönlichkeit ausgestattete Vermögensmasse (Fonds), z. B. das Vermögen einer städtischen Sparkasse.

Oeffentliche Stiftung ist eine Stiftung, die nicht ausschließlich privaten Zwecken dient, sondern der Wohltätigkeit, dem Unterricht, dem Kultus, der Wissenschaft oder ähnlichen öffentlichen Interessen gewidmet ist. Auch Stiftungen, deren Erträgnisse einem bestimmten Personenkreis zukommen, z. B. Familienstiftungen, können öffentliche Stiftungen sein. Aber nicht jede öffentliche Stiftung ist auch eine Stiftung des öffentlichen Rechts. Hiezu ist notwendig, daß zwischen der Stiftung und dem Staat, der Gemeinde oder einer Anstalt des öffentlichen Rechts ein organischer Zusammenhang besteht, der die Stiftung zu einer öffentlichen Einrichtung macht. Die „öffentliche Stiftung" ist also der weitere Begriff, die „Stiftung des öffentlichen Rechts" der engere Begriff.

Zustiftungen (auch Stiftungszuflüsse genannt) sind Zuwendungen an bereits bestehende Stiftungen. Ihre Rechtsverhältnisse bestimmen sich nach der Hauptstiftung.

Aus der nachstehenden Betrachtung scheiden aus die privaten Stiftungen, deren Rechtsverhältnisse in der Hauptsache im BGB. geregelt sind. Jedoch gelten einzelne Vorschriften des BGB. auch für die Stiftungen des öffentlichen Rechts.

III. Geltendes Recht.

1. Entstehung der Stiftung.

Zur Entstehung der Stiftung ist zweierlei notwendig:

a) das Stiftungsgeschäft,

b) die staatliche Genehmigung.

Das Stiftungsgeschäft kann unter Lebenden oder von Todes wegen erfolgen. Schriftform ist notwendig. Streitigkeiten über die Gültigkeit des Stiftungsgeschäfts sind zivilrechtlicher Natur und von den ordentlichen Gerichten zu entscheiden.

Zur Erteilung der staatlichen Genehmigung ist je nach dem Zwecke der Stiftung das Staatsministerium des Innern oder das Staatsministerium für Unterricht und Kultus zuständig.

2. Arten der öffentlichen Stiftungen.

Zu unterscheiden sind

a) örtliche oder unter gemeindlicher Verwaltung stehende Stiftungen (Art. 127—132 GO.),

b) kirchliche Stiftungen,

c) sonstige öffentliche Stiftungen.

Die Rechtsverhältnisse der kirchlichen Stiftungen bemessen sich nach dem Kirchenrecht. Vgl. insbesondere Art. 5—10 der Kirchengemeindeordnung vom 24. September 1912. Oertliche Stiftungen sind solche Stiftungen, deren Zweck über den Bereich einer Gemeinde nicht hinausgeht.

3. Verwaltung der öffentlichen Stiftungen.

Sie kommt nach Art. 6 des AG. zum BGB., unbeschadet der Zuständigkeit des Verwaltungsgerichtshofs, den Verwaltungsbehörden zu, sofern nicht die Stiftung ausschließlich privaten Zwecken dient.

a) Zuständigkeit. Wie jede juristische Person bedarf die Stiftung, um in das Rechtsleben eintreten zu können, der Organe.

Ueber die Organe einer Stiftung entscheidet in erster Linie der Wille des Stifters. Ist keine besondere Bestimmung getroffen, so kommt die Verwaltung der allgemeinen Stiftungen, d. h. der Stiftungen, deren Zweck nicht auf das Gebiet einer Gemeinde beschränkt ist, dem Staat zu, der die Stiftung durch eigene Beamte verwalten kann. Bei örtlichen Stiftungen (s. oben 2 am Ende) ist die Gemeinde zur Verwaltung zuständig; diese kann kraft besonderen Rechtstitels (z. B. auf Grund einer ausdrücklichen Stiftungsbestimmung) auch zur Verwaltung allgemeiner, nicht örtlicher Stiftungen berufen sein.

b) Die Verwaltung selbst. Die unter gemeindlicher Verwaltung stehenden Stiftungen sind von den Gemeinden nach den Vorschriften über die Führung des Gemeindehaushalts zu verwalten (Art. 129

GO.). Demgemäß sind für das Vermögen der Stiftungen Voranschläge aufzustellen und Rechnungen zu führen. Das Stiftungsvermögen darf mit dem gemeindlichen Vermögen nicht vermengt werden (Art. 130 GO.), ebenso ist die Einverleibung des Stiftungsvermögens in das Staatsvermögen verboten (§ 25 BayVU.).

Richtschnur für die Verwaltung des Stiftungsvermögens ist die möglichste Erfüllung des Willens des Stifters (vgl. Art. 131 GO.).

4. Umwandlung und Aufhebung einer Stiftung.
   a) Bei den unter gemeindlicher Verwaltung stehenden Stiftungen des öffentlichen Rechts bestimmt Art. 132 GO., daß, wenn die Erfüllung des Stiftungszwecks unmöglich geworden ist oder die Stiftung das Gemeinwohl gefährdet, die Bestimmungen des § 87 BGB. anzuwenden sind. Hienach kann, wenn diese Voraussetzungen vorliegen, der Gemeinderat der Stiftung unter tunlichster Berücksichtigung der Absicht des Stifters eine andere Zweckbestimmung geben oder sie ganz aufheben. Der Beschluß des Gemeinderats bedarf der staatsaufsichtlichen Genehmigung.
   b) Für die unter der Verwaltung des Staats stehenden Stiftungen wird bei gleichem Anlaß ein Akt der Gesetzgebung notwendig sein (vgl. für das frühere Recht Tit. VII § 17 der bayerischen Verfassung vom Jahre 1818).
5. Besondere Bestimmungen.
   § 89 BGB. erklärt zwei an sich dem bürgerlichen Recht angehörende Bestimmungen für anwendbar auf die Stiftungen des öffentlichen Rechts, nämlich
   a) § 31 BGB. bezüglich der Haftung für eine von den Organen der Stiftung begangene, zum Schadensersatz verpflichtende Handlung,
   b) § 42 Abs. II BGB. bezüglich der Verpflichtung, im Falle der Ueberschuldung die Eröffnung des Konkurses zu beantragen. Da aber nach Art. 10 des bayer. AG. zur ZPO. über das Vermögen einer öffentlichen Stiftung kein Konkurs stattfindet, ist diese Bestimmung gegenstandslos.
6. Staatsaufsicht.
   Die öffentlichen Stiftungen stehen unter der Aufsicht des Staats (§ 25 BayVU., Art. 6 AG. zum BGB.).

Zuständig zur Handhabung der Staatsaufsicht sind die Kreisregierungen, Kammern des Innern (§§ 69, 70 der Formationsverordnung vom 17. Dezember 1825); die oberste Aufsicht führen, je nach dem Stiftungszweck, das Staatsministerium des Innern oder das Staatsministerium für Unterricht und Kultus. Die Staatsaufsicht erstreckt sich darauf, daß das Stiftungsvermögen ordnungsgemäß verwaltet und seine Erträgnisse entsprechend verwendet werden.

7. Streitigkeiten.

a) Streitigkeiten über Rechtsansprüche auf den Genuß oder Mitgenuß von öffentlichen Stiftungen und über Rechte bezüglich der Stiftungsverwaltung und der Verleihung des Stiftungsgenusses sind Verwaltungsrechtssachen (Art. 8 Ziff. 35 VGG.). Zuständig zur Entscheidung in erster Instanz ist bei den unter der Verwaltung einer Gemeinde stehenden Stiftungen die Aufsichtsbehörde der Gemeinde, bei den übrigen öffentlichen Stiftungen die Kreisregierung, Kammer des Innern.

b) Der Verwaltungsgerichtshof kann gegen eine Entscheidung der Kreisregierung angerufen werden, durch die die Umwandlung oder Aufhebung einer unter gemeindlicher Verwaltung stehenden Stiftung gemäß Art. 132 GO., § 87 BGB. (s. oben 4 a) verfügt wird (Art. 10 Ziff. 3 a VGG.).

Bei Streitigkeiten über den Genuß an privaten Stiftungen oder über die Verwaltung derselben sind ausschließlich die ordentlichen Gerichte zuständig.

Behördenorganisation und Verwaltungsverfahren.

A. Behördenorganisation.

I. Die obersten Reichsbehörden.

1. Der Reichskanzler (vgl. Art. 55, 56 RV.).
   Unterstellt: Die Reichskanzlei.
2. Das Auswärtige Amt.
   Unterstellt: Die Missionen Deutschlands im Ausland und die Konsulate.
3. Das Reichsministerium des Innern.
   Unterstellt: Das Reichsgesundheitsamt, das Bundesamt für Heimatwesen, das Reichsarchiv.
4. Das Reichsfinanzministerium.
   Unterstellt: Der Reichsfinanzhof, die Landesfinanzämter, das Reichsmonopolamt für Branntwein.
5. Das Reichswirtschaftsministerium.
   Unterstellt: Das Statistische Reichsamt, das Reichsaufsichtsamt für Privatversicherung, das Reichswirtschaftsgericht.

6. Das Reichsarbeitsministerium.
   Unterstellt: Das Reichsversicherungsamt, das Reichsversorgungsgericht, die Reichsversicherungsanstalt für Angestellte.
7. Das Reichsjustizministerium.
   Unterstellt: Das Reichsgericht, das Reichspatentamt.
8. Das Reichswehrministerium.
9. Das Reichsverkehrsministerium.
10. Das Reichspostministerium.
11. Das Reichsministerium für Ernährung und Landwirtschaft.
12. Das Reichsministerium für die besetzten Gebiete.

II. Die obersten bayerischen Behörden.

1. Das Staatsministerium des Aeußern.
2. Das Staatsministerium der Justiz.
3. Das Staatsministerium des Innern.
4. Das Staatsministerium für Unterricht und Kultus.
5. Das Staatsministerium der Finanzen.
6. Das Staatsministerium für Soziale Fürsorge.
7. Das Staatsministerium für Landwirtschaft.
8. Das Staatsministerium für Handel, Industrie und Gewerbe.

Die Gesamtheit der Minister ist das Gesamtministerium, das die oberste vollziehende und leitende Behörde des Staats ist (§ 4 BayVU.) und dem durch die Verfassung oder durch sonstige Gesetze bestimmte Zuständigkeiten vorbehalten sind. Im übrigen erledigt jeder Minister die Geschäfte seines Wirkungskreises.

III. Die Mittelbehörden der inneren Verwaltung.

Mittelbehörden der inneren Staatsverwaltung sind die Kreisregierungen, Kammern des Innern. Ihre Organisation beruht auf der Formationsverordnung vom 17. Dezember 1825. Außer der Kammer des Innern umfaßt die Kreisregierung auch eine Kammer der Forsten, während die früher ebenfalls der Kreisregierung angegliederte Kammer der Finanzen im Hinblick auf den Uebergang eines großen Teils des Finanzwesens der Länder auf das Reich mit V. vom 23. Januar 1920 aus dem Verband der Kreisregierungen losgelöst wurde, jedoch mit der Maßgabe, daß ihr eine Reihe von „Landesaufgaben" verblieb, bei deren Besorgung sie dem Staatsministerium der Finanzen unterstellt ist. Nunmehr bestehen an Stelle der Regierungsfinanzkammern die Zweigstellen der Landesfinanzämter (Min.Bek. vom 20. April 1920).

IV. Die Unterbehörden der inneren Verwaltung.

Unterbehörden der inneren Verwaltung sind die Bezirksämter (V. vom 21. Dezember 1908) und die Stadträte der kreisunmittelbaren Städte (Art. 54 Abs. II GO.). Beide sind Bezirksverwaltungsbehörden; wenn sie polizeiliche Aufgaben erfüllen, heißen sie Bezirkspolizeibehörden. Bezirksverwaltungs- und Bezirkspolizeibehörden sind auch (Art. 55 GO.) die Polizeidirektionen (vgl. Abschnitt 1 IV 3c [S. 10] des Grundrisses) und die Lokalbaukommission München (vgl. Abschnitt 14 A XIII [S. 106] des Grundrisses).

Zu den unteren Verwaltungsbehörden gehören auch die Gemeindeverwaltungen der nicht kreisunmittelbaren Gemeinden.

V. Andere Behörden der inneren Verwaltung.

Dem Staatsministerium des Innern sind angegliedert
- die oberste Baubehörde,
- die Landesstelle für Gewässerkunde,
- das Landesamt für Wasserversorgung;

dem Staatsministerium des Innern sind unterstellt u. a.
- der Verwaltungsgerichtshof,
- das Statistische Landesamt,
- das Landesamt für Maß und Gewicht, dem die Eichämter unterstehen,
- die Versicherungskammer.

VI. Art der Organisation.

Eine Behörde kann entweder kollegial organisiert sein, d. h. die Behörde entscheidet durch ein Kollegium mit Mehrheitsbeschluß; oder sie kann büromäßig (bürokratisch) organisiert sein, d. h. die Entscheidung liegt in den Händen des Vorstands, der allein entscheidet und verantwortlich ist und dessen Weisungen die Sachbearbeiter (Referenten) zu folgen haben. Im Gebiet der inneren Staatsverwaltung ist die bürokratische Organisation, auf dem Gebiet der Gemeindeverwaltung die kollegiale Organisation die Regel.

Die Kreisregierungen entscheiden in der Regel im Büroweg, doch kann der Regierungspräsident kollegiale Beratung anordnen (§ 133 der Formationsverordnung vom 17. Dezember 1825). In Verwaltungsrechtssachen entscheiden sie in Senaten (s. unten C VII 1b).

VII. Der Fiskus.

Der Fiskus (auch Staatsärar genannt) ist der Staat als Inhaber und Verwalter des Staatsvermögens (nicht als Träger der Staatshoheit). Vertreter des bayerischen Fiskus sind, wenn nicht die Zuständigkeit einer anderen Behörde besonders begründet ist, die Zweigstellen der Landesfinanzämter (s. oben III).

Eine Behörde als solche ist keine juristische Person.

B. Der Verwaltungsakt.

I. Verwaltungsakte.

Verwaltungsakt ist jede obrigkeitliche Tätigkeit einer Verwaltungsbehörde, mit der diese regelnd und entscheidend in das Leben der Staatsbürger eingreift. Die Verwaltungsakte können sein

allgemeiner Art, das sind die in der Einleitung genannten Rechtsverordnungen und Verwaltungsanordnungen, oder

spezieller Art, das sind diejenigen, die einen bestimmten Einzelfall regeln.

Bei speziellen Verwaltungsakten unterscheidet man zwischen Entscheidungen und Verfügungen.

Bei Entscheidungen wird ein Streit zwischen der Verwaltungsbehörde und einem Staatsbürger oder zwischen Staatsbürgern untereinander entschieden. Solche Entscheidungen sind in der Regel (s. aber unten C V) der Rechtskraft fähig. Beispiel: Entscheidung über die Verpflichtung zur zwangsweisen Abtretung von Grundeigentum für ein gemeinnütziges Unternehmen (Art. 8 Ziff. 10 VGG.).

Verfügungen schaffen Recht, ohne daß ein förmlicher Streit in dem eben genannten Sinn vorliegt. Man unterscheidet die

rechtsschaffenden Verfügungen (z. B. Ernennung zum öffentlichen Beamten),

rechtsgestaltenden Verfügungen (z. B. Entlassung eines Beamten),

verpflichtenden Verfügungen (z. B. Aufforderung der Polizei an den Hausbesitzer, den gefahrdrohenden Zustand seines Hauses zu beseitigen),

feststellenden Verfügungen (z. B. Feststellung des Ausbruchs einer Viehseuche in einem bestimmten Bezirk).

Verfügungen sind, wenn das Gesetz nichts anderes bestimmt, einer Rechtskraft nicht fähig. Eine Verfügung kann auch in einem Verbot bestehen.

Verwaltungsakte können, wenn dies nicht das Gesetz verbietet, unter einer (aufschiebenden oder auflösenden) Bedingung oder unter einer Auflage ergehen und befristet sein.

II. Mängel des Verwaltungsaktes.

Wie die Willenserklärungen des bürgerlichen Rechts können Verwaltungsakte mit Mängeln behaftet sein, die ihre Rechtsbeständigkeit beeinträchtigen. Die Mängel können formeller oder materieller Art sein.

Mängel formeller Art sind

1. sachliche oder örtliche Unzuständigkeit der Behörde, von der der Verwaltungsakt ausgeht,
2. Mängel der für den Verwaltungsakt gesetzlich vorgeschriebenen Form.
3. Fehlen der erforderlichen Mitwirkung einer anderen Behörde.

Mängel materieller Art sind gegeben, wenn der Verwaltungsakt

1. auf einen unmöglichen, unsittlichen oder gesetzwidrigen Erfolg gerichtet ist,
2. wenn er auf einem Willensmangel der Behörde (Irrtum, Betrug, Drohung) beruht.

Die letztgenannten Willensmängel machen den Verwaltungsakt anfechtbar, alle anderen Mängel machen ihn nichtig.

III. Inslebentreten der Verwaltungsakte.

Jeder Verwaltungsakt bedarf zu seiner Gültigkeit der Bekanntgabe an die Beteiligten. Solange diese nicht erfolgt ist, äußert er keine rechtlichen Wirkungen.

IV. Schadensersatzpflicht.

Rechtmäßige Verwaltungsakte, die Schaden verursachen, begründen keine Schadensersatzpflicht, es sei denn, daß das Gesetz ausdrücklich einen Schadensersatzanspruch zubilligt, wie dies anläßlich der Aufhebung der privaten Postanstalten (s. Abschnitt 24 C II [S. 156]) geschehen ist (Art. 3—5 des Reichsgesetzes vom 20. Dezember 1899). Vgl. auch den Abschnitt 28 Zwangsenteignung (S. 167).

C. Das Verwaltungsverfahren.

I. Geschichtliches.

Nachdem im Jahre 1861 in Bayern die Trennung zwischen der Justiz und der Verwaltung durchgeführt worden war, war die Schaffung des Gesetzes über die Errichtung eines Verwaltungsgerichtshofs und das Verfahren in Verwaltungsrechtssachen (kurz Verwaltungsgerichtsgesetz genannt) vom 8. August 1878, in Kraft seit 1. Oktober 1879, von ausschlaggebender Bedeutung für die Entwicklung des Verwaltungsverfahrens. Das Verwaltungsgerichtsgesetz vom Jahre 1878 hat seither eine große Anzahl von Abänderungen erfahren. Die Schaffung eines neuen Verwaltungsgerichtsgesetzes steht bevor.

II. Verfassungsrechtliches.

1. Art. 107 RV. bestimmt, daß im Reich und in den Ländern nach Maßgabe der Gesetze Verwaltungsgerichte zum Schutz der Einzelnen gegen Anordnungen und Verfügungen der Verwaltungsbehörden bestehen müssen. Ein Reichsverwaltungsgericht besteht bis jetzt nicht.
2. § 71 BayVU. besagt, daß für bestrittene Rechtsansprüche und Verbindlichkeiten auf dem Gebiet des öffentlichen Rechts nach Maßgabe der Gesetze das Verwaltungsverfahren offen steht. Das hier genannte Gesetz ist eben das oben I genannte Verwaltungsgerichtsgesetz.

III. Zuständigkeit der Verwaltungsbehörden und der Verwaltungsgerichte.

Der Zuständigkeit der Verwaltungsbehörden und Verwaltungsgerichte unterliegen in der Regel nur solche Angelegenheiten, die dem öffentlichen Recht angehören; im Einklang hiemit bestimmt § 13 des Gerichtsverfassungsgesetzes, daß vor die ordentlichen Gerichte alle bürgerlichen Rechtsstreitigkeiten gehören, für welche nicht die Zuständigkeit der Verwaltungsbehörden oder der Verwaltungsgerichte begründet ist. Im Einzelfall ist manchmal schwer zu entscheiden, ob das fragliche Rechtsverhältnis dem öffentlichen oder dem bürgerlichen Recht angehört. Ohne Bedeutung ist die von den Parteien behauptete Natur des zu entscheidenden Rechtsverhältnisses, maßgebend ist vielmehr die wirkliche Natur des behaupteten Rechtsverhältnisses. Uebrigens ist die Scheidung der Zuständigkeit nicht scharf durchgeführt; denn kraft besonderer Bestimmung gehören manche unzweifelhaft öffentlichrechtliche Angelegenheiten vor die bürgerlichen Gerichte und umgekehrt (vgl. Art. 129 Abs. I Satz 4 RV. über die vermögensrechtlichen Ansprüche der Beamten).

Ferner ist es häufig angebracht, ja notwendig, bürgerlichrechtliche Zwischenfragen, d. h. Fragen, die nicht Gegenstand der öffentlichrechtlichen Entscheidung sind, aber anläßlich dieser mitbeurteilt werden müssen, bei der Entscheidung über Verwaltungsangelegenheiten als sog. Inzidentpunkte zu würdigen (ist z. B. über die Staatsangehörigkeit einer Ausländerin, die einen Deutschen geheiratet hat, zu befinden, so ist die Gültigkeit der Ehe inzidenter zu würdigen). In anderen Fällen ist ein bürgerlichrechtliches Rechtsverhältnis begriffliche Voraussetzung für eine Verwaltungssache; dann kann es notwendig werden, da die Verwaltungsbehörden (und Verwaltungsgerichte) über solche bürgerlichrechtliche Präjudizialfragen (Vorfragen) zu entscheiden nicht befugt sind, das Verwaltungsverfahren bis zur Bereinigung der strittigen bürgerlichrechtlichen Sache auszusetzen (wenn z. B. bei Streitigkeiten über die öffentliche Eigenschaft eines Wegs diese Eigenschaft deshalb bestritten wird, weil der Bestreitende das Eigentum an der Wegfläche in Anspruch nimmt, so muß der letztgenannte Punkt vor den bürgerlichen Gerichten ausgetragen werden, bevor eine verwaltungsgerichtliche Entscheidung [Art. 8 Ziff. 34 VGG.] über die öffentliche Eigenschaft eines Wegs gefällt werden kann). In anderen Fällen schreibt allerdings das Gesetz ausdrücklich vor, daß trotz Vorliegens bürgerlichrechtlicher Einwendungen das Verwaltungsverfahren durchzuführen und für die Austragung solcher Einwendungen der Rechtsweg vorzubehalten ist (vgl. § 69 der Bauordnung). Nach der herrschenden Lehre können sogar bürgerlichrechtliche Einwendungen, die in einem Verwaltungsverfahren geltend gemacht werden, berücksichtigt werden, wenn sie unbestritten (liquid) feststehen (z. B. Abweisung eines Baugesuchs, wenn der Gesuchsteller auf unbestritten fremden Grund und Boden ohne Zustimmung des Grundeigentümers bauen will).

Ist die Entscheidung einer Verwaltungsstreitsache von der Entscheidung einer Versicherungsbehörde abhängig, so ist das Verfahren bis zur endgültigen Entscheidung der Versicherungsbehörde auszusetzen (Art. 61 AG. zur RVO.).

Eine besondere Art präjudizieller Entscheidung des Verwaltungsgerichtshofs findet sich (wenn auch von wesentlich geringerer Bedeutung als vor der Novelle zum VGG. vom 7. März 1924) im Beamtenhaftpflichtrecht. Nach Art. 7 Abs. II—IV VGG. ist der Verwaltungsgerichtshof zur Entscheidung der Vorfrage berufen, ob ein Beamter sich einer Ueberschreitung seiner Amtsbefugnisse oder der Unterlassung einer ihm obliegenden Amtshandlung schuldig gemacht hat, jedoch nur in einzelnen vom Gesetz angeführten Fällen (z. B. Haftung eines Beamten gegenüber einem Ausländer, in dessen Heimatstaat eine Haftung des Staats für Amtspflichtsverletzungen nicht besteht). Vgl. auch Abschnitt 13 VIII [S. 100]) des Grundrisses.

IV. Der Kompetenzkonflikt.

Ein Kompetenzkonflikt liegt vor, wenn in ein und derselben Sache sowohl ein Gericht als auch eine Verwaltungsbehörde (oder ein Verwaltungsgericht oder eine Versicherungsbehörde) ihre Zuständigkeit annehmen (positiver Kompetenzkonflikt) oder wenn sowohl die Gerichte wie die Verwaltungsbehörden (oder Verwaltungsgerichte) sich zur Entscheidung einer Sache für unzuständig erklären (negativer Kompetenzkonflikt). Solche Fälle regelt in Uebereinstimmung mit den Vorschriften des § 17 Abs. II GVG. das Gesetz vom 18. August 1879, die Entscheidung der Kompetenzkonflikte zwischen den Gerichten und den Verwaltungsbehörden oder dem Verwaltungsgerichtshof betr. (Kompetenzkonfliktsgesetz) und Art. 58 AG. zur RVO.

Die Entscheidung über Kompetenzkonflikte erfolgt durch einen Gerichtshof für Kompetenzkonflikte, der in der Besetzung von 7 Mitgliedern entscheidet; von diesen sind vier (einschließlich des Vorsitzenden) Richter des Obersten Landesgerichts und drei Räte des Verwaltungsgerichtshofs (an deren Stelle bei Streitigkeiten zwischen Gerichten und Versicherungsbehörden ein Rat des Verwaltungsgerichtshofs und zwei Mitglieder des Landesversicherungsamts treten).

Der Kompetenzkonflikt kann erhoben werden, wenn in einer bei einem Gericht anhängigen Sache, die noch nicht rechtskräftig entschieden ist, der Rechtsweg von den Verwaltungsbehörden für unzulässig erachtet wird. Zur Erhebung des Kompetenzkonflikts sind, wenn ein positiver Kompetenzkonflikt vorliegt, die Kreisregierungen und die Ministerien (Oberversicherungsämter und das Landesversicherungsamt) zuständig, bei negativen Kompetenzkonflikten die Parteien.

Eine Abart des Kompetenzkonflikts ist der Kompetenzkonflikt zwischen dem Verwaltungsgerichtshof und den Verwaltungsbehörden. Ist eine Angelegenheit bei dem Verwaltungsgerichtshof anhängig, die zur Zuständigkeit der Verwaltungsbehörden gehört, so entscheidet, wenn der Verwaltungsgerichtshof entgegen der Anschauung des einschlägigen Ministeriums seine Zuständigkeit annimmt, hierüber ein beim Verwaltungsgerichtshof gebildeter Kompetenzsenat, der aus vier Mitgliedern des Verwaltungsgerichtshofs (einschließlich des Vorsitzenden) und drei höheren Verwaltungsbeamten besteht (Art. 50 VGG.).

V. Das reine Verwaltungsverfahren.

Das reine Verwaltungsverfahren tritt in all den

Verwaltungssachen ein, in denen es sich nicht um Verwaltungsstreitsachen im weiteren Sinn (s. unten VI) handelt. Man nennt diese Sachen auch reine Verwaltungssachen. Beispiel: das baupolizeiliche Verfahren.

Zuständig zur Entscheidung sind die nach den jeweiligen Rechtsvorschriften zuständigen Behörden. Auch die Vorbehandlung (Sachinstruktion) richtet sich nach den bestehenden Vorschriften. Eine Beschwerde ist in der Regel zulässig. Die Einlegung der Beschwerde ist häufig an eine Frist gebunden; der Beschwerde kommt in der Regel eine aufschiebende Wirkung (Suspensiveffekt) nicht zu. Aber auch wo ein förmliches Beschwerderecht nicht besteht oder der Instanzenzug für die Beschwerde erschöpft ist, läßt die Praxis eine nichtbefristete sogenannte Aufsichtsbeschwerde bis zu dem zuständigen Ministerium zu. Gegen dessen Entscheidung ist nur eine sog. Gegenvorstellung möglich.

Wird Beschwerde eingelegt, so ist die Behörde, die den angefochtenen Bescheid erlassen hat, befugt, den Bescheid aufzuheben oder zu ändern; die im reinen Verwaltungsverfahren ergehenden Entscheidungen besitzen also keine materielle Rechtskraft. Tut sie dies nicht, so legt sie die Beschwerde der zur Entscheidung über die Beschwerde zuständigen Behörde vor; damit wird die Angelegenheit bei der Beschwerdeinstanz anhängig (Devolutiveffekt der Beschwerde). Ist die Beschwerde formell zu beanstanden (z. B. weil sie nicht zulässig ist oder unter Versäumung einer etwa bestehenden Beschwerdefrist erhoben wurde), so wird sie zurückgewiesen, ist sie materiell unbegründet, so wird sie verworfen. Andernfalls wird, wenn der Bescheid der Vorinstanz sachlich zu beanstanden ist, die Beschwerdeinstanz unter Abänderung dieses Bescheids ihre Entscheidung treffen; sie kann aber auch die Angelegenheit unter Aufhebung des Vorentscheids in die Vorinstanz zurückverweisen, was insbesondere dann geschieht, wenn das Verfahren der Vorinstanz an einem formellen Mangel leidet.

In welcher Weise die Vollstreckung der im reinen Verwaltungsverfahren ergangenen Entscheidungen sich vollzieht, hängt von deren Inhalt ab. Ist eine Geldleistung zu erzwingen, so ist der Entscheidung eine Vollstreckungsklausel beizufügen und dann kann die Zwangsvollstreckung durch die Verwaltungsbehörden oder durch Gerichtsvollzieher nach Maßgabe der Bestimmungen der ZPO. erfolgen (Art. 6 bis 8 AG. zur ZPO.). Ist eine Handlung zu erzwingen, so ist die Verhängung von Ungehorsamsstrafen oder die Ersatzvornahme nach Art. 21 PolStGB. (s. Abschnitt 1 XII 3 [S. 19]) zulässig. Man nennt die Vollstreckung der im reinen Verwaltungsverfahren ergangenen Entscheidungen „Vollstreckungszwang" zum Unterschied von der der Durchführung der Verwaltungsstreitsachen dienenden Zwangsvollstreckung (s. unten VII 8).

VI. **Verwaltungsstreitsachen.**

Verwaltungsstreitsachen sind solche Verwaltungssachen, deren Behandlung und Entscheidung mit besonderen Rechtsgarantien ausgestattet ist. Diese bestehen in einem besonderen Verfahren, dem Verwaltungsprozeß (s. unten VII), ferner darin, daß die in Verwaltungsstreitsachen ergehenden Beschlüsse, und zwar sämtlicher Instanzen bei Verwaltungsrechtssachen (s. unten) und des Verwaltungsgerichtshofs bei Verwaltungsstreitsachen zweiter Ordnung (s. unten) nicht von Oberaufsichts wegen durch die Ministerien aufgehoben werden können (Art. 15 Satz 1 VGG.).

Welche Angelegenheiten Verwaltungsstreitsachen sind, bemißt sich nicht nach irgendwelchen allgemeinen Grundsätzen (Generalisierungsprinzip), sondern auch der Aufzählung im Gesetz (Enumerationsprinzip). Die Aufzählung ist in Art. 8 und 10 VGG. (wegen der Fälle des Art. 11 VGG. s. unten VIII) und in zahlreichen Spezialgesetzen (z. B. Wassergesetz, Berggesetz u. a.) erfolgt. Für Streitigkeiten, die durch Reichsgesetz dem Verwaltungsstreitverfahren überwiesen sind, kann durch V. die Zuständigkeit der unteren Instanzen geregelt und bestimmt werden, ob sich das Verfahren nach Art. 16—44 oder nach Art. 45 VGG. bemißt (Gesetz über das Verwaltungsstreitverfahren vom 13. Juni 1910).

Man unterscheidet (nach der von Dyroff eingeführten Terminologie)

1. Verwaltungsrechtssachen, auch Verwaltungsstreitsachen erster Ordnung,
2. Verwaltungsstreitsachen zweiter Ordnung.

Der wesentliche Unterschied zwischen den beiden Arten liegt darin, daß die Entscheidung der Verwaltungsrechtssachen in allen Instanzen nach den Vorschriften des Verwaltungsprozesses (s. unten VII) zu erfolgen hat, bei den Verwaltungsstreitsachen zweiter Ordnung dagegen die Anwendung des Verwaltungsprozesses nur für die oberste Instanz, den Verwaltungsgerichtshof, vorgeschrieben ist (Art. 45 Abs. III VGG.), während das Verfahren bei den unteren Instanzen sich im reinen Verwaltungsverfahren

(s. oben V) abwickelt (Art. 45 Abs. I VGG., s. aber unten VII 7). Ein weiterer Unterschied liegt, wie bereits oben bemerkt, darin, daß bei den in Verwaltungsrechtssachen ergehenden Entscheidungen aller Instanzen eine Aufhebung durch die Ministerien von Aufsichts wegen unzulässig ist, während dasselbe bei den Verwaltungsstreitsachen zweiter Ordnung nur hinsichtlich der Entscheidungen der obersten Instanz, des Verwaltungsgerichtshofs, nicht aber hinsichtlich der Entscheidungen der unteren Instanzen gilt.

Verwaltungsrechtssachen sind u. a. bestrittene Rechtsansprüche und Verbindlichkeiten über
- Erwerb und Besitz der Staatsangehörigkeit,
- Freizügigkeit und Aufenthalt,
- Auflösung von Vereinen und Versammlungen,
- Befugnis zum Gewerbebetrieb, wenn das in §§ 20, 21 GewO. erwähnte Rekursverfahren einzutreten hat,
- Zwangsabtretung von Grundeigentum,
- Verweigerung oder Entziehung von Jagd- oder Fischerkarten,
- Teilnahme an Gemeindelasten einschließlich der Umlagen,
- Wahlrecht und Wählbarkeit zu Gemeindeämtern,
- öffentliche Eigenschaft eines Wegs und Verpflichtung zur Unterhaltung öffentlicher Wege,
- Benützung von Gemeindeanstalten (Art. 44 Abs. V GO.), Bezirksanstalten (Art. 29 Abs. VII der Bezirksordnung), Kreisanstalten (Art. 32 Abs. II der Kreisordnung).

Verwaltungsstreitsachen zweiter Ordnung sind Beschwerden gegen Beschlüsse der Regierungen, Kammern des Innern oder der Landesfinanzämter, in einzelnen (dem Armenrecht angehörenden) Fällen auch der Bezirksverwaltungsbehörden u. a. in folgenden Angelegenheiten:
- Staatsaufsichtliche Verfügungen gegenüber Gemeinden, Bezirken und Kreisen, wenn Gemeinde, Bezirk oder Kreis behaupten, die Verfügung verletze ihr gesetzliches Selbstverwaltungsrecht oder belaste sie mit einer gesetzlich nicht begründeten Leistung (vgl. Art. 60 Abs. VI GO., Art. 33 Abs. VI der Bezirksordnung und Art. 35 Abs. VI der Kreisordnung),
- Streitigkeiten zwischen bayerischen Armenverbänden über die Pflicht zur Unterstützung Hilfsbedürftiger,
- kirchliche Simultanverhältnisse,
- Zugehörigkeit zu einem Pfarrverband, Schulverband; Pfarrsprengelgrenzen, Schulsprengelgrenzen,

Verteilung und Aufbringung des Schulbedarfs in Sprengelschulen,

Befreiung von der Grund- oder Haussteuer.

Da die Staatsaufsicht über die Kreise dem Staatsministerium des Innern zukommt (Art. 34 der Kreisordnung), kann gegen die staatsaufsichtlichen Verfügungen dieses Ministeriums in Kreisangelegenheiten der Verwaltungsgerichtshof angerufen werden.

VII. Der Verwaltungsprozeß.

1. Die Verwaltungsgerichte.

Verwaltungsgerichte sind

a) die Bezirksverwaltungsbehörden (s. oben IV); wenn der Stadtrat einer kreisunmittelbaren Stadt zuständig ist, kann die Entscheidung in einem aus fünf Mitgliedern bestehenden Senat erfolgen (Art. 30 Abs. II Satz 2 VGG.; Art. 22 Abs. II Satz 2 GO.);

b) die Kreisregierungen, Kammern des Innern, in einem aus drei Mitgliedern bestehenden Senat (Art. 39 Abs. II VGG.);

c) der Verwaltungsgerichtshof in einem aus fünf Mitgliedern bestehenden Senat (Art. 39 VGG.). Will ein Senat in einer Rechtsfrage von einer früheren Entscheidung des Verwaltungsgerichtshofs oder eines Senats abweichen, so ist eine Plenarentscheidung notwendig (Art. 43, 44 VGG.).

Der Verwaltungsgerichtshof besteht aus einem Präsidenten, aus Senatspräsidenten und Räten; er untersteht der Dienstaufsicht des Staatsministeriums des Innern. Zur Vertretung der öffentlichen Interessen ist bei dem Verwaltungsgerichtshof ein Staatsanwalt aufgestellt (Art. 1—6 VGG.). Die Richter des Verwaltungsgerichtshofs genießen die Unabhängigkeit der Richter (vgl. § 71 Abs. II BayVU.).

2. Zuständigkeit.

a) Die sachliche Zuständigkeit bemißt sich nach den jeweils bestehenden Bestimmungen (Art. 17 Abs. I VGG.). Die Regel ist die erstinstanzielle Zuständigkeit der Bezirksverwaltungsbehörden, doch kommt auch die erstinstanzielle Zuständigkeit der Kreisregierung vor (z. B. in Art. 9a Abs. I VGG., Art. 189 des Wassergesetzes). Ist die Zuständigkeit mehrerer Behörden in einer und derselben Sache begründet, so wird die zuständige Behörde von der vorgesetzten Verwaltungsbehörde bestimmt (Art. 17 Abs. II VGG.). Die Stadträte kreisunmittelbarer Städte sind in Verwaltungsrechtssachen zur erstinstanziellen Entscheidung auch dann zuständig, wenn die Gemeinde selbst Partei ist. Dies gilt jedoch nach der ständigen Rechtsprechung des Verwaltungsgerichtshofs nicht bei Streitigkeiten über Ansprüche und Verbindlichkeiten, die auf dem Gemeindeverband beruhen, z. B. Streitigkeiten über Gemeindeumlagen (Art. 8 Ziff. 30 VGG.) oder über die Benützung von Gemeindeanstalten (Art. 8 Ziff. 31 VGG.); in diesen Fällen entscheidet die Regierung in erster Instanz.

In der Regel bestehen für Verwaltungsrechtssachen die oben 1 a—c genannten drei Instanzen. Diese Regel ist aber durch zahlreiche Ausnahmen durchbrochen. In vielen Fällen, z. T. aufgezählt in Art. 9 Abs. I VGG., gehen Beschwerden gegen erstinstanzielle Entscheidungen der Bezirksverwaltungsbehörden unter Ueberspringung der Regierung unmittelbar an den Verwaltungsgerichtshof. In anderen Fällen, aufgezählt in Art. 9a Abs. II VGG., entscheidet die Regierung in letzter Instanz; sie muß jedoch auch in diesen Fällen die Angelegenheit dem Verwaltungsgerichtshof zur Entscheidung vorlegen, wenn sie von einer amtlich veröffentlichten grundsätzlichen Entscheidung des Verwaltungsgerichtshofs abweichen will oder wenn es sich um eine noch nicht festgestellte Rechtsauffassung von grundsätzlicher Bedeutung handelt (Art. 9a Abs. III VGG.).

b) Auch für die örtliche Zuständigkeit (Gerichtsstand) sind die jeweils bestehenden Vorschriften maßgebend, in deren Ermangelung muß auf allgemeine Rechtsgrundsätze zurückgegriffen werden. Als Besonderheit ist zu erwähnen der Gerichtsstand des Sachzusammenhangs (der Konnexität), der darin besteht, daß die einmal begründete Zuständigkeit einer Behörde sich auch auf die Entscheidung solcher mit der Streitsache zusammenhängender Streitigkeiten erstreckt, für deren Entscheidung an sich eine andere Behörde zuständig wäre.

c) Wegen des Ausschlusses und der Ablehnung von Beamten, die bei der Entscheidung von Verwaltungsrechtssachen mitwirken, gelten die Vorschriften des Art. 18 VGG. und subsidiär die Bestimmungen der ZPO. (§§ 41 ff.).

3. Das Verwaltungsgerichtsverfahren.

a) In den Art. 16—44 VGG. findet sich eine große Anzahl prozeßrechtlicher Bestimmungen. Ein Teil hievon ist den Vorschriften der ZPO. oder des Gerichtsverfassungsgesetzes nachgebildet, ein Teil enthält wesentliche Abweichungen von dem Zivilprozeßrecht (über dies s. unten unter b); soweit Spezialvorschriften fehlen, ist häufig eine analoge Anwendung der Vorschriften der ZPO. und des GVG. angängig. Im einzelnen ist hervorzuheben:

α) Parteifähigkeit, Prozeßfähigkeit (§§ 50 bis 58 ZPO.);

β) Prozeßbevollmächtigte (Art. 19 VGG.), ein Anwaltszwang besteht nicht;

γ) Vernehmung von Zeugen und Sachverständigen (Art. 20 Abs. II—VII VGG., §§ 391 Abs. I, 392, 478—484 ZPO.); der Parteieid ist dem Verwaltungsprozeß unbekannt.

δ) Prozeßkosten (Art. 21 Abs. III VGG., §§ 91—93, 95—97, 100 ZPO.),

ε) Zustellung der ergangenen Entscheidungen (Art. 21 Abs. IV VGG., §§ 6 und 35 der Vollzugsvorschriften zum VGG., §§ 180—187, 199—206 ZPO.),

ζ) Oeffentlichkeit und Mündlichkeit der Verhandlung ausnahmsweise bei den Bezirksverwaltungsbehörden (Art. 27 Abs. III, 28, 30 VGG.), regelmäßig bei den Regierungssenaten (Art. 33 bis 36 VGG.) und dem Verwaltungsgerichtshof (Art. 41 Abs. III VGG.),

η) Beratung und Abstimmung (Art. 37, 38, 41 Abs. III VGG., §§ 192--197 GVG.).

b) Besonderheiten des Verwaltungsprozesses.

Da der Verwaltungsprozeß die Entscheidung über öffentlichrechtliche Ansprüche zum Ziele hat, über die die Parteien in der Regel nicht ohne weiteres verfügen können, haften ihm einzelne Eigentümlichkeiten an, die ihn vom Zivilprozeß wesentlich unterscheiden.

α) Offizialprinzip (Art. 20 Abs. I, 27 Abs. I VGG.), d. h. die Feststellung des Sachverhalts erfolgt von Amts wegen ohne Rücksicht auf die Anträge der Parteien; eine Beweislast im Sinne des Zivilprozesses besteht nicht; die Entscheidung kann unter Umständen über die Anträge der Parteien hinausgehen; freie Beweiswürdigung (Art. 21 Abs. I VGG.); Anerkenntnisse, Verzichte und Vergleiche der Parteien sind nur insoweit zulässig, als der Streitgegenstand der Vereinbarung der Parteien unterliegt; Versäumnis- und Anerkenntnisurteile sind ausgeschlossen;

β) Rechtliches Gehör der Parteien; die Beteiligten sind von Amts wegen zu hören;

γ) Umfassende Sachentscheidung unter tunlichster Vermeidung von Zwischenbescheiden, Teilbescheiden und unter Vermeidung der Auseinanderreißung zusammengehörender (konnexer) Ansprüche (s. oben 2b). Wegen der Inzident- und Präjudizialfragen s. oben III.

δ) Ermessensfragen.

Bei den unteren Verwaltungsgerichten (Bezirksverwaltungsbehörde und Kreisregierung) unterliegen der Beurteilung des Verwaltungsrichters sowohl Rechtsfragen wie auch Ermessensfragen; der Verwaltungsgerichtshof dagegen ist nicht zuständig zur Entscheidung von „Angelegenheiten und Fragen, in welchen die Verwaltungsbehörden nach ihrem Ermessen zu verfügen berechtigt sind" (Art. 13 Abs. I Ziff. 3 VGG.). Die Entscheidung, ob eine der Zuständigkeit des Verwaltungsgerichtshofs entrückte Ermessensfrage oder eine seiner Beurteilung unterliegende Rechtsfrage vorliegt, kann im einzelnen Fall schwierig sein, zumal nach der Rechtsprechung des Verwaltungsgerichtshofs auch solche Fragen Rechtsfragen sind, bei denen ein Rechtsanspruch einem gewissen Spielraum unterliegt (sog. richterliches Ermessen). Ebenso ist es eine Rechtsfrage, ob die Verwaltungsbehörde nach freiem Ermessen hat handeln dürfen und ob sie hiebei die ihr gezogenen Schranken eingehalten hat.

Beispiel: In Angelegenheiten des § 33 GewO. (Wirtschaftskonzessionen) ist die Frage der Zuverlässigkeit des Antragstellers eine der Beurteilung des Verwaltungsgerichtshofs unterliegende Rechtsfrage (richterliches Ermessen), während die Frage, ob ein Bedürfnis nachgewiesen ist oder ob die Wirtschaftsräume geeignet sind, Fragen des Verwaltungsermessens sind, die der Beurteilung des Verwaltungsgerichtshofs entzogen sind.

In einzelnen vom Gesetz festgelegten Fällen hat der Verwaltungsgerichtshof auch über reine Ermessensfragen zu entscheiden (s. unten VIII 4).

ε) Feststellungsklagen sind nur da zulässig, wo sie das Gesetz ausdrücklich zuläßt (z. B. Besitz der Staatsangehörigkeit [Art. 8 Ziff. 1 VGG.]).

ζ) Das Armenrecht ist dem Verwaltungsprozeß fremd.

4. Die Rechtskraft der Entscheidung.

Eine verwaltungsrechtliche Entscheidung wird formell rechtskräftig, wenn sie mit einem Rechtsmittel nicht oder nicht mehr angefochten werden kann. Verwaltungsrechtliche Entscheidungen sind auch der materiellen Rechtskraft fähig. Die materielle Rechtskraft einer verwaltungsrechtlichen Entscheidung bedeutet, daß das den Gegenstand der Entscheidung bildende Rechtsverhältnis endgültig festgelegt ist (causa iudicata).

5. Rechtsmittel.

a) Ordentliche Rechtsmittel.

Das ordentliche Rechtsmittel gegen verwaltungsrechtliche Endbescheide ist die Beschwerde (Art. 22 Abs. I VGG.). Die Beschwerde ist bei der ersten Instanz schriftlich einzureichen oder zu Protokoll zu geben (Art. 22 Abs. II VGG.), doch genügt es auch, wenn die Beschwerde rechtzeitig bei einer unrichtigen Instanz angebracht wurde (K. Deklaration vom 15. Juni 1898). Die Beschwerdefrist beträgt in der Regel 14 Tage (Art. 22 Abs. IV—VI VGG.). Eine Beschwerdebegründung ist nicht notwendig. Eine Revision im Sinne der ZPO. (unter Beschränkung auf die Nachprüfung von Gesetzesverletzungen in der obersten Instanz) ist dem Verwaltungsprozeß fremd.

Die Beschwerde hat aufschiebende Wirkung (Suspensiveffekt; Art. 24 VGG.); sie hat ferner die Wirkung, daß die Streitsache in vollem Umfang bei der Beschwerdeinstanz anhängig wird (Devolutiveffekt). Aus dem den Verwaltungsprozeß beherrschenden Offizialprinzip (s. oben 3b) folgt, daß die Beschwerdeinstanz auch zu ungunsten des Beschwerdeführers (reformatio in peius) entscheiden kann (Art. 36 Abs. IV VGG.).

Materielle Voraussetzung der Erhebung einer Beschwerde ist, daß der Beschwerdeführer an dem Verfahren prozessual und (in der Regel) auch sachlich beteiligt und durch die getroffene Entscheidung beschwert ist. Beträgt der Streitgegenstand weniger als 50 RMk., so ist die Beschwerde ausgeschlossen, sofern nicht die Weiterbehandlung aus Gründen des öffentlichen Interesses geboten ist (Art. IX des Gesetzes vom 7. März 1924).

Stellt sich eine Beschwerde ohne weiteres als rechtlich unzulässig oder als offenbar unbegründet heraus, so kann sie von den Regierungssenaten in geheimer Sitzung zurückgewiesen werden; ein solcher Beschluß wird rechtskräftig, wenn nicht binnen 14 Tagen Antrag auf mündliche Verhandlung gestellt wird. Ebenso kann auf Antrag der Parteien beim Verwaltungsgerichtshof von einer öffentlichen und mündlichen Verhandlung Umgang genommen werden (Art. 32 und 40 Abs. III VGG. in der Fassung des Gesetzes vom 7. März 1924).

Wegen der bei Verbescheidung von Beschwerden üblichen Terminologie gilt das oben V vom reinen Verwaltungsverfahren Gesagte auch hier.

Wie oben (4 b δ) bemerkt, entscheiden die unteren und mittleren Verwaltungsgerichte über Rechts- und Ermessensfrage; der Verwaltungsgerichtshof dagegen ist nur zur Entscheidung von Rechtsfragen zuständig. Wenn daher eine verwaltungsrechtliche Entscheidung der Regierung, unter Umständen (in den Fällen des Art. 9 Abs. I VGG.) der Bezirksverwaltungsbehörde, mit Beschwerde in vollem Umfang angefochten wird, so ist zur Verbescheidung der Rechtsfragen der Verwaltungsgerichtshof, zur Verbescheidung der Ermessensfragen die nächsthöhere Verwaltungsbehörde zuständig. In diesem Fall kann eine sog. Doppelbeschwerde erhoben werden. Für sie bestimmt Art. 49 Abs. II VGG., daß solche Beschwerden zuerst dem Verwaltungsgerichtshof zur Verbescheidung der Rechtsfragen vorzulegen sind; ist jedoch nur ein Beteiligter in der Sache vorhanden, so kann dieser einen anderweitigen Antrag stellen.

b) Außerordentliche Rechtsmittel.

α) Die Wiederaufnahme des Verfahrens kann von der Behörde, die den letzten rechtskräftig gewordenen Endbescheid erlassen hat, beschlossen werden, wenn dargetan wird, daß eine bei den früheren Verhandlungen nicht bekannt gewesene Tatsache vorliegt, deren Berücksichtigung zu einem von dem früheren abweichenden Endbescheid zu führen geeignet ist (Art. 26 VGG.).

β) Die Wiedereinsetzung in den vorigen Stand bei Versäumung einer Frist ist nach Maßgabe der Vorschriften der ZPO. zulässig (Art. 22 Abs. VI VGG., §§ 233—238 ZPO.).

6. Gebühren.

Die Entscheidungen der Verwaltungsgerichte sind grundsätzlich gebührenpflichtig (Art. 143 Abs. I Ziff. 3 des bayerischen Kostengesetzes vom 16. Februar 1921), sofern nicht ausnahmsweise das Gesetz (z. B. Art. 3 und 170 des Kostengesetzes) Gebührenfreiheit festsetzt. Für die Höhe der Gebühren ist das Kostengesetz (Art. 143 Abs. II, III, 144, 175) maßgebend.

Die Gebühr ist ein Teil der Prozeßkosten (s. oben 3 a δ; Art. 166 Abs. I Ziff. 1 des Kostengesetzes).

Die Gebühren der Rechtsanwälte in Verwaltungssachen und Verwaltungsstreitsachen sind geregelt durch die V. vom 26. März 1902 (mehrfach geändert).

7. Anwendung der Vorschriften des Verwaltungsprozesses auf Verwaltungsstreitsachen zweiter Ordnung.

Wie oben unter VI bemerkt, schreibt das Gesetz (Art. 45 Abs. III VGG.) bei Verwaltungsstreitsachen zweiter Ordnung nur für das Verfahren vor dem Verwaltungsgerichtshof die Anwendung der Vorschriften des Verwaltungsprozesses vor, während das Verfahren bei den unteren Instanzen sich im reinen Verwaltungsverfahren abwickelt. Gleichwohl pflegt auch in den letztgenannten Fällen (also im Verfahren bei den letzten Instanzen) die Praxis eine Reihe von Vorschriften des Verwaltungsprozesses analog anzuwenden. Dies gilt insbesondere von

Art. 18 VGG. über Ausschluß und Ablehnung von Beamten,

Art. 20 Abs. I VGG. über das Offizialprinzip,

Art. 21 Abs. I VGG. über die freie Beweiswürdigung,

Art. 24 VGG. über die aufschiebende Wirkung der Beschwerde,

Art. 26 VGG. über die Wiederaufnahme des Verfahrens,

Art. 22 Abs. VI VGG. über die Wiedereinsetzung in den vorigen Stand.

Die Vorschriften des Art. 49 VGG. über die Doppelbeschwerde gelten ohne weiteres auch für Verwaltungsstreitsachen zweiter Ordnung.

Zu beachten ist, daß die Entscheidungen der Kreisregierungen nicht wie bei Verwaltungsrechtssachen im Senat (Art. 31 Abs. II VGG.) zu erfolgen haben, sondern im Büroweg oder nach kollegialer Beratung (s. oben A V am Ende).

Die Beschwerdefrist beträgt auch bei den Verwaltungsstreitsachen zweiter Ordnung 14 Tage (Art. 45 Abs. II VGG.), sofern nicht durch besondere Gesetze etwas anderes bestimmt ist (bei staatsaufsichtlichen Verfügungen über Gemeinden, Bezirke und Kreise beträgt die Frist 4 Wochen [Art. 60 Abs. VI GO., Art. 33 Abs. VI der Bezirksordnung, Art. 35 Abs. VI der Kreisordnung]). Eine Beschwerde muß bei der Behörde eingelegt werden, die den beschwerenden Beschluß erlassen hat, doch gilt die oben (5a am Anfang) erwähnte K. Deklaration vom 15. Juni 1898 auch hier.

8. Die Zwangsvollstreckung.

Für die Zwangsvollstreckung rechtskräftiger Entscheidungen in Verwaltungsstreitsachen erster oder zweiter Ordnung bestimmt Art. 46 VGG., daß sie mit denselben Mitteln zu erfolgen hat, die zum Vollzug rechtskräftiger zivilrechtlicher Urteile gegeben sind. Die Zwangsvollstrekkung erfolgt durch die Bezirksverwaltungsbehörde, die hiebei in manchen Fällen die Mitwirkung der Gerichte benötigt. Vgl. auch die oben V angeführten Art. 6—8 AG. zur ZPO.

Vor rechtskräftiger Entscheidung kann eine Zwangsvollstreckung nicht erfolgen; jedoch können die Verwaltungsbehörden, solange eine Verwaltungsstreitsache noch nicht entschieden ist, eine vorsorgliche Maßregel zur Regelung der im Streit befindlichen Angelegenheit (sog. Provisionalverfügung) treffen, nach Erlaß einer instanziellen Entscheidung allerdings nur im öffentlichen Interesse bei Gefahr im Verzug oder bei drohendem Nachteil für Leben, Gesundheit oder Eigentum (Art. 24 VGG.). Derartige vorsorgliche Maßnahmen sind der Nachprüfung durch den Verwaltungsgerichtshof entzogen (Art. 13 Abs. I Ziff. 2 VGG.).

VIII. Besondere Arten des Verfahrens.

1. Eine besondere Art des Verfahrens ist bereits oben III am Ende erwähnt: die Vorentscheidung, die bei Amts-

pflichtsverletzungen öffentlicher Beamter unter Umständen notwendig ist.

2. Ferner ist zu erwähnen das schiedsgerichtliche Verfahren, das auf Grund besonderer Bestimmungen in einzelnen Fällen einzutreten hat
   a) bei Aenderungen im Bestand von Gemeinden (Ortschaften), Bezirken und Kreisen hinsichtlich der hiebei notwendig werdenden Vermögensauseinandersetzung, falls eine Vereinbarung unter den Beteiligten nicht zustande kommt (Art. 6 GO., Art. 40 Abs. I der Bezirksordnung, Art. 39 Abs. I der Kreisordnung);
   b) bei Auseinandersetzungen über die Trennung des weltlichen Kirchendienstes vom Schuldienst (Art. 39—41 und 48 des Schulbedarfsgesetzes);
   c) bei Streitigkeiten über die Entschädigung, die der Staat bei der Errichtung von Polizeidirektionen an die Gemeinde für die Ueberlassung von Gebäuden, Räumen und Einrichtungsgegenständen zu entrichten hat (Art. 55 GO., Art. 5 und 6 des Gesetzes über Leistungen der Gemeinden für die staatliche Polizeiverwaltung vom 22. November 1923).
   d) in einzelnen dem Kirchenrecht angehörenden Streitigkeiten (Art. 10 Abs. II—VI, Art. 18 Abs. VI, Art. 86 a Abs. II der Kirchengemeindeordnung);
   e) in den Fällen des Art. 11 VGG., soweit sie nicht (s. oben a) durch Sondergesetze geregelt sind, also bei Aenderungen im Bestand von Gesamtfürsorgeverbänden (Art. 4 der bayerischen Ausführungsverordnung über die Fürsorgepflicht vom 27. März 1924) und zusammengesetzten Schulsprengeln (Art. 2—6 des Schulbedarfsgesetzes), falls eine Vereinbarung unter den Beteiligten über die Vermögensauseinandersetzung nicht zustande kommt;
   f) bei der Bildung von Zweckverbänden (Art. 139, 140 GO.).

Charakteristisch für das schiedsrichterliche Verfahren ist, daß die Entscheidung nach den Grundsätzen der Billigkeit zu erfolgen hat. Dies gilt auch für den Verwaltungsgerichtshof. Für das Verfahren selbst gelten bei den unter b—e erwähnten Streitigkeiten die Vorschriften über Verwaltungsstreitsachen zweiter Ordnung (Art. 45 VGG.), dagegen ist das schiedsgerichtliche Verfahren im Falle a nach der ausdrücklichen Gesetzesbestimmung ein verwaltungsrechtliches (Verwaltungsstreitsache erster Ordnung). Der wesentlichste Unterschied zwischen beiden Arten von schiedsgerichtlichen Verfahren besteht darin, daß im letzteren Fall die Entscheidung der Kreisregierung im Senat zu erfolgen hat, im ersteren Fall im Büroweg.

3. Eine Zuständigkeit des Verwaltungsgerichtshofs besteht unter Umständen im berufsgerichtlichen Verfahren für Aerzte (Zahnärzte, Tierärzte, Apotheker) auf Grund des Art. 27 des bayerischen Aerztegesetzes (s. Abschnitt 6 C III [S. 40] des Grundrisses).

4. Endlich ist der Verwaltungsgerichtshof nach Art. 28 Abs. VI der Kreisordnung vom 17. Oktober 1927 zur Entscheidung zuständig, wenn ein Mitglied des Kreistags durch den Kreistag seines Amtes für verlustig erklärt wird und hiegegen verwaltungsgerichtliche Entscheidung beantragt. Ausnahmsweise entscheidet hier auf Grund der ausdrücklichen Bestimmung des Gesetzes der Verwaltungsgerichtshof auch über Ermessensfragen.

Register.

(Die Zahlen bedeuten die Seiten.)

Kolibri 360 GmbH
Ferdinand-Jühlke-Straße 7
99095 Erfurt, Deutschland
produktsicherheit@kolibri360.de